北京市教育科学“十二五”规划重点课题（ADA15165）

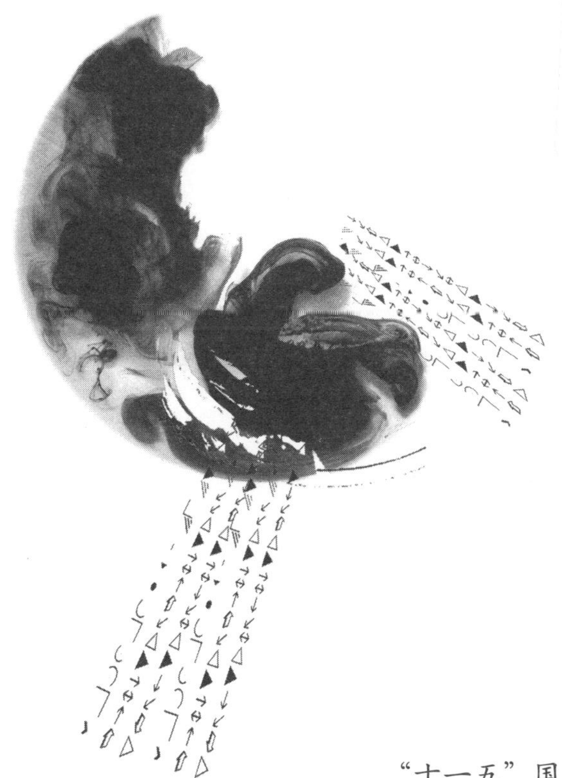

“十一五”国家重点图书出版规划

中国经济问题丛书

ZHONG GUO JING JI WEN TI CONG SHU

基于网络众包机制的企业创新模式研究

JIYU WANGLUO ZHONGBAO JIZHI DE QIYE CHUANGXIN MOSHI YANJIU

涂艳 著

中国人民大学出版社

· 北京 ·

图书在版编目（CIP）数据

基于网络众包机制的企业创新模式研究/涂艳著．—北京：中国人民大学出版社，2020.9
（中国经济问题丛书）
ISBN 978-7-300-27891-9

Ⅰ.①基… Ⅱ.①涂… Ⅲ.①企业创新-创新管理-研究-中国 Ⅳ.①F279.23

中国版本图书馆CIP数据核字（2020）第024647号

"十一五"国家重点图书出版规划
中国经济问题丛书
北京市社会科学理论著作出版基金资助项目
基于网络众包机制的企业创新模式研究
涂艳　著
Jiyu Wangluo Zhongbao Jizhi de Qiye Chuangxin Moshi Yanjiu

出版发行	中国人民大学出版社		
社　　址	北京中关村大街31号	**邮政编码**	100080
电　　话	010－62511242（总编室）		010－62511770（质管部）
	010－82501766（邮购部）		010－62514148（门市部）
	010－62515195（发行公司）		010－62515275（盗版举报）
网　　址	http://www.crup.com.cn		
经　　销	新华书店		
印　　刷	北京玺诚印务有限公司		
规　　格	148 mm×210 mm　32开本	**版　　次**	2020年9月第1版
印　　张	9.625　插页1	**印　　次**	2020年9月第1次印刷
字　　数	258 000	**定　　价**	45.00元

《中国经济问题丛书》总　序

经济理论的发展与变化是和经济实践紧密联系的，在我国继续向社会主义市场经济体制过渡的今天，实践在呼唤经济学的发展和繁荣；同时，实践也为经济学的发展创造着条件。

中国的市场化改革是没有先例的，又没有现成的经济理论作指导，这是中国学者遇到的前所未有的挑战。他山之石，可以攻玉。随着一大批西方经济理论译介进来，以及一大批具有现代经济学素养的人成长起来，认识和解决中国问题开始有了全新的工具和视角。理论和实践是互动的，中国这块独一无二的“试验田”在借鉴和运用现代经济理论的同时，势必会为经济理论的发展注入新的活力，成为其发展的重要推动力量，而建立在探讨中国经济问题基础之上的经济学也才有望真正出现。中国经济问题正是在这个大背景下获得了特别的意义。

我们策划出版《中国经济问题丛书》的主要目

的是为了鼓励经济学者的创新和探索精神，继续推动中国经济学研究的进步和繁荣，在中国经济学学术著作的出版园林中，创建一个适宜新思想生长的园地，为中国的经济理论界和实际部门的探索者提供一个发表高水平研究成果的场所，使这套丛书成为国内外读者了解中国经济学和经济现实发展态势的必不可少的重要读物。

中国经济问题的独特性和紧迫性，将给中国学者以广阔的发展空间。丛书以中国经济问题为切入点，强调运用现代经济学方法来探究中国改革开放和经济发展中面临的热点、难点问题。丛书以学术为生命，以促进中国经济与中国经济学的双重发展为己任，选题论证采用“双向匿名评审制度”与专家约稿相结合，以期在经济学界培育出一批具有理性与探索精神的中国学术先锋。中国是研究经济学的最好土壤，在这块土地上只要勤于耕耘，善于耕耘，就一定能结出丰硕的果实。

前　言

随着技术创新对企业发展的重要作用日益凸显，作为保持和增强企业竞争力的重要核心因素，技术创新已成为引领企业高速持续发展的强大引擎，不会创新的企业，等待它的将只有死亡。然而，为了防止企业知识外溢等问题，诸多企业长期以来的创新战略以“闭门造车”的内部运作为主。随着经济的全球化、消费需求的个性化、社会化媒体和移动互联网的日益普及、社会信息生产方式的分布性及传播方式的平等性、用户创造内容引致的海量数据等现象的出现，企业面临的创新模式单一化、创新效率偏低、技术创新与市场需求之间的时滞性等瓶颈性问题日益浮出水面。由此，Von Hippel（2005）提出了“用户是创新者”的革命性观点，诸多企业据此纷纷开始对企业传统创新模式进行反思，并意识到在产品生产和价值创造过程中，社会化创新及公众参与创新的趋势日渐明显，即通过与网民群体的密切互动，主动引导网民自觉

自愿地参与其业务流程优化、产品设计、市场推广等关键业务环节，并根据其与大规模网民群体之间的协同互动和反馈机制完成技术创新与产品设计优化等工作。至此，用户创新（user innovation）大量涌现，与此相应的基于互联网的新兴合作创新模式——“众包”（crowdsourcing）服务应运而生，即大规模网民群体的创新热情和创新能力彰显出更大的能量和商业价值，企业通过与网民群体之间的协同发展，充分挖掘以用户创造内容为代表的潜在突破性创新力量，以期实现企业创新模式的颠覆性变革，进而全面提升企业适应乃至驾驭外部竞争环境快速变化的动态竞争能力。

近年来，随着知识逐渐取代劳动和资本，成为经济活动中稀缺的生产要素之一，大量企业纷纷开始寻找最大限度挖掘对企业发展有益的创新知识资源的途径。与此同时，研究者及实践管理者对如何通过大规模网络众包机制实现创新模式的变革这一研究问题也给予了高度关注。众多实践管理者及研究者经过多年的努力探索，围绕其内涵、外延、特征、成因及大众参与动因等问题开展了一系列的研究工作，也取得了丰富的实践及理论成果。然而，由于网络众包及其对应的衍生型创新模式出现较晚，这一领域仍然存在很多研究局限。其一，目前探讨网络众包创新模式理论基础的文献或研究成果较为鲜见，对网络社区众包创新模式的支撑理论也未形成统一共识。而在缺乏理论指导的情况下，企业只能在实践中不断摸索，以加深对这种新型创新工具的认识，并通过经验总结以提高企业众包创新的效率，这样的实践过程漫长而曲折。因而基于网络众包机制推动企业创新效率视角的相关理论亟待补充。其二，尽管国内外存在着诸多不同特点的网络众包平台，一些企业也借助这些平台实现了部分创新需求，但由于目前对网络众包创新平台的分类标准及框架模型仍缺乏统一认识，因而对企业选择科学合理的众包平台发布任务以提升其创新效率形成桎梏。其三，由于并非每个网民都适

合提供众包创新服务，因此，企业必须明确自己的定位，选择自己所需的大众创新者，并对不同创新者实行差别化定位，以有效甄别和激励活跃的原始创新者及改进创新者。然而，目前对众包过程中潜在创新者本质特征的研究不足，与众包参与者甄别及精准定位相关的研究成果也凤毛麟角。其四，众包是集接包方、发包方、众包平台三位一体的，众包创新系统的活跃度取决于接包方及发包方的参与度。然而，目前对众包参与者参与度影响因素的研究尚不够深入和翔实，继而导致企业无法通过准确直击接包方与发包方参与创新的关键因素达到提升企业创新活力的战略目标。其五，现有创新模式激励机制研究成果大都围绕创新任务的委托代理关系展开，并直接将西方情境应用于中国实践，而对中国文化情境下的众包问题缺乏针对性研究。因此，对基于网络平台的本土化、开放式企业众包创新模式激励机制的研究成果亟待丰富。

本研究首先基于 Alexander（2004）商业模式理论，分别针对用户自发型、中介平台型以及企业自发型三种网络众包创新模式，甄选出国内外五组代表性案例，从产品、客户、基础设施管理、财务状况及激励机制五个维度展开对比性分析。其次，基于文献研究法总结得出网络众包模式所具有的主要特征，继而结合林南的社会资本与社会网络理论，通过问卷调研，分别针对众包模式中的接包方及发包方特征进行了全面剖析。再次，基于 UTAUT 理论模型，构建接包方、发包方参与度影响因素模型，利用结构方程模型方法，探究影响接包方、发包方的关键因素。又次，基于马斯洛需求层次理论和虚拟社区六角形理论，对企业自发型众包创新模式的激励机制进行了分析，同时，基于博弈理论对中介平台型众包创新模式的激励机制进行了分析。最后，从网络众包商业模式、参与者特征、参与度影响因素及激励机制设计视角，分别提出了企业利用网络众包机制推进企业技术创新的政策建议，为帮助企业回答“如何科学合理地运用众包创新模式？如何实现网络创新群体精准定位？如何设计合理的激励机制？”等一系列问题提供现实指导。

本书共包括 8 章，各章内容简介如下。

第 1 章，企业众包创新模式的研究背景与目的。本章主要介绍了本研究的研究问题及其起源，阐述了研究的理论及实践研究意义，刻画了主要研究思路及研究内容。

第 2 章，国内外理论研究及应用发展现状分析。本章主要对企业众包创新理论的相关成果进行了梳理，并以递进的逻辑顺序对网络虚拟社区、众包机制、企业创新模式、基于网络众包机制的企业创新机制的理论研究及实践应用现状进行了全面梳理和汇总分析，并指出了当前理论研究的局限性及实践应用的不足之处。

第 3 章，企业网络众包创新平台分类及其特征研究。本章基于 Alexander（2004）商业模式理论，采用案例分析法，从产品、客户、基础设施管理、财务状况及激励机制等五个维度入手，综合分析了五组具有代表性的国内外案例，全面分析了不同网络众包平台的具体应用情景及其各项特征，并给出了本研究对应的第一个研究问题“对于具体企业而言，采纳何种网络众包平台进行企业技术创新更加科学合理？”的答案。

第 4 章，网络众包创新模式的参与者特征研究。本章通过选取国内两家最具代表性的网络众包平台——猪八戒网及一品威客网，基于问卷调查及统计分析法，全面刻画了众包发包方及接包方的自然属性及社会属性，并全面给出了本研究对应的第二个研究问题“企业网络众包创新活动的参与者与传统创新活动的参与者有何不同？”的答案。

第 5 章，网络众包创新模式参与者的参与度研究。本章借鉴 Viswanath Venkatesh（2003）提出的技术采纳与整合理论 UTAUT 模型（Unified Theory of Acceptance and Use of Technology），

通过探索性因子分析、验证性因子分析及结构方程模型分析，全面分析了企业网络众包创新活动中接包方和发包方的参与度影响因素，全面回答了本研究对应的第三个研究问题“影响网民群体自觉自愿参与到众包创新任务中的关键因素是什么?”。

第 6 章，基于网络众包机制的企业创新模式激励机制研究。本章针对用户自发型、中介平台型以及企业自发型众包创新模式，分别结合马斯洛需求层次理论及博弈论理论，通过理论分析和推导得出设置合理激励机制的方法体系，以提升网络众包创新模式参与者的活跃度，并激发更大的全民创新力量，继而全面回答了本研究对应的第四个研究问题“如何设计切实可行的经济激励机制及非经济激励机制，引导大规模网民自组织、无意识地参与企业网络众包创新任务呢?”

第 7 章，推动基于网络众包机制的企业创新模式发展的政策建议。本章基于上述研究结论，分别从众包创新模式科学合理运用方式、网民创新群体精准定位策略及合理激励机制设计体系等方面，对企业科学高效利用基于网络众包机制实现颠覆式企业创新模式变革提出具体的政策建议，并全面回答了本研究对应的第五个研究问题“企业应如何有效利用网络众包创新模式，实现突破性技术创新和持续高速发展呢?”

第 8 章，总结与展望。总结及回顾本研究所得的基本结论、创新点、研究局限，并对未来进一步的扩展研究工作做展望。

本研究系北京市教育科学规划重点课题（ADA15165）的阶段性研究成果，并得到了国家社会科学基金项目（16BXW045）、教育部人文社会科学研究规划基金项目（15YJAZH066）、北京市社会科学基金项目（13JGA004）的资助。本书的出版得到了北京市社会科学理论著作出版基金资助项目的支持。感谢张莹、王悦、孙宝文、王天梅、刘琳等老师和同学为本书的撰写、修正、完善投入

的时间精力与做出的各项贡献。感谢陆敏编辑投入时间和精力审读本书。

企业创新模式问题一直以来都是业界实践者和理论研究者密切关注的话题之一，而随着网络众包机制的普及性应用，与之对应的基于网络众包机制的企业创新模式作为一个较晚诞生的理论研究议题和实践问题也需要不断发展和完善。本研究成果建立在国内外众多理论研究者和实践者既往研究及实践成果的基础上，期望能对推动企业技术创新理论的发展，略尽微薄之力。诚然，由于课题组研究水平和研究范围有限，书稿中难免有错漏之处，敬请专家和广大读者批评指正，提出宝贵意见和建议。

目　录

第1章 企业众包创新模式的研究背景与目的

1.1 企业众包创新模式的源起

技术创新是保持和增强企业竞争力的重要因素(Johansson and Braunerhjelm，2003)，不会创新的企业，等待它的将只有死亡（Chesbrough，2003）。从国际形势看，今天的世界正处于大发展、大变革和大调整时期，经济的全球化趋势、科技发展的日新月异、金融危机的深远影响，给世界经济格局及国际力量对比形势带来了诸多新变化，综合国力之间的竞争也更趋激烈，创新能力更具有决定性意义。与此同时，近代以来的世界经济史表明，全球性的经济危机往往也孕育着重大的创新契机，只有通过创新培育出新的经济增长点才能快速实现危机后的经济发展再上新台阶。而从国内形势来看，我国正处于向创新驱动性发展转型的关键时期，党的

十七大报告明确提出“提高自主创新能力，建设创新型国家。这是国家发展战略的核心，是提高综合国力的关键”，要求把增强自主创新能力贯彻到现代化建设的各个方面。十八大报告中进一步指出“科技创新是提高社会生产力和综合国力的战略支撑，必须摆在国家发展全局的核心位置。要坚持走中国特色自主创新道路，以全球视野谋划和推动创新，提高原始创新、集成创新和引进消化吸收再创新能力，更加注重协同创新。……加快新技术新产品新工艺研发应用，加强技术集成和商业模式创新。完善科技创新评价标准、激励机制、转化机制。……促进创新资源高效配置和综合集成，把全社会智慧和力量凝聚到创新发展上来”。此后十九大报告强调了创新驱动发展战略大力实施，创新型国家建设所取得的丰硕成果。由此可见，创新力量不仅仅是增强企业竞争力的重要因素，更是推动国家发展的强大引擎。

然而，为了防止企业知识外溢等问题，诸多企业长期以来的创新战略主要以“闭门造车”的内部运作为主，但随着经济的全球化、消费需求的个性化、网络社区和移动互联网的日益普及、社会信息生产方式的分布性及传播方式的平等性、用户创造内容（user-generated content，UGC）引致的海量数据等现象的出现（冯芷艳和郭迅华，2013），使企业面临着的创新模式单一化、创新效率偏低、技术创新与市场需求之间的时滞性等瓶颈性问题日益浮出水面。在这一现实背景下，Von Hippel（2005）基于创新者与创新之间的联系将创新模式细分为用户创新、制造商创新和供应商创新三种类型，并指出用户在创新项目中承担了发明者或合作开发者的角色，提出了“用户是创新者”的革命性观点（Von Hippel，2005），诸多企业据此纷纷开始对企业传统创新模式进行反思，并意识到在产品生产和价值创造过程中，社会化创新及公众参与创新的趋势日渐明显，即通过与网民群体的密切互动，主动引导网民自觉自愿地参与其业务流程、产品设计、市场推广等关键业务环节，并根据其与大规模网民群体之间的协同互动和反馈机制完成技术创

新与产品优化等工作。至此，用户创新（user innovation）开始大量涌现（Von Hippel，2005），与此相应的基于互联网的新兴合作创新模式——“众包”（crowdsourcing）服务应运而生，即大规模网民的创新热情和创新能力彰显出更大的能量和商业价值，企业通过与网民群体之间的协同发展，充分挖掘以用户创造内容为代表的潜在突破性创新力量。

近年来，许多国外知名企业利用众包服务实现了技术创新，例如：思科公司于 2007 年借助 Brightidea 公司的创意管理网络平台组织的“I-prize”外部创新竞赛，帮助其明确了新业务的投资方向。加拿大 Goldcorp 公司于 2010 年借助社会媒体公开了其全部历史地质数据，通过大规模网民的自愿参与和建议反馈，解决了 RedLake 矿区的矿脉定位问题。宝洁（P&G）和美国国家航空航天局（NASA）等知名企业或组织通过在 InnoCentive 网站上贴出创新难题，并向全世界创新者征求最优解决方案的方式，解决了面对的自然科学、社会科学以及工程学等众多领域的创新难题。

基于网络社区众包机制的创新模式的出现、发展与完善，对于解决北京市中关村国家自主创新示范区内中小企业的技术创新问题有重要现实意义。为中关村中小企业发展出高效实用网络社区众包服务平台，既能协助中小企业突破技术创新来源的边界，在全球范围内寻求创新创意支持，通过有效增加公众的参与度，充分激发大众网民的集体智慧，显著降低技术创新的成本，也能通过用户创造内容的形式减少因企业在市场预测方面存在偏差等因素引致的投资风险，并生产出符合消费者现实个性需求的创新产品。

1.2　基于网络众包机制的企业创新模式的研究意义

1.2.1　现实意义

推动科技创新已是企业不容小觑的重要战略目标。目前，作为

科技创新主体的企业已逐渐意识到，传统的企业创新模式已难以适应动态变化的市场竞争环境，更难以快速满足个性化的消费者需求，而开放式的众包创新模式则能有效弥补这一缺失。

企业的网络众包创新模式的实现前提就是要建设具有完善服务机制的众包服务平台。在以双向互动为主要特性的 Web 2.0 时代，众包服务平台的完善不仅可以推进现代服务业的完善，更可以为加快企业与消费者之间的协同创新步伐提供优质的实现基础。一方面，从大众网民出发，网民群体的声音在以互动性为主要特性的互联网平台上日益重要，用户创造内容也同步受到重视，由此相伴而生的、作为集大众智慧于一体的载体性网站——众包平台，则成了企业通过挖掘大众智慧、重塑企业创新模式，继而驾驭市场环境、把握市场趋势的重要利器。另一方面，从创新企业出发，众包创新模式作为互联网环境下有效利用网民群体智慧促进技术创新最直接的方式，具有引导、促进和推动企业提高自主创新能力的积极作用。同时，企业在创新过程中通过不断整合包含着消费者创意等信息在内的外部资源内部化的创新方式，不仅能较好地适应乃至驾驭市场环境的变化，而且能及时捕捉市场需求的动态演化趋势。我们设想如果能为企业发展出高效实用的网络社区众包服务平台，企业借此便能聚集更广范围内更多网民集体智慧的力量，并能够根据“1%的用户是活跃的内容创造者，另外 10%的用户是内容的改变者，剩余的 89%是跟随者”规律选择企业所需的大众，并对不同的创新用户实行差别化定位，以有效识别和激励活跃的原始创新者及改进创新者。综上所述，不难发现，基于网络众包平台的企业创新模式既能协助企业突破技术创新来源的边界，在全球范围内寻求创新创意支持，通过有效增加公众的参与度，充分激发大众网民的集体智慧，显著降低技术创新的成本；也能通过用户创造内容的形式减少因企业在市场预测方面存在偏差等因素引致的投资风险，并生产出符合消费者现实个性需求的创新产品。

相应于国外的“众包”理念，我国早在 2005 年就提出了“威

客”的概念。威客模式就是大众利用个人智慧换取收益的互联网创新模式。确切地说，众包是威客模式的子类，即奖金激励的创意方案悬赏。国内有不少威客网站，如猪八戒、一品威客、任务中国等。国内也有一些知名企业通过威客网站寻求外部创意资源。如联想 2013 年通过猪八戒网发起智能电子产品创意征集大赛，选择优秀的创新产品投入生产销售。与此同时，国内很多中小企业也通过猪八戒网、任务中国等平台发布任务，寻求创意方案，以弥补内部资源的不足。根据艾瑞咨询集团发布的报告，2004 年威客平台的总交易额只有 4.5 万元人民币，而截止到 2014 年 3 月 17 日，仅任务中国网的总成交额就突破 3 000 万元，加盟的服务商超过 300 万个。

就众包网站的现实应用情况而言，众包应用在我国取得了较大的发展。然而，国内外网络众包平台的发展时间仍然较短，只有十多年，仍存在一些现实问题，尤其是对基于此机制的企业创新模式及激励机制问题的解决方案仍存在亟待填补和完善之处。

主要现实应用的不足，如图 1－1 所示。具体而言，现实应用中的问题及其局限性主要表现在众包平台设计、用户参与度提升以及用户忠诚度维系三个方面。

第一，就平台设计视角而言，主要存在以下三方面的问题：其一，众包平台提供给发包方与接包方的沟通渠道不够充分和完善。艾瑞咨询集团于 2010 年调研发现，在猪八戒网上发布过任务的 209 个企业中，51.2%的发布者感到与接包方的沟通不足。这可能会影响最优方案的质量及其筛选过程。其二，发包方在众包平台上发布的众包任务对接包方缺乏吸引力。这一问题将影响任务接包方的数量，进而影响解决方案的选择范围、数量及其多样性，再继而影响最优方案的质量（Hautz 等，2010；侯文华和郑海超，2012）。艾瑞咨询集团对猪八戒网等国内 11 个平台进行了调研，从各平台随机选取 355 个任务接受者，对网站知名度、操作简易性和任务数量等维度打分，最后计算出各维度的平均分，发现任务数量、任务

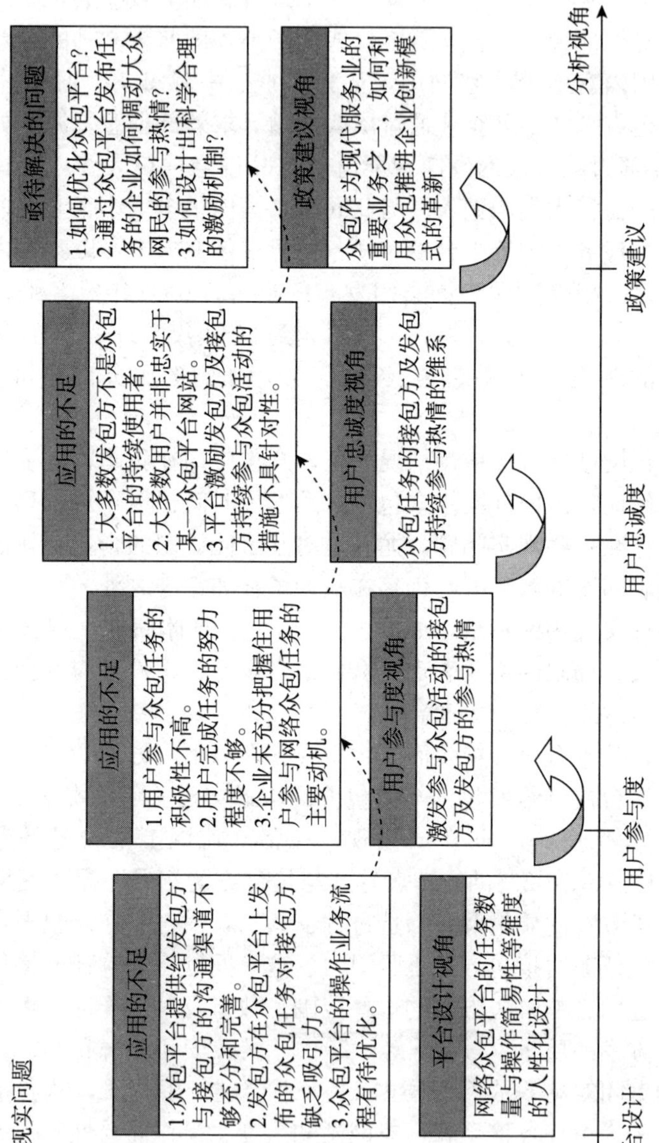

现实问题

应用的不足
1.众包平台提供给发包方与接包方的沟通渠道不够充分和完善。
2.发包方在众包平台上发布的众包任务对接包方缺乏吸引力。
3.众包平台的操作业务流程有待优化。

平台设计视角
网络众包平台的任务数量与操作简易性等维度的人性化设计

应用的不足
1.用户参与众包任务的积极性不高。
2.用户完成任务的努力程度不够。
3.企业未充分把握住用户参与网络众包任务的主要动机。

用户参与度视角
激发参与众包活动的接包方及发包方的参与热情

应用的不足
1.大多数发包方不是众包平台的持续使用者。
2.大多数用户并非忠实于某一众包平台网站。
3.平台激励发包方及接包方持续参与众包活动的措施不具针对性。

用户忠诚度视角
众包任务的接包方及发包方持续参与热情的维系

亟待解决的问题
1.如何优化众包平台？
2.通过众包平台发布任务的企业如何调动大众网民的参与热情？
3.如何设计出科学合理的激励机制？

政策建议视角
众包作为现代服务业的重要业务之一，如何利用众包推进企业创新模式的革新

分析视角

平台设计　用户参与度　用户忠诚度　政策建议

图 1－1　现实研究视角及应用的不足

多样性和任务周期这些维度的分数低，这说明接包方对平台上任务的满意程度低。其三，众包平台的操作业务流程有待优化。从上述调研中进一步发现，要提升平台对众包参与用户的吸引力，还需要进一步优化平台在页面导航、操作流程等方面的人性化设计风格，使用户感到一目了然，且操作简单明了。

第二，就用户参与度视角而言，主要存在以下三方面的问题：其一，用户参与众包任务的积极性不高。艾瑞咨询集团发布的《2010 年中国威客行业白皮书》中的调研数据显示，约三分之一的企业觉得收到的解决方案太少，这将极大影响发包企业后续的发包热情。其二，用户完成任务的努力程度不够。《2010 年中国威客行业白皮书》进一步指出，31.1%的企业对任务完成的质量不满意。即发包方收到的接包方提供的解决方案未充分达到发包方的原始预期，由此，发包方认为接包方在接收和解决任务时的态度较为敷衍，且未付出充分的努力及发挥最佳的作用。其三，企业未充分把握住用户参与网络众包任务的主要动机。目前，众包网站主要通过经济激励的形式来促进接包方的参与热情，但在与接包方在线访谈时发现，部分接包方参与接包的主要目的并不完全在于获得经济报酬，而是期望认识更多志趣相投的同行朋友或是实现自我价值的社会认可等。企业在发包时很难全面了解不同接包方的接包动机，制约了企业找到最有可能提供最佳解决方案的接包方。

第三，就用户忠诚度视角而言，也主要存在以下三方面的问题：其一，大多数发包方不是众包平台的持续使用者。侯文华和郑海超（2012）从对时间财富网进行的为期一年多的调研中发现，在所有注册的发布者中发布任务数目大于 1 的发布者只占了 34%。换言之，大部分发布者只发起过 1 个众包竞赛，或从未发布过众包任务。其二，大多数用户并非忠实于某一众包平台网站。很多用户会到多个网站上寻找感兴趣的任务，在哪个网站上发现了最吸引他的任务，就使用哪个网站去参与该任务。同时，艾瑞咨询集团也认为大多数人会同时使用多个众包网站完成任务。其三，平台激励发

包方及接包方持续参与众包活动的措施不具针对性。结合前述所言的不同参与动机分析不难发现，平台为用户设定的激励机制不能固定在仅有的经济激励维度上，而应该对用户的参与动机进行充分挖掘和系统性分类，并针对不同类型的参与用户，设计出因人而异的激励机制。

上述不足均有可能降低最优方案的质量，而发包方最关注的就是解决方案的质量，这会影响发包方继续在众包平台上发布新一轮任务的意愿。于是发包方对众包平台的忠诚度可能会降低，继而因为发包任务的数量和吸引力下降等原因影响接包方的参与热情，最终导致整个网络众包平台的萧条，更无法推动企业利用网络众包机制实现创新模式的革新。因此，为从根本上弥补前述各种应用局限，亟待解决以下问题：其一，如何优化众包平台？众包平台应为问题解决者提供哪些便利条件和人性化的设计，以调动其参与任务的积极性？其二，通过众包平台发布任务的企业如何调动大众网民的参与热情？概括为一个核心问题便是：众包平台和发包方如何吸引大众参与任务，以提高其参与意愿。其三，如何设计出科学合理的激励机制？换言之，如何有针对性地因人而异（针对不同接包方类型）、因地制宜（针对不同众包网络平台）地设计不同的激励措施，以提高用户的持续参与活跃度。

因此，正确认识网络众包平台和全面理解众包创新模式的发展及实现机理，利用网民集体智慧推动企业的技术创新步伐、利用众包参与和社交网络的口碑效应优化科技成果转化实效，不仅具有引导、促进和推动中关村中小企业自主创新能力的积极作用，同时对于帮助这些企业在动态多变的市场竞争环境下全面提升技术创新能力、服务企业创新战略的实施、优化现代服务业及促进我国产业结构调整也具有重要的现实意义。

1.2.2 理论意义

企业传统的创新模式，即封闭式创新难以适应新时代的需求，

开放式创新是目前企业创新的主题，即将外部资源内部化，在创新过程中整合外部资源，外部资源也包含来自消费者的创意。用户创新的观点曾于 1976 年提出，而新兴的众包创新模式关注的是范围更广泛的大众群体如何在 Web 2.0 环境下依托互联网开展创新活动，众包机制中参与企业创新活动的主体既可以是企业内部的员工，同样也可以是企业外部的任何人。如此一来，网民大众全体便自然而然成为弥补企业创新资源不足的重要源泉。众包机制的出现重塑了企业技术创新模式，对众包机制的研究有利于探索基于网络众包机制的企业新兴技术创新模式，继而发展和完善现有的企业创新理论。

目前，在关于众包的相关研究成果中，主要侧重的是众包内涵与外延、商业模式、其与外包的关系等定性层面的研究，其所依托的理论基础主要包括资源基础理论、资源依赖理论、交易成本理论、创新民主化理论、行为动机理论等。具体而言，与本研究相关度最高的研究主要包括三种类型：第一类研究主要关注奖金激励对大众参与度的影响，研究了网络创新竞赛中对奖金激励方式的设计；第二类研究主要基于动机理论探讨众包问题解决者的参与动机的构成，和各种动机对参与行为的影响等；第三类研究主要是大众参与众包的影响因素研究，不局限于动机相关因素，从多方面考虑各种因素对大众参与众包的行为的影响。尽管这些研究成果明确指出了众包机制在帮助企业弥补内部资源不足、降低企业对外部资源的依赖性及平衡企业生产成本与交易成本方面的重要作用，然而，现阶段鲜有学者对此做出较为客观的定量研究，也未明确解释“如何更加有效地推动众包平台持续健康地发展？什么是影响众包用户参与程度的关键因素？如何科学合理地利用众包网络平台推动企业技术创新？”等更深层面的问题，继而导致着力于解决众包机制核心问题的定量研究成果相对匮乏。下面，笔者对上述主要研究问题予以概括性描述，如图 1 - 2 所示。

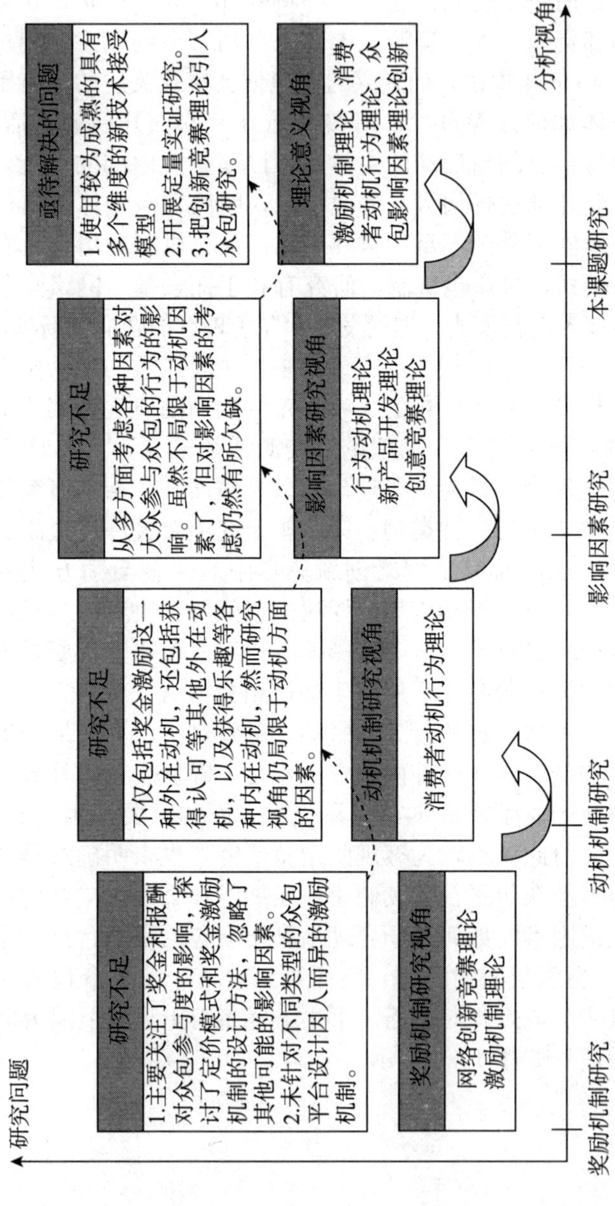

研究问题

研究不足

1.主要关注了奖金和报酬对众包参与度的影响，探讨了定价模式和奖金激励机制的设计方法，忽略了其他可能的影响因素。
2.未针对不同类型的众包平台设计因人而异的激励机制。

奖励机制研究视角

网络创新竞赛理论
激励机制理论

研究不足

不仅包括奖金激励这一种外在动机，还包括获得认可等其他外在动机，以及获得乐趣等各种内在动机，然而研究视角仍局限于动机方面的因素。

动机机制研究视角

消费者动机行为理论

研究不足

从多方面考虑各种因素对大众参与众包的行为的影响。虽然不局限于动机因素了，但对影响因素的考虑仍然有所欠缺。

影响因素研究视角

行为动机理论
新产品开发理论
创意竞赛理论

亟待解决的问题

1.使用较为成熟的具有多个维度的新技术接受模型。
2.开展定量实证研究。
3.把创新竞赛理论引入众包研究。

理论意义视角

激励机制理论、消费者动机行为理论、众包影响因素理论创新

分析视角

奖励机制研究　动机机制研究　影响因素研究　本课题研究

图 1－2　理论研究背景

在第一类研究中，Howe（2008）等都提出奖金激励是吸引用户参与的一个重要影响因素。Horton 等（2010）基于劳动力供给模型、成本曲线和支付函数，提出了一种新方法，用于估算问题解决者愿意参与众包项目的最低薪酬。众包问题解决者之间存在着类似于创新竞赛的竞争（Shao et al，2012）。而在创新竞赛的相关研究中，如何确定奖金金额是一个主要研究内容。为了减少由于预先设定奖金而引起的效率损失，Che 和 Gale（2003）、Schottner（2008）均提出了奖金拍卖的方法，即由参赛者在完成任务后给出自己所期望获得的奖金金额，竞赛组织者在综合评估了每位参赛者的产出及其所期望获得的奖金额后，选出优胜者并给予奖金。然而，第一类研究主要关注了奖金和报酬对众包参与度的影响，探讨了定价模式和奖金激励机制的设计方法，忽略了其他可能的影响因素；同时也未针对不同类型的众包平台设计因人而异的激励机制，存在一定的局限性。

在第二类研究中，冯小亮和黄敏学（2013）基于动机理论和激励理论，采用扎根理论方法对大众参与众包的动机进行了分析，总结出众包参与者的动机构成，以及各类动机间的关系。然而，扎根理论是一种定性研究方法，所得结论仍受质疑，应进一步开展实证研究。Organisciak（2010）基于马斯洛需求层次理论和 Alderfer（1969）的 ERG（existence，relatedness，growth）理论，对 13 个众包网站进行调查分析后发现，现金激励是用户参与众包的主要动机之一。Battistella 和 Nonino（2013）以关于合作动机的心理学和社会学文献为基础，使用多种研究方法（多案例研究、因子分析和多维量度）对 26 个开放革新平台（OIP）进行了分析，探讨了各种内在动机和外在动机对个人参与众包行为的影响；还基于动机理论、开源软件开发（OSS）、工作动机与教育理论提出一个混合模型，以 AMT① 为例对模型进行了实证研究，发现外在动机（即时结算、定时结算、社交动机）对用户在平台上花费的时间有很大的

① AMT 是 Amazon Mechanical Turk 的缩写，它是 Amazon 公司旗下的众包平台。

影响。然而，对于很多工作者来说，内在动机更加重要，尤其是像“工作自主”和“技能多样”这样基于乐趣的动机。相比第一类研究，第二类研究对影响因素的考虑更加全面，不仅包括奖金激励这一种外在动机，还包括获得认可等其他外在动机，以及获得乐趣等各种内在动机。然而，研究视角仍仅局限于动机方面的相关因素。

在第三类研究中，张媛（2011）利用 UTAUT 模型（技术采纳与整合理论模型，unified theory of acceptance and use of technology，UTAUT）探讨了大众对参与众包的预期收益和努力期望，大众对发包方和众包平台的信任和促进条件等因素是否会对大众的参与行为产生显著的影响，以及这些因素会对大众的行为产生何种影响。师蕾（2012）基于行为动机理论、新产品开发理论及创意竞赛理论，并结合威客网站的具体特色，研究任务属性（奖金数额、任务期限、难易程度）及市场竞争状况（竞争性任务数量、竞争性价格）对任务交稿人数及中标者能力等级的影响，研究发现任务发布者对任务参数的不同设置以及市场竞争状况的差异性将会导致不同能力等级任务解决者的行为表现出极大的差异性。张媛（2011）和师蕾（2012）都通过实证研究对模型进行了验证，不过前者采用的是问卷调查的方法，能更直观地反映大众的参与意愿和行为，而后者使用的是威客网站的客观统计数据，未必能反映观测变量的真实情况。前者虽从多方面考虑了多种影响因素，但未必全面，有些没考虑的因素也可能对大众参与众包行为产生不容忽视的影响，比如任务属性方面的因素。而后者只是从发包方角度考虑了影响大众参与度的因素，研究结果只对发包方有一定实用意义，对众包平台却没什么参考价值。第三类研究虽然不局限于动机因素了，但这类研究较为鲜见，对影响因素的考虑也仍有一定欠缺。

然而，众包作为聚集网民大众智慧的平台，已有诸多实例对其理论研究价值给予了充分的佐证，因此，本研究将结合网络创新竞赛理论、激励机制理论、行为动机理论、新产品开发理论、博弈理论，采用一个能从多个维度解释新技术的用户接受度的比较成熟的

模型，更加全面地考虑影响众包参与意愿的因素，从定量分析角度实证研究网络众包机制促进企业技术创新的具体路径，通过实证研究对其进行验证，以分析其可靠性和科学性，为企业技术创新的商业实践提供重要的理论依据。本研究将在文献研究的基础上，总结众包模式的类型及主要特征，并甄选国内外经典众包网络平台进行案例分析，构建网络众包平台的分析框架模型，并总结现有众包平台参与者的自然属性与社会属性，应用 UTAUT 模型探究影响众包社区用户参与度的关键因素，继而应用博弈理论探讨积极促进发包方发包及接包方接包的合理激励机制，最终全面系统地对基于网络众包机制的企业创新模式变革机制进行剖析，以推动现有企业技术创新理论的进一步发展。

1.3　企业众包创新模式的研究问题与目标

1.3.1　研究问题

本研究主要围绕基于网络众包机制的企业创新模式这一问题展开。由此涉及网络众包平台、众包平台参与者、参与者参与度影响因素、激励机制设计等四方面问题，但从资料收集情况来看，目前国内外对上述问题的系统性理论研究及其对中国企业网络众包创新机制的实证研究尚不多见。然而，我国企业如何形成和利用高效的网络众包创新模式有效提高其动态竞争能力，并获得持续性竞争优势，进而全面提升企业的经营绩效，无论在理论研究上抑或是管理实践中都是亟待解决的问题。因此，本研究据此确立了主要研究问题、研究目标及研究对象，如图 1－3 所示。

本研究主要从网络众包平台的分类及框架模型、企业众包创新模式及参与者的特征、影响众包用户参与度的关键因素及激励机制入手，在全面分析和了解这一创新模式的基础上，提出促进企业创新模式变革的对策及建议。因此，本研究工作涉及的主要问题包括

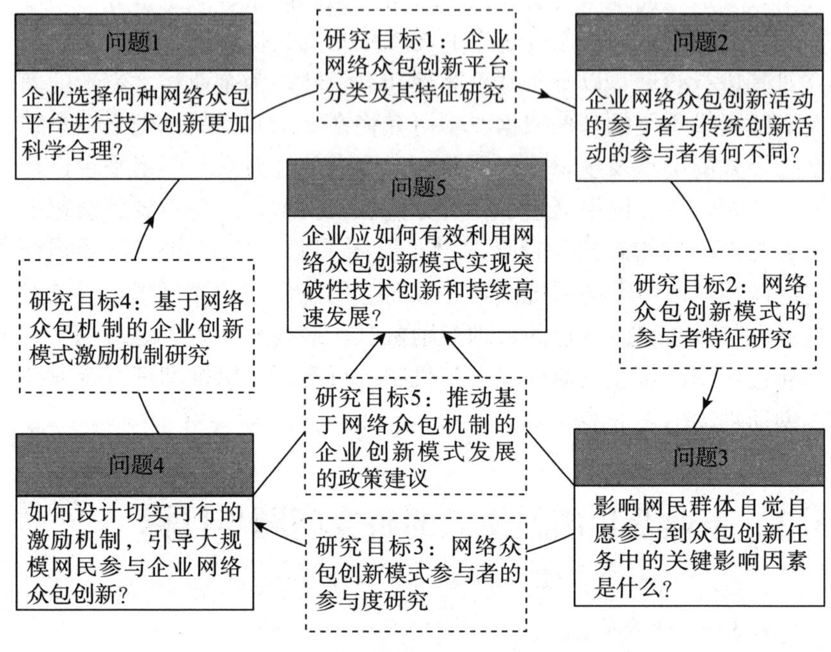

图 1－3　研究问题、研究目标

以下五个：

问题 1：对于具体企业而言，选择何种网络众包平台进行技术创新更加科学合理？具体包括：网络众包平台是什么？根据众包商业模式的具体划分标准，网络众包平台主要包括哪几种类型？每种网络众包平台的主要特征是什么？不同的企业应该如何根据自身实际需求选择合适的网络众包平台从而协助企业实现技术创新目标？

问题 2：企业网络众包创新活动的参与者与传统创新活动的参与者有何不同？具体包括：什么是基于网络众包机制的企业创新模式？其与传统的企业创新模式有何本质区别？企业网络众包创新活动的参与主体是哪些人？他们又分别具有哪些主要的自然属性和社会特征呢？

问题 3：影响网民群体自觉自愿参与到众包创新任务中的关键影响因素是什么？具体包括：是哪些因素促使网民群体愿意参与并接受众包创新任务呢？又是哪些因素促使企业愿意将其创新任务发布到网络众包平台上呢？在所有这些因素中，哪些又是影响接包方或发包方自觉自愿地积极参与众包创新活动的关键性因素呢？

问题 4：如何设计切实可行的经济激励机制及非金钱激励机制，引导大规模网民自组织、无意识地参与企业网络众包创新任务呢？具体包括：如何设计出基于用户自发型网络众包平台的企业创新模式的激励机制？如何设计出基于中介平台型网络众包平台的企业创新模式的激励机制？如何设计出基于企业自发型网络众包平台的企业创新模式的激励机制？除此之外，是否需要引入合理的评审机制或监督机制呢？

问题 5：企业应如何有效利用网络众包创新模式实现突破性技术创新和持续高速发展？具体包括：企业在运用网络众包创新模式时，应注意哪些问题？企业应如何有效甄别出有价值的网民创新群体？企业应如何设计出科学合理的众包创新激励机制？

1.3.2　研究内容

本研究通过文献阅读和实际调研等工作对基于网络众包机制的企业创新模式及其参与者特征展开研究。首先，对网络众包创新平台进行分类，采用案例研究法剖析和总结构建平台框架模型；其次，围绕网络众包创新平台框架模型，采用结构方程模型，全面分析了影响众包创新任务参与者参与度的关键因素；接着，结合不同类型的网络众包平台，采用博弈模型，对网络众包创新模式的激励机制这一核心问题进行了系统的分析；最后，依据上述研究成果，形成并提出了基于网络众包机制的企业创新模式的发展建议。

本研究具体的研究内容如下：

研究内容一：企业网络众包创新平台分类及其框架模型的构建，以研究针对不同企业，何种网络平台更加科学合理。主要以亚

历山大（Alexander，2010）商业模式理论为基础，采取案例分析法，根据前人对众包模式分类的基础，将众包创新模式的依托平台划分为用户自发型、中介平台型、企业自发型，并甄选五组国内外经典众包模式案例，从产品、客户、基础设施管理、财务状况及激励机制角度进行跨案例对比研究。

研究内容二：网络众包创新模式的参与者特征研究，以明确网络众包创新模式与传统创新模式的区别及其优势。通过搜集整理国内外众包模式的相关文献，总结网络众包创新模式的主要特征。通过问卷调查法研究网络众包参与者的自然属性和社会属性。一方面，就自然属性而言，接包方的自然属性主要涉及年龄、性别、教育程度、收入等因素，而发包方的自然属性主要涉及性质、行业、企业规模、企业所处发展阶段等因素。另一方面，就社会属性而言，主要从社会资本视角切入。本书采用林南教授在《社会资本——关于社会结构与行动的理论》一书中对社会资本的定义，即“通过社会关系获得的资本主要借助于行动者所在网络或所在群体的联系和资源起作用，而社会资源则是行动者在行动中获取和使用的嵌入在所处网络中的资源，因此，社会资本的获取可视为信息流动、施加影响、社会信用、强化身份和认同感的综合过程”（林南，2005）。据此，本研究拟从获取或维持参与者社会资本视角出发，将众包创新活动参与者的社会属性界定为信息流动、施加影响、社会信用、强化身份和认同感四个维度。

研究内容三：网络众包创新任务参与者参与度的关键影响因素研究，其中参与者既包括接包方，也包括发包方。本研究将以UTAUT理论为基础，从绩效期望、付出期望、社群影响、配合情况四个维度，结合文献研究结果，从接包方的接包动因——心理需求、激励机制、新知习得性与社交愿景，及发包方的发包动因——利用大众智慧、降低生产成本、利用技术进步和专门知识、激励生产者参与、提高适应个性化需求灵活度、减少信息不对称、提高产品质量、利用大众传播等维度出发，系统发掘各问题项的理

论支撑依据，并设计完整调研问卷，结合问卷回收数据，使用结构方程模型方法，研究影响参与者参与度的关键影响因素。本研究内容的结论将为后续研究内容四——众包创新激励机制的改进策略提供依据。

研究内容四：本部分内容是在前三部分研究内容的基础上，依据影响网络众包平台用户自觉自愿参与众包任务的关键因素，以众包创新的激励机制设计为核心问题，利用完全信息动态博弈模型分析众包平台激励接包方参与众包平台的博弈关系、众包平台激励发包方参与众包平台的博弈关系，利用委托代理理论中的非对称信息最优激励合同分析发包方与接包方的博弈关系，最终将依据上述分析结论，为参与者参与众包任务推进技术创新步伐提供切实可行的建议。

研究内容五：结合上述几部分研究内容，从众包模式选择、参与者甄别、激励机制设计三个维度，分别提出企业利用众包模式开展创新活动的各项政策建议。

1.3.3　研究目标

本研究的主题是基于网络众包机制的企业创新模式研究，具体研究目标主要包括以下五个：

研究目标一：在研究国内外针对众包、中小企业创新、网络社区驱动创新三个方面研究现状的基础上，利用案例分析法，研究用户自发型、中介平台型、企业自发型三类网络众包平台的特征及对企业创新模式的影响，并剖析三类平台的主要特征。

研究目标二：基于问卷调查及其描述性统计分析结果，全面刻画众包发包方及接包方的自然属性和社会属性，为企业有效识别接包方提供理论依据和现实指导。

研究目标三：以技术采纳与整合理论 UTAUT 模型为基础，利用结构方程模型方法，分析得出影响接包方和发包方众包创新活动参与度的关键影响因素。

研究目标四：针对用户自发型、中介平台型以及企业自发型众包创新模式，结合参与者参与度关键影响因素，分别设计出引导大规模网民自组织、无意识地参与企业网络众包创新任务的科学合理的激励机制。

研究目标五：从商业模式的选择、参与者的有效识别、有效激励机制的设计方面提出企业利用网络众包机制推进技术创新的具体政策建议。

1.3.4 创新点及难点

本研究在定量研究、填补理论缺失、研究方法的多样性三方面具有显著特色，具体而言，主要包括：

第一，现有文献主要从定性研究视角，对众包的内涵、与外包的关系、众包模式等内容进行了阐述，但鲜有文献从定量视角深入研究，而本研究则从定量研究视角，剖析了网络众包平台对企业创新模式的重要影响，并面向企业给出了具体的政策建议。由于定量研究的前提是需要获取大量客观准确的有效数据，而现有平台数据资源的局限性致使要从网民群体及发包企业获取大量调研数据具有一定难度，本研究通过寻求与权威众包平台网站的合作调研，尽力减少了这一问题对研究结论有效性及普适性的影响。

第二，尽管众所周知，企业可以利用集网民群体智慧的网络众包平台推动技术创新的发展，然而现有文献对“企业如何利用网络众包平台引导企业实现技术创新”这一具体问题的研究几近空白，本研究将尝试弥补这一理论研究的缺失。

第三，本研究综合运用了多元化的研究方法：文献研究法、案例分析法、UTAUT 模型及博弈模型等，特别是将信息系统领域用以探讨用户采纳信息系统关键因素的成熟模型 UTAUT 引入到研究中。UTAUT 模型在信息技术接受和采纳行为研究中的应用已经较为成熟，然而却很少有人把信息技术具体化为众包这种新生事物去研究其接受度，因此本研究对于 UTAUT 模型的应用和众

包研究模型的构建都具有一定的创新性；同时，利用博弈模型分类研究设计不同的激励机制，以促进用户参与众包创新活动的积极性，目前这一工作在众包研究领域尚不多见。由于这两点均属于探索性的研究工作，因此在研究过程中，本研究结合本土化情景和众包创新这一具体研究问题，对 UTAUT 模型进行了适当调整和修正，并对博弈模型的求解过程及结论进行了切实可行的解释，以提升研究结论的实际可操作性。

1.4　研究思路和方法

本研究结合企业创新理论、众包理论、社会资本及社会网络理论、马斯洛需求层次理论、博弈理论等，采用了文献研究、案例研究、结构方程模型、博弈模型分析等方法。首先，分析了企业网络众包创新平台；其次，从自然属性和社会属性维度对网络众包创新模式的参与者特征进行了统计分析；接着，对网络众包创新模式参与者的参与度影响因素进行了挖掘；最后，对基于网络众包机制的企业创新模式激励机制的设计及改进的有效性和可操作性进行了验证。因此，本研究以基于网络众包机制的企业创新模式这一核心概念为突破口，有效利用了众包理论及企业创新理论等关键理论和结构方程模型、博弈模型分析等关键方法，将宏观分析与微观分析、定性研究与定量研究进行了有机结合，其研究思路及研究方法如图 1-4 所示。

为增强研究成果在理论上的科学性及实践应用中的可操作性，本研究采用了实证研究和案例研究相结合的分析方法。由于管理问题研究是一个复杂且维度多元相关的领域，利用实证研究方法，通过对问题开展的科学定量分析工作能够得到系统性的理论模型及其相关的研究结论，但仅仅凭借既得的模型和现有文献很难把握问题的本质和演化过程的来龙去脉，而案例研究方法所具有的发现问题

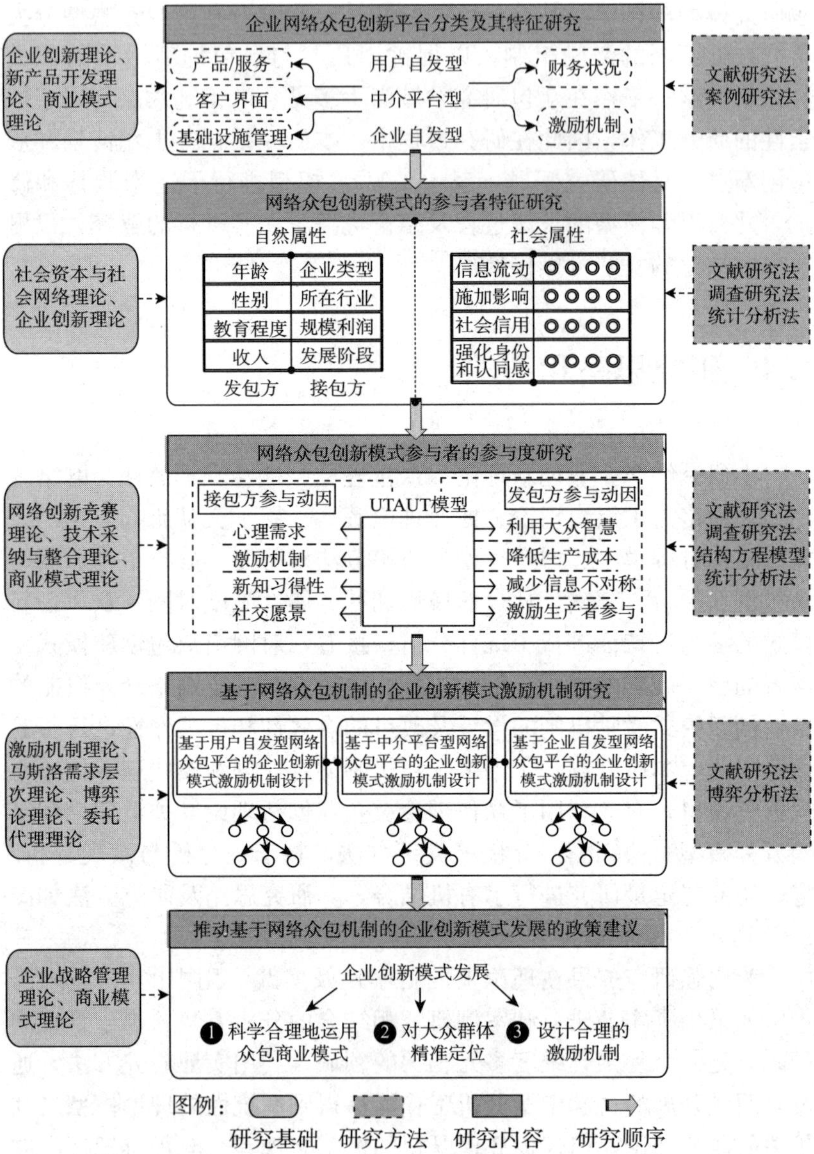

企业创新理论、新产品开发理论、商业模式理论

企业网络众包创新平台分类及其特征研究

产品/服务
客户界面
基础设施管理
用户自发型
中介平台型
企业自发型
财务状况
激励机制

文献研究法
案例研究法

社会资本与社会网络理论、企业创新理论

网络众包创新模式的参与者特征研究

自然属性

年龄	企业类型
性别	所在行业
教育程度	规模利润
收入	发展阶段
发包方	接包方

社会属性

信息流动	○○○○
施加影响	○○○○
社会信用	○○○○
强化身份和认同感	○○○○

文献研究法
调查研究法
统计分析法

网络创新竞赛理论、技术采纳与整合理论、商业模式理论

网络众包创新模式参与者的参与度研究

接包方参与动因
心理需求
激励机制
新知习得性
社交愿景

UTAUT模型

发包方参与动因
利用大众智慧
降低生产成本
减少信息不对称
激励生产者参与

文献研究法
调查研究法
结构方程模型
统计分析法

激励机制理论、马斯洛需求层次理论、博弈论理论、委托代理理论

基于网络众包机制的企业创新模式激励机制研究

基于用户自发型网络众包平台的企业创新模式激励机制设计
基于中介平台型网络众包平台的企业创新模式激励机制设计
基于企业自发型网络众包平台的企业创新模式激励机制设计

文献研究法
博弈分析法

企业战略管理理论、商业模式理论

推动基于网络众包机制的企业创新模式发展的政策建议

企业创新模式发展
❶ 科学合理地运用众包商业模式
❷ 对大众群体精准定位
❸ 设计合理的激励机制

图例：研究基础　研究方法　研究内容　研究顺序

图 1-4　研究思路及研究方法

(motivation)、灵感启示（inspiration）和解释性说明（illustration）这三方面的优势（Siggelkow，2007），恰好可以有效填补实证研究领域的诸多局限。

本研究采用的主要研究方法包括：

其一，文献研究法（literature review）。文献回顾对任何一项研究工作而言都是至关重要的，其目的是在前人的研究基础上挖掘和建立兼具理论创新和实践价值的研究问题；是在搜集、鉴别、整理前人已有研究成果的基础上，通过对文献的研究形成对事实的科学认识，明确界定研究范围及研究目标的过程。文献回顾是全面理解和深入剖析研究问题、构建理论基础与创新理论成果的基础，文献回顾法的主要目的在于结构化研究问题，并明确为研究工作定位。本研究对与国内外企业众包创新理论研究及实践应用现状相关的研究文献进行了系统性回顾，总结了现有研究成果的主要结论、前沿发展趋势和研究局限，并在此基础上提出了本研究的主要研究问题和理论模型。

其二，案例研究法。案例研究法主要指从客观存在的现象或问题出发，研究“是什么”以及“怎么样”。与规范研究法所关注的“应该是什么”和“应该怎么样”所不同的是，案例研究法关注的是存在于现实客观世界的人和事，尤其是具有特殊意义的组织与事件，并且不拘泥于常规有限的因子、变量与统计规律等（乔坤和马晓蕾，2008）。依据案例研究的性质与目的，又可将其划分为探索性案例研究（exploratory case study）、解释性案例研究（explanatory case study）以及描述性案例研究（descriptive case study）三种类型。其中，探索性案例研究主要指界定一个研究问题前的试验性研究或者预测研究；解释性案例研究通常用以探索事物间的因果关系；描述性案例研究是在研究之前已形成了和明确了研究的理论导向，并以此作为案例分析的理论架构，它一般要求在研究之前明确分析单元（Yin，1994；Tellis，2015）。本研究将采用描述性案例研究法，通过选取具有代表性的五组国内外网络众包平台，基于

亚历山大商业模式理论，从产品、客户、基础设施管理、财务状况及激励机制五个维度构建分析单元，进行多维度、多单元的对比分析，发现和挖掘各类网络众包创新平台的主要特征。

其三，调查研究法。本研究所采用的调查研究法主要包括访谈法和问卷法。首先，就访谈法而言，本研究对企事业单位有关技术创新需求问题的深度专家访谈进行事先检验。本研究是基于企业及用户层面共同开展的，因此涉及企业创新管理、社会资本、消费者生产消费一体化等多个理论与研究视角。本研究遵循企业与消费者协同互动式创新的演化逻辑，对网络众包创新参与者特征及参与度影响因素进行研究。由于本研究的原始基本假设是基于林南（2005）、Venkatesh 和 Morris（2003）等前人的研究文献归纳分析后所得，而且研究文献主要以国外研究文献为主，因此，其研究假设是否适合中国企业网络众包创新的实际运营环境和具体情况，是否存在有悖于现有文献成果的新研究假设、新观点和新发现，均需要通过专家访谈进行事先检验和发掘，进而分析是否存在有别于原有逻辑推导所得的理论模型。另外，通过对不同参与主体的访谈，也能为后续调查问卷的设计提供重要的理论依据、实践指导和参考意见，以确保调查问卷在设计层面的合理性和有效性。其次，就问卷法而言，本研究通过问卷调查收集参与者样本数据，为最终进行统计和结构方程建模分析奠定研究基础，对研究的主要结论和观点进行检验和修正，以确保研究结论的合理性，从而为企业真正实现众包创新，以达到可持续发展的战略经营目标，提供真实有效的样本分析数据。

其四，统计分析法与结构方程模型。统计分析法是以数量分析技术为基础，采用数理统计和计量经济学的理论和方法作为技术手段的分析方法。结构方程模型，又称为协方差结构模型，是基于变量的协方差矩阵分析变量间关系的一种统计方法，可用于建立、估计和检验因果关系模型。一方面，由于网络社区众包创新任务参与者参与动因与其参与度之间的关系并非简单的因果关系，而是相对

复杂的结构关系，因此不容易用传统的回归分析予以处理，而结构方程模型恰好能够处理不同变量之间的复杂结构关系；另一方面，由于参与意愿等变量受主观因素影响难免会产生误差，而结构方程模型分析方法允许变量存在测量误差，比较适合本问题研究。因此，本研究在对猪八戒网及一品威客网等网络众包平台的任务参与方进行问卷调查和线上访谈的基础上，采用描述性统计分析、因子分析以及结构方程模型等计量统计分析方法，利用 SPSS 及 AMOS 等计算机软件，对问卷调查的数据予以统计分析和处理，以检验网络社区众包创新任务参与者参与度的关键影响因素等研究的概念模型及研究假设成立与否。

其五，博弈论。博弈论又被称为对策论（game theory），其既是现代数学的分支之一，也是运筹学的重要分支学科之一。博弈论主要用于研究公式化了的激励结构间的相互作用，是研究具有斗争或竞争性质现象的数学理论和方法。从相互发生作用的当事人之间有无具有约束力的协议视角出发，主要包括合作博弈与非合作博弈两类；从行动的时间序列性视角出发，主要包括静态博弈与动态博弈两类；从参与人对其他参与人了解程度视角出发，主要包括完全信息博弈和不完全信息博弈两类。本研究将利用完全信息动态博弈中的 Stackelberg 模型分析平台、参与者之间的博弈关系，从博弈均衡解中确定平台如何设计合理的激励机制提升参与者的活跃度，同时利用委托代理理论中的非对称信息最优激励合同分析发包方与接包方的博弈，继而综合分析发包方对接包方的激励设置。

1.5　组织结构与基本内容

本研究报告共包括八章内容，组织结构与基本内容如图 1－5 所示，分别回答了本研究拟解决的五大研究问题。

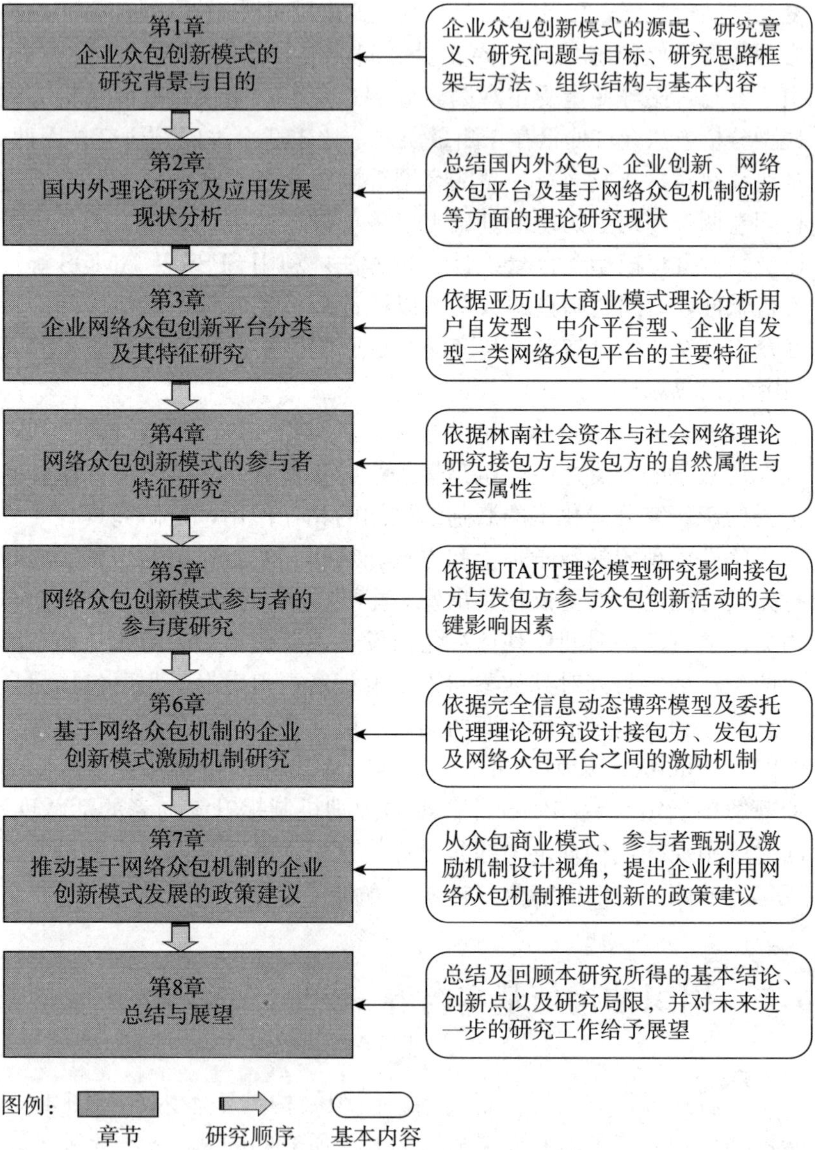

章节	基本内容
第1章 企业众包创新模式的研究背景与目的	企业众包创新模式的源起、研究意义、研究问题与目标、研究思路框架与方法、组织结构与基本内容
第2章 国内外理论研究及应用发展现状分析	总结国内外众包、企业创新、网络众包平台及基于网络众包机制创新等方面的理论研究现状
第3章 企业网络众包创新平台分类及其特征研究	依据亚历山大商业模式理论分析用户自发型、中介平台型、企业自发型三类网络众包平台的主要特征
第4章 网络众包创新模式的参与者特征研究	依据林南社会资本与社会网络理论研究接包方与发包方的自然属性与社会属性
第5章 网络众包创新模式参与者的参与度研究	依据UTAUT理论模型研究影响接包方与发包方参与众包创新活动的关键影响因素
第6章 基于网络众包机制的企业创新模式激励机制研究	依据完全信息动态博弈模型及委托代理理论研究设计接包方、发包方及网络众包平台之间的激励机制
第7章 推动基于网络众包机制的企业创新模式发展的政策建议	从众包商业模式、参与者甄别及激励机制设计视角，提出企业利用网络众包机制推进创新的政策建议
第8章 总结与展望	总结及回顾本研究所得的基本结论、创新点以及研究局限，并对未来进一步的研究工作给予展望

图例：章节　研究顺序　基本内容

图 1-5　本研究的组织结构与基本内容

第2章 国内外理论研究及应用发展现状分析

2.1 引言

近年来，经济的全球化、消费需求的个性化、社会化媒体和移动互联网的日益普及、社会信息生产方式的分布性及传播方式的平等性、用户创造内容产生的海量大数据等现象的出现，已为改变企业创新模式单一化、创新效率偏低、技术创新与市场需求之间的时滞性等瓶颈性问题带来了巨大的机遇。面对这一机遇，不同规模的企业所采用的创新战略也略有不同，小规模企业更偏向于自主研发和原始创新，中等规模企业则兼顾自主研发和引进技术，大规模企业更偏向于引进技术和吸收消化再创新。其中，中小企业所关注的自主研发和原始创新对于提高我国经济活力和创新能力的作用最为突出，促进中国企业自主创新的政策在中小企业中的

重点是降低其自主研发的成本，以鼓励其原始创新。

伴随着“用户是创新者”的革命性观点的提出，企业纷纷开始对其传统的创新模式进行反思，并意识到在产品生产和价值创造过程中，社会化创新及公众参与创新的趋势日渐明显，通过与网民群体的密切互动，主动引导网民自觉自愿地参与企业在业务流程、产品设计、市场推广等方面的关键业务环节，并根据企业与大规模网民群体之间的协同互动和反馈机制完成技术创新与产品优化等工作。至此，融合消费者与创新者为一体的用户创新大量涌现，与此相应的基于互联网的新兴合作创新模式——众包服务也应运而生，大规模消费者网民的创新热情和创新能力彰显出更大的能量和商业价值，企业通过与网民群体之间的协同发展，充分挖掘以用户创造内容为代表的潜在突破性创新力量。在这一背景下，实践管理者及理论研究学者均对如何通过大规模社区网民众包机制实现创新模式的变革这一研究问题给予了高度关注。

就中关村中小企业而言，本研究结合中小企业自身特点、面临的创新问题，以及实践管理者们的实际需求，从中小企业的金融服务模式创新、创新模式需要集体智慧、科技成果转化机制的众包参与式创新三方面分析了众包式创新模式对中关村中小企业开放式创新转型及服务企业创新战略实施所具有的重要现实意义。

就理论研究而言，目前少有文献以网络众包机制为切入点来研究企业创新模式革新这一问题。研究学者们或是从众包机制的某一角度出发单独研究众包模式问题，或是基于某一侧面着力研究企业创新模式问题，鲜有研究学者将二者纳入同一研究体系中来，因此，关于基于网络众包机制的企业创新模式研究目前还缺乏较为完善的理论体系。但是，国内外学者对于企业创新理论进行了多年的研究，相关成果相当丰富；另外，关于众包机制的研究也取得了一些进展，这些都为本研究工作的开展奠定了坚实的基础。下面将结合如图 2-1 所示的研究主题，即“网络虚拟社区—众包—企业创新—基于网络众包机制的企业创新模式研究”的逻辑顺序全面回顾

并梳理该领域的相关研究成果。

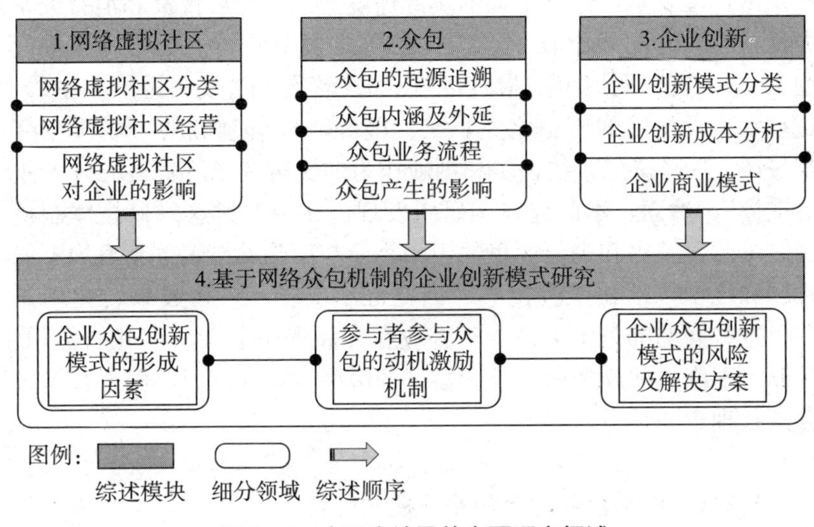

图 2－1　本研究涉及的主要研究领域

2.2　众包机制推动中关村中小企业创新模式变革

作为我国科技旗帜的中关村国家自主创新示范区（以下简称"中关村"），起重要的科技政策引领和辐射作用，其"一区十六园"覆盖着包括信息技术、生物医药、新能源、新材料以及高端装备制造等在内的国家重点发展的战略性新兴产业，是战略性新兴产业的策源地。它不仅是世界上罕见的科技智力密集区，而且汇聚着大量蕴含巨大创新潜力的中小企业群体。它在创新驱动战略中发挥着重要的示范引领作用，并成为建设创新型国家的强大引擎。

面对创新驱动战略对企业快速成长和发展，乃至建设创新型国家发挥着重要引领作用这一客观现实，国家在"十二五"规划纲要

中就已明确指出："我国发展中不平衡、不协调、不可持续问题依然突出，主要是，经济增长的资源环境约束强化，投资和消费关系失衡，收入分配差距较大，科技创新能力不强……"针对这些问题，"十二五"发展纲要指出："以加快转变经济发展方式为主线，是推动科学发展的必由之路，是我国经济社会领域的一场深刻变革……""坚持把科技进步和创新作为加快转变经济发展方式的重要支撑"。然而，本研究在调研中发现，在中关村这一科技体制机制改革的试验田和先行区里的中小企业却面临着诸多创新发展上的难题和桎梏，例如融资挑战、创新机制变革、科技成果转化困难等，这些问题都是中关村中小企业在发展道路上无法绕开的话题。然而，围绕这些问题所寻求和尝试的解决方案却都以不同形式呈现着众包理念的特点。

2.2.1 中小企业的金融服务模式创新

中关村的第三方支付企业、众筹融资、P2P平台等互联网金融机构不断涌现。2013年8月9日，京东商城、当当网、拉卡拉、用友软件等单位发起成立了中关村互联网金融行业协会；2013年11月29日，北京银行为推动中关村科技金融创新，发起了"中关村零信贷小微企业金融服务拓展活动"，以便为中关村零信贷企业建立快捷的"绿色通道"审批机制，通过推动银企对接，帮助科技型小微企业开展"首贷"业务；中关村通过"信贷创新中关村"系列活动——"小企业、微金融、大平台"的"瞪羚十年计划"解决一定规模企业的融资问题，以激发企业的自主创新能力；针对不满足"瞪羚计划"标准的科技型企业，通过推出"展翼计划"解决企业融资问题；通过为企业提供信用保险服务、支持跨境贸易和投资信贷，以期推动企业的国际化发展。与此同时，最为值得关注的是，众多电子商务企业，利用其自身的平台优势，依托其掌握的交易数据与信用信息，结合大数据挖掘和精准分析，通过了解中小企业的真实运营情况，搭建出不同于传统银行业务的互联网众筹及大

数据分析基础上的金融附加业务平台，为中关村中小企业寻找和拓展融资模式奠定了坚实的基础。

上述举措中，特别值得一提的有两点：其一，众筹式融资模式的引入，充分提升了众多闲置资金的利用效率。其二，大数据分析和精准挖掘技术在金融服务中的应用，弥补了传统银行业务在信用认证效率、信息整合分析精确性等方面的局限。这对于广大中小企业而言，不仅实现了企业融资门槛的降低和融资渠道的多元化拓展，而且还提升了资金的利用效率，实现了金融服务模式的变革式创新。

2.2.2　创新模式需要集体智慧

2005 年，Von Hippel 基于创新者与创新之间的联系，将创新模式细分为用户创新、制造商创新和供应商创新三种类型，并指出用户在创新项目中承担了发明者或合作开发者的角色，提出了“用户是创新者”的革命性观点。这一观点推动企业纷纷开始对其传统的创新模式进行反思，并使企业意识到在产品生产和价值创造过程中，社会化创新及公众参与创新的趋势日渐明显。企业可以通过与网民群体的密切互动，主动引导网民自觉自愿地参与企业在业务流程、产品设计、市场推广等方面的关键业务环节，并根据企业与大规模网民群体之间的协同互动和反馈机制完成技术创新与产品优化等工作。至此，融消费者与创新者为一体的用户创新大量涌现，与此相应的基于互联网的新兴合作创新模式——众包服务也应运而生。

近年来，许多国外知名企业利用众包服务实现了技术创新。作为我国创新创业最为活跃的区域，中关村不仅是海内外人才创新创业的首选和聚集之地，而且还是聚合大量创新要素的前沿阵地。这里的研发机构、公司、企业和人才不仅掌握着本领域的专业知识，同时还有可能具备交叉学科的创新知识，它们既是某些产品的研发者，也是其他产品的消费者，将成为众包创新的重要参与者。基于

此，众包式创新模式的有效推广将为堪称我国科技创新旗帜的中关村园区注入更多的创新活力，拓展更多的创新渠道，对于解决北京市中关村国家自主创新示范区内中小企业的技术创新机制有重要现实意义。因此，中关村中小企业在创新过程中通过不断整合包含着消费者创意等信息在内的外部资源内部化的创新方式，不仅能较好地适应乃至驾驭市场环境的变化，而且能及时捕捉市场需求的动态演化趋势。随着网民群体的声音在以互动性为主要特性的互联网平台上变得日益重要，用户创造内容也同步受到重视，由此相伴而生的、作为集大众智慧于一体的载体性网站——众包平台，则成为企业通过挖掘大众智慧重塑企业创新模式，继而驾驭市场环境、把握市场趋势的重要利器。

2.2.3 科技成果转化机制的众包参与式创新

在创新科技成果转化方面，中关村园区已通过设立产业联盟，组织产业链上下游企业与高校院所一并实施重大应用示范项目的协同创新机制，实现了产学研的结合以及科技成果的转化应用。

然而，对于中小企业而言，来自科技成果最终的应用者——市场消费者的反馈和声音，才是指导科技成果正确转化，并对潜在问题实施改进研发最有效和最直接的指挥棒。因此，要让众多消费者直接参与科技成果转化工作，就需要对一部分先行消费者进行正确引导，并为其带来具有实效的转化利益。此后，借助先行消费者在社交网络上的口碑效应，自主积极地传播和推广消费者自身对此项科技成果的实际感知和体验效用。这一转化和推广方式，不仅减少了中小企业创新性科技成果的转化成本，同时也有效缩减了其成果的转化周期、扩大了成果的传播范围。

因此，对于北京市中关村国家自主创新示范区而言，充分利用大数据技术和众筹创新机制增加中小企业金融创新服务的附加值、利用网民集体智慧推动中小企业的技术创新步伐、利用众包参与和社交网络的口碑效应优化科技成果转化实效，具有引导、促进和

推动中关村中小企业自主创新能力的积极作用；同时，众包服务平台的构建和完善也将为推进中关村现代服务业、加快企业与消费者之间的协同创新步伐提供优质的实现基础。正确认识和理解众包机制的实现和应用机理，对于中关村中小企业开放式创新的深入开展、服务企业创新战略的实施具有重要的现实意义。

2.3　网络虚拟社区领域的研究现状

2.3.1　网络虚拟社区分类研究

有关虚拟社区的分类研究成果，主要围绕成员需求、经营性质和商业模式等方面展开，如表 2－1 所示。

表 2－1　虚拟社区的分类研究成果

分类标准	研究者	主要内容或观点
成员需求	Armstrong 和 Hagel（1998）	兴趣型社区、关系型社区、幻想型社区、交易型社区
	Carver（1999）	兴趣社区、关系社区、娱乐社区、商务社区
	Christopher（1998）	纯粹友谊社区、热情者经验分享社区、友情支持社区、游戏者社区、交易者社区
	Henry（2006）	以分享知识为主的虚拟社区、以共享兴趣为主的虚拟社区、以寻求归属为主的虚拟社区、以共同创造为主的虚拟社区
经营性质	Klang 和 Olsson（1999）	论坛式虚拟社区、俱乐部式虚拟社区、商店式虚拟社区、集市式虚拟社区
商业模式	Krishnamurthy（2003）	虚拟社区群、交易虚拟社区、公司虚拟社区

第一，就成员需求视角而言，Armstrong 和 Hagel（1998）以此为划分依据，将网络虚拟社区细分为四类：其一，兴趣型社区，即有共同兴趣的人聚集在一起所形成的虚拟社区，如漫画主题社区；其二，关系型社区，即为维持彼此间的关系而相聚在一起，以分享共同人生经验的虚拟社区，如宗教社区；其三，幻想型社区，即集中于娱乐为主，带有幻想色彩的虚拟社区，如一些大型网络游戏；其四，交易型社区，即以交易信息的传递、产品或服务的经营活动、客户之间的交流为主要目的的虚拟社区，如淘宝等。此后，Christopher（1998）将虚拟社区分为纯粹友谊社区、热情者经验分享社区、友情支持社区、游戏者社区以及交易者社区五大类。其中，纯粹友谊社区是指成员间的交流纯粹为了认识彼此并建立友谊；热情者经验分享社区是指社区成员针对特定事物进行讨论和经验分享，不看重情感的交流；友情支持社区是指具有相似问题的成员需要借助虚拟社区的力量形成社会支持，并最终解决问题，如由疾病患者组成的爱心社区等；游戏者社区即为共同进行游戏而组成的社区；交易者社区是指为完成特定交易而组成的社区。Carver（1999）将网络虚拟社区细分为兴趣社区、关系社区、娱乐社区和商务社区四种类型。Henry（2006）将网络虚拟社区划分为以分享知识为主的虚拟社区、以共享兴趣为主的虚拟社区、以寻求归属为主的虚拟社区和以共同创造为主的虚拟社区四大类。

第二，就经营性质而言，Klang 和 Olsson（1999）根据营利性与公司经营两个维度将虚拟社区分为以下四类：论坛式虚拟社区、俱乐部式虚拟社区、商店式虚拟社区及集市式虚拟社区，如图2－2所示。其一，论坛式虚拟社区的运营目的是为社区成员创造一个可以相互交流以及共享信息的场所，同时其作为公司文化创造与传播的工具，有利于提升社区成员的忠诚度；其二，俱乐部式虚拟社区的运营目的是为成员之间分享兴趣、经验或知识提供便利；其三，商店式虚拟社区的运营目的是为了创造具有经济价值的电子商务形式；其四，集市式虚拟社区是为方便买卖双方交流并进行交易的虚

拟社区。

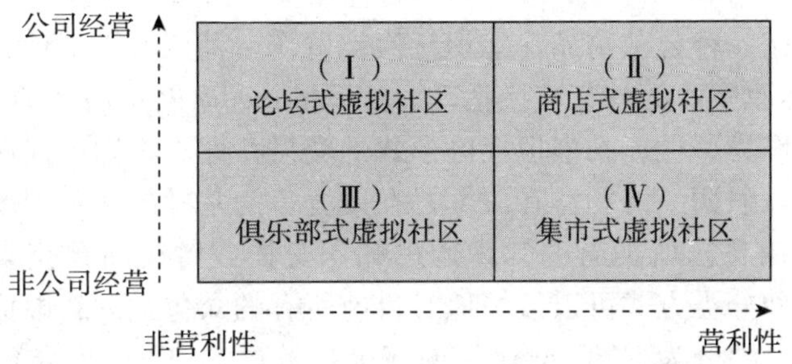

图 2－2　Klang 和 Olsson（1999）对虚拟社区的分类

资料来源：参考 Klang M，Olsson S. Commercializing Online Communities：From Communities to Commerce［C］. Proceedings of the 2nd International Conference IeC，Manchester，United Kingdom，1999 绘制。

第三，就网络虚拟社区经营的商业模式而言，Krishnamurthy（2003）将虚拟社区分为以下三类：虚拟社区群、交易虚拟社区、公司虚拟社区，如图 2－3 所示。其一，虚拟社区群是由各种各样的虚拟社区和各种各样的兴趣话题聚集而成，主要通过广告和订阅盈利；其二，交易虚拟社区旨在使社区成员的产品和服务交易更加便利，主要通过收取交易佣金盈利；其三，公司虚拟社区主要通过社区中的互动推广公司的产品和服务，进而产生利润。

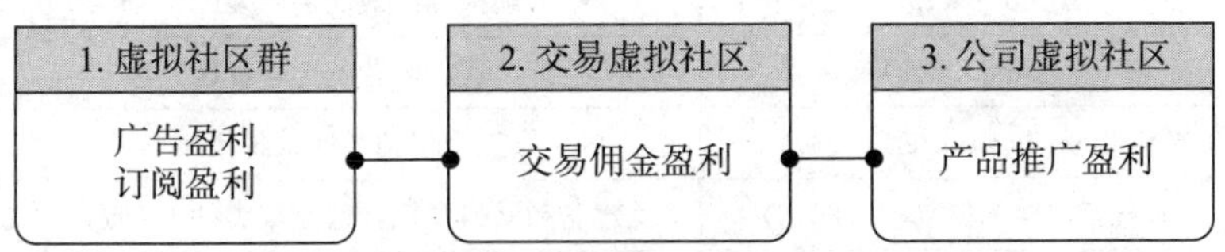

图 2－3　Krishnamurthy（2003）对虚拟社区的分类

资料来源：参考 Krishnamurthy S. A Managerial Overview of Open Source Software［J］. Business Horizons，2003，46（5）：47－56 绘制。

本研究通过以上文献梳理，结合研究主题，拟将虚拟社区按知识共享的性质将其分为两大类：关系型虚拟社区（relational

virtual community，RVC）和交易型虚拟社区（transactional virtual community，TVC）。RVC注重关系或社会交换，知识在其中被视作一种公共物品，知识交换被看作一种依赖于某种关系契约（如互惠原则）的社会交换活动，如Wikipedia网；而TVC强调知识共享作为一种新的虚拟社区形式的交易特性，将知识视作一种私人物品，强调经济利益和成本，在以竞争为基础的奖励制度下，参与者利用自己所拥有的知识通过知识交换或解决问题获取经济价值。这种分类方式可以较好地对目前所有的众包式创新虚拟社区进行分类，即分为RVC型众包创新虚拟社区与TVC型众包创新虚拟社区。前者主要包括用户自发形成和参与的众包网络虚拟社区与企业自营论坛式的众包网络虚拟社区两种类型，后者主要有第三方众包平台与企业自有众包虚拟社区两种类型。

2.3.2 网络虚拟社区经营方式研究

就虚拟社区的经营方式而言，主要的研究成果如表2-2所示。

表2-2　　虚拟社区的经营方式研究

研究者	研究主要观点或内容
Armstrong和Hagel（1998）	虚拟社区发展的四个阶段
Romn等（1997）	虚拟社区发展的三阶段模式
Kollock（1997）	虚拟社区成功的主要因素
Kim（2000）	持续成功经营的虚拟社区共性
William和Cothrel（2000）	三个虚拟社区管理策略
陈君、钱晨和何梦婷（2018）	建立和增强虚拟社区凝聚力的五个途径
Koh和Kim（2004）	虚拟社区的主要成功因素
万红（2012）	虚拟社区中的虚拟团队管理

Armstrong和Hagel（1998）提出虚拟社区发展的四个阶段：第一阶段，管理者必须通过成功的营销、诱人的内容以及免会费和

使用费的承诺来吸引大众加入社区；第二阶段，要采取合适的方式提高成员参与的热情；第三阶段，当成员具有一定的参与热情之后，管理者要通过成员之间、成员与管理者之间的个性化互动来建立成员对社区的忠诚；第四阶段，选择适当的时机引入目标性广告、优质收费服务和其他交易机会来获取经济价值。Romn 等（1997）从社会学的角度提出了虚拟社区发展的三阶段模式，分阶段探讨了一个虚拟社区的形成及其所影响的变量，分别是：影响个人决定加入该虚拟社区的变量、在虚拟社区形成后立即受到影响的变量、虚拟社区如何改变社会的变量。其中，对于虚拟社区管理者而言，比较重要的是第一阶段中影响个人决定加入该社区的变量，包括科技、动机、任务和系统。Kollock（1997）将传统社区的设计准则引申到虚拟社区中，提出虚拟社区的成功不是由于漂亮的图片和界面，而是依靠以下因素：成员对虚拟社区的持续认同、空间的一致协调性及固有的成熟仪式。这些因素会让虚拟社区的成员时常意识到彼此之间的相同之处，维持社区归属感和成员的感情。Kim（2000）归纳出一些能够持续成功经营的虚拟社区共性，主要包括清楚的目标或愿景、根据社区目标和成员需求设计的各种适当的聚集场所（如聊天室、论坛等）、良好的成员角色分类、虚拟社区管理者的卓越领导、适时举办在线或者离线的聚会和活动等。William 和 Cothrel（2000）提出了三个虚拟社区管理策略，即成员发展策略、社区资源管理策略和社区关系管理策略。其中，成员发展策略包括让虚拟社区拥有足够数量的成员，保留已有成员的同时吸引新成员；社区资源管理策略包括建立成员资料和话题导向的子社区，凸显专家的知识和经验，将社区成员需要的信息内容进行整理和分类，建立辅助讨论的流程等；社区关系管理策略包括建立各种流程、设计各种活动，让成员彼此之间能够进行充分的互动，建立紧密而良好的关系。陈君、钱晨和何梦婷（2018）认为虚拟社区可以通过以下五个途径来建立和增强凝聚力：创造文化认同、发展社区行为规范、建立社区成员间互相帮助与共同获利的氛围、提

供对社区的社会性控制、强化社区边界。Koh 和 Kim（2004）强调虚拟社区的成功要根据该社区的社会性和有用性及两者之间的协调程度而定，因此，虚拟社区管理者要关注社区社会性的演化，发展出成员普遍认可和接受的社会原则和规范。同时社区管理者在社区基础架构等技术方面要关注有用性，让成员能够进行充分的互动以及有效地完成他们的任务。万红（2012）结合图书馆应用场景指出，网络虚拟社区中的“虚拟团队”管理应借鉴众包理念，以节约资源和降低成本的方式，促进实体团队与虚拟团队间的有机融合。

根据上述文献，不难发现，不同类型虚拟社区的经营都遵循着“吸引大众加入社区—提高社区成员参与热情—培养社区成员忠诚度”的基本发展途径。

2.3.3 网络虚拟社区对企业的影响机制

网络虚拟社区作为社会化媒体的一种形式，其与社会化媒体在某种意义上存在着相互交叉和包含的关系。2007 年，《什么是社会化媒体》一书首次提出了社会化媒体的概念，即人们通过去中心化的、以人为基础的网络产生或获得其所需内容的媒体体制，社会化媒体具有用户需求、用户创造内容的特征，并存在传播类型的扩展、“以信息为中心”向“以人为中心”转变、传播速度加快、空间限制减弱等发展趋势（游恒振，2012）。社会化媒体与网络虚拟社区两个概念在相关研究文献中并未明确区分，存在交互使用的情况。林升梁（2013）使用文献研究法，指出社会化媒体是通过互动双向的网络平台，吸引用户主动参与其中的社区空间。其与传统媒体的区别主要在于：其一，大众是信息的生产者、发布者与传播者；其二，信息是双向流动的；其三，用户之间建立社会关系的成本降低。在社会化媒体的相关研究文献中，国外学者主要关注于社会化媒体对社会管理、新闻传播、社会管理、文化产业、理论综合、营销策略、影视艺术等七方面的巨大影响，国内学者在上述七方面均有涉及，但主要研究仍侧重于营销策略等方面。

由于网络虚拟社区对企业的影响和社会化媒体对企业的影响是类似的，以下将影响企业的研究主体从网络虚拟社区扩展至社会化媒体，并对该领域的研究现状进行梳理和分析，如表 2-3 所示。

表 2-3　　网络虚拟社区对企业的影响机制

研究者	研究主要内容或观点
Dobscha 和 Susan（2007）	网络虚拟社区多元化地拓展了企业的危机解决途径
Muhammad Tariq 和 Fazal Wahid（2011）	网络虚拟社区与传统营销相结合的重要性
Pennock（2001）	利用网络虚拟社区信息进行预测的精准性高
Gruh 等（2005）	利用网络虚拟社区的用户活跃度数据进行预测书籍排名
邱蕾（2009）	社会化媒体对消费者的购买意愿存在积极影响
刘国华（2009）	社会化媒体可有助于企业建立品牌形象
Wetpaint & Altimeter Group（2009）[a]	网络社区有助于企业增加销售额
王艳梅和余伟萍（2011）	虚拟社区有助于提升企业与消费者间的互动性
郭磊（2012）	网络社区有助于维系企业与客户的关系
郑亚琴和樊鹏（2012）	网络社区信息有助于电影的票房预测

注：a 转引自 Sarah Perez . New Study Finds Correlation Between Social Media and Financial Success [EB/OL]. (2009-07-20) [2017-07-30]. https：//readwrite. com/2009/07/20/new _ study _ finds _ correlation _ between _ social _ media _ and _ financial _ success/。

Dobscha 和 Susan（2007）指出社会化媒体风起云涌，使得企业危机的解决途径得到了多元化的拓展，使问题解决不仅效率更高、影响范围更广，而且显得更为客观和富有感染力，对企业将产生更加深远的影响。Muhammad Tariq 和 Fazal Wahid（2011）采用深度访问法探讨了网络社区和传统营销在成本和覆盖目标细分方面的有效性，结果发现，瑞典小企业并未结合社会化媒体和传统营

销手段，瞄准目标市场的方式仍沿用了低容量、高价格的传统营销方式，主要的细分方式仍沿用了人口统计学细分，随后指出社会化媒体与传统营销方式相结合的重要性，即社会化媒体凭借其聚合的优势，可以积聚大众用户的信息去预测实际市场的变化情况。Pennock（2001）研究发现，社会化媒体用户关于某一产品的售前活跃度和后期实际销售量存在一定的同向相关关系，并且当社会化媒体用户的评论信息及转发信息数量足够大时，结合有效的数据筛选及挖掘处理技术，其预测精准性要比普通调查问卷高。Gruh 等（2005）从博客等网络虚拟社区上搜集用户活跃度数据，对数百万书籍的预期排名情况进行了预测。邱蕾（2009）以技术接受模型为理论基础，通过情景模拟与实证研究，发现社会化媒体的有用性、依赖性、涉入性、社交性对消费者的购买意愿有正向影响。因此，企业应主动倾听消费者的声音，调动消费者在社会化媒体上的参与性，并重视网络社区的社区化程度。刘国华（2009）的研究指出社会化媒体具有参与度高、参与免费、透明度高以及群体集聚的特征。因此，其可以帮助企业高效地建立品牌形象。Wetpaint & Altimeter Group（2009）根据对 100 家最有价值的品牌在超过 10 类的网络社区（包括 Blog、Facebook、Twitter、Wiki、论坛等）活动的调查发现，参与社会化媒体最多的那些公司在过去 12 个月里的收入增长了 18%，而参与最少的那些公司同期内销售额下降了 6%①。郭磊（2012）指出企业利用网络社区进行营销时应多关注用户需求，重视与用户的沟通，即持续关注和倾听用户对企业产品和服务的声音。郑亚琴和樊鹏（2012）对网络社区用户的相关信息进行分析后发现，利用影片预告期内网络社区的用户活跃度进行票房数的预测具有较高的精准性。因此，企业应注重网络社区上的群体内容。王艳梅和余伟萍（2011）对虚拟社区的互动性进行了系

① 转引自 Sarah Perez. New Study Finds Correlation Between Social Media and Financial Success [EB/OL]. (2009-07-20) [2017-07-30]. https://readwrite.com/2009/07/20/new_study_finds_correlation_between_social_media_and_financial_success/。

统性梳理，并归纳总结了互动性的各项驱动因素，剖析了虚拟社区中的互动性给企业和消费者双方带来的重要商业价值。

2.4　众包领域的研究现状

2.4.1　众包的起源追溯

众包的概念虽然于 2006 年才被首次提出，但这种模式却并不是 2006 年才第一次出现。实际上，早在中国古代，人们就知道利用群众的力量来解决问题，俗话中“三个臭皮匠，顶个诸葛亮”描述的便是这一机制。换言之，众包的应用形式呈现极度多元化的模式，它也成为通过集成集体智慧提高解决方案质量的最优途径。因此，围绕众包展开的研究工作几乎同时覆盖了自然科学领域，如分布式计算、地理位置信息共享、气候变化预测、基因结构优化等，及社会科学领域，如众包参与者参与动机、任务特征及设计机制等。这里对不同领域中的众包的起源形态及事件进行了梳理，如表 2－4 所示。

表 2－4　　众包的起源形态及事件

具体方面	众包发起者	主要任务
政府部门	英国政府（1714）	精确测量海洋经度
	英国财政部（1839）	征集邮票设计图案
	英国语言学会（1859）	新英语词典的编著
	牛津大学出版社（1878，1879）	牛津英语词典的编著
	美国国会图书馆（2008）	网络相簿添加标签
	印度财政部（2009）	印度卢比设计竞赛
自然科技	NASA 科学家（2000）	火星图像上的火山口测量
	Goldcorp（2000）	定位黄金储存最佳位置
	galaxyzoo. org（2007）	星系分类

续前表

具体方面	众包发起者	主要任务
开源代码	Von Hippel（2005），仲秋雁、王彦杰和裘江南（2011）	开源代码
日常生活	《群体的智慧》（2006）	大众写作工程
	Twitter（2010）	为海地地震的灾民筹集基金
	YouTube（2011）	完成名为 *Life in a Day* 的众包纪录片
	Threadless（2011）	网络 T 恤衫设计大赛
	小米网络众包社区（2017）	以终端市场为合作方的众包模式

在政府部门的众包起源方面，其最初的形态可追溯至 18 世纪，英国政府（1714）为精确测量海洋经度的人提供 10 000 到20 000 英镑不等的奖励。此后，英国财政部（1839）悬赏征求邮票设计图案，参与者提供了 2 700 个设计作品，获胜者收到了 200 英镑。在 James Murray（1859）的指导下，英国语言学会筹备的新英语词典由几百名来自英国、美国、英国殖民地区的志愿者贡献词条、引证、释义而形成。此后，牛津大学出版社（1878，1879）也通过使用该方法出版了牛津英语词典。印度财政部（2009）发起了印度卢比设计竞赛，并接收到 3 000 个提交作品。美国国会图书馆（2008）通过邀请公众参与网络相簿试点项目，即为从图书馆里放到网站上的共享图片添加标签，此后，2 500 多个独立账户为共享图片添加了 67 176 个标签与 7 166 条评论。

在自然科技领域中也存在很多众包形态的活动。NASA 科学家于 2000 年通过将火星图像上的 90 000 个火山口测量任务外包给 800 多位大众志愿者，在基本无成本的情况下，仅通过四周时间便

快速完成了该任务。Goldcorp 公司于 2000 年在网上发布了其所拥有的红湖及五大湖等地质资料，悬赏 500 000 美元解决黄金储存最佳位置的定位问题。网站 galaxyzoo. org 于 2007 年邀请大众志愿者参与星系分类任务，来自 113 个国家和地区的超过 200 000 名志愿者在两年内便完成了 100 多万个星系的分类工作。

在计算机程序研发方面，开源代码是最为典型的众包形式。开源代码具有民主性、分散性的特点，这与众包的面向网络大众的特征相符，同样是集大众智慧进行创新。Von Hippel（2005）以开源代码为例说明了用户参与创新的条件，指出众包模式正不断扩大，研究不应仅限于开源代码的问题。仲秋雁、王彦杰和裘江南（2011）认为，众包本身就是开源代码的模式应用到了其他领域。现实中也有许多针对软件开发的众包平台，例如 TopCoder 等，这是一个有超过 500 000 名开发者的软件研发虚拟社区。

日常生活中的众包活动也不胜枚举。始于 2006 年的《群体的智慧》（*We Are Smarter Than Me*）一书是利用维基软件、集成 4 000 余人集体智慧的大众写作工程。Twitter 于 2010 年在海地地震后，成为为灾民筹集基金和救助的重要工具。YouTube 于 2011 年上传的纪录片 *Life in a Day* 成为典型的众包式纪录片，该纪录片选自 80 000 个、共 4 500 小时的剪辑短片。Threadless. com 于 2011 年通过网络创新创意竞赛形式，完成 T 恤衫的设计。如果设计在网上得到足够多的投票数，则该设计将印在 T 恤上，同时，设计者将得到相应报酬。小米网络众包社区于 2017 年采取以终端市场为合作方的开放式创新，共同解决企业产品的创新、改进和升级研发工作。还有大量的众包论坛和社区应运而生，例如 MTurk Forum、Crowd Square、BeerMoney 和 WorkOnline 等（Schmidt，2016），其主要目的在于分享“好”任务、监督任务发包和接包主体行为、在参与主体之间创建社区感、通过竞赛形式促进接包方与发包方互动等。

目前，众包的理念几乎都在以衍生形态、在各行各业的不同领

域中上演，也必将继续蓬勃发展下去。

2.4.2 众包内涵及外延的界定

众包描述了一种新的基于 Web 2.0 的商业模式。不同学者从众包的表现形式、主要特征、众包与外包的关系等视角对众包的内涵与外延进行了描述，并对众包进行了概念界定，关于众包概念的主要描述如表 2-5 所示。

表 2-5　众包的内涵及外延界定研究

视角	研究者	主要内容或观点
众包表现形式	Howe（2006）	以自由自愿的方式将任务外包给非特定、大规模的社会群体，从而解决问题
	Wikipedia（2010）	大众利用闲暇时间参与的系统性活动
	Doan、Raghu 和 Alon（2011）	一个通用的解决问题的方法
	仲秋雁和曲刚（2011）	软件开发领域中开放源代码的方法的拓展
	张利斌、钟复平和涂慧（2012）	体现企业与消费者间的平等合作关系的交互生产过程
	Enrique 和 Fernando（2012）	众包是一类参与性线上活动，发起人通过公开灵活开放的召集方式使得参与人自愿完成任务
	Pine（2012）	将众包分为三类：面向日常工作的众包模式，面向信息内容的众包模式，面向创新的众包模式
	Blohm（2013）	将众包划分为两类：竞争式与合作式
	Stol 和 Fitzgerald（2014）	众包是新兴诞生的开放式外包形式
	Xu 等（2016）	众包是异构大数据的集成分析过程
	黎继子等（2016）	将众包概念延伸至众包供应链中

续前表

视角	研究者	主要内容或观点
众包的主要特征	魏拴成和邬适融（2010）	改变传统的商业模式、蕴含“携手用户协同创新”理念、模糊员工与消费者间界限、延伸创新边界、“草根”创新成为主流
	谭婷婷、蔡淑琴和胡慕海（2011）	开放式生产、组织构成的动态性、物理范围的分布性、参与者的自主性
众包与外包的关系	张晓霞（2010）	两者具有共同的形成机理，也在核心竞争力、价值创造理念、生产关系三方面存在典型区别
	黎继子等（2016）	众包与外包具有共同的形成机理，但有典型的区别
	张利斌、钟复平和涂慧（2012）	众包是企业利用大众集体智慧提升企业核心竞争力的活动，外包是社会化专业分工的必然结果

从众包表现形式视角出发，Howe（2006）在《连线》杂志上首次正式提出众包概念时指出，众包是公司、机构以及个人将其原本应由员工完成的任务，以一种自由自愿的方式将其外包给非特定、大规模的社会群体予以解决。众包的任务通常由个人承担，但如果涉及难度较大或需要多人协作完成的任务时，亦可依靠开源合作形式予以实现。Wikipedia 于 2010 年将众包界定为志愿者或者业余人士利用空闲时间，解决问题或提出各自观点的做法，同时也可以是由企业发起、大众参与的系统性活动。仲秋雁和曲刚（2011）指出众包是将软件开发领域中开放源代码的方法应用至其他领域的概念拓展过程。张利斌、钟复平和涂慧（2012）将众包视为在互联网环境下体现企业与无数大规模消费者网民之间的平等合作关系，鼓励消费者及潜在客户自觉自愿参与产品的生产过程。Enrique 和 Fernando（2012）认为众包的适应性使其成为一种有效而强大的

问题解决之道，同时也较难对其予以明确界定和分类，更不可将众包技术视为稀缺或独特的资源，众包知识的理论基础也还不够稳定。其使用文献研究法，从 ACM、IEEE、SAGE、SCIENCEDIRECT、EMERALD 数据库中搜集与众包有关的 2006—2011 年的文献，总计 209 篇，从接包方、发包方、众包流程角度给出众包的定义，即：众包是网络公众参与性的线上活动，发包方（公司、机构、非营利组织或个人）通过公开的方式发布任务，而接包方因个人能力的发展、社会认同、自尊及经济需求等各种因素的影响自愿解决或完成众包任务。Pine（2012）将网络众包模式划分为三种具体形式，分别是面向日常工作的众包模式、面向信息内容的众包模式和面向创新的众包模式。Blohm（2013）将众包划分为两种类型，即竞争式与合作式。在合作式众包中，一个普通的解决方法是在合作与协同过程中发展和完成的；而竞争式众包则与此相反，采用的是以收集和传递独立的解决方案为主的问题解决途径。Stol 和 Fitzgerald（2014）认为众包是公司或机构将各类工作任务外包给并不熟识的劳动群体——大众来完成，它也是新兴诞生并蓬勃发展的一种开放式外包形式。Xu 等（2016）指出众包是对城市空间中，比如传感设备、汽车、建筑和人类等产生的异构大数据的集成分析过程。黎继子等（2016）对众包的概念予以了延伸——众包供应链（crowdsourcing supply chain，CSC），并指出供应链企业依托众包平台，通过互联网将产品和服务的研发设计要求发布出来，让大众群体自主参与；同时逐步将其延伸到供应链各个环节，并通过互动和共享信息的形式，形成产品或服务采购、生产、销售和配送的一体化运作。

从众包的主要特征视角出发，魏拴成和邬适融（2010）指出众包的本质特征主要表现为：众包改变传统的商业模式、蕴含着“携手用户协同创新”的理念、模糊了员工与消费者之间的界限、延伸了创新的边界、“草根”创新成为主流。谭婷婷、蔡淑琴和胡慕海（2011）则认为众包存在诸多共性特征，主要表现为开放式生产、组织构成的动态性、物理范围的分布性以及参与者的自主性四个方

面，并认为众包最大的特点在于：其一，突破传统的开放式生产模式，通过对外部资源（专业或非专业）的整合，完成产品开发（核心或非核心）任务；其二，通过激励机制替代合约机制，继而有效聚集了外部零散个体或群体的智力资本。

从众包与外包的关系视角出发，张晓霞（2010）指出外包和众包的共性在于扩大了一个组织的边界，在充分利用外部资源的同时降低了成本，提高了企业运营效率。黎继子等（2016）认为两者都是网络时代的产物，都是信息交互和专业化不断增强的结果，因此，两者具有共同的形成机理。其一，从资源基础理论角度看，通过外包和众包获得外部资源以填补组织为实现战略目标所需资源与组织资源之间的缺口，使创新不再局限于组织内部，开始向外部寻求创新资源（黎继子等，2016）。其二，从资源依赖理论角度看，两者同时表现出组织对外部资源的一定依赖性。其三，从交易成本理论来看，黎继子等（2016）指出两者都是竞争激励的市场经济产物，是企业在竞争中不断寻找新模式和变革的方法，同时也是组织经济行为在生产成本和交易成本之间的平衡。但与此同时，黎继子等（2016）也进一步指出了众包与外包的典型区别，主要表现在：其一，外包是把不具有核心竞争力的业务转移出去，而众包是企业加强核心竞争力的重要手段。其二，外包是企业购买外部的活动，而众包包含着与用户共同创造价值的理念。其三，外包往往是一对一的关系，是组织与组织之间的关系，而众包是一对多的关系，是组织与公众或公众与公众之间的关系。其四，参与对象的数量存在差异。众包的参与者数量众多，而外包通常参与者仅为为数不多的几家企业、组织或个人。其五，合作对象的稳定性存在差异。众包的合作对象通常是不固定的，而外包的合作对象相对众包而言稳定很多。其六，与合作者的关系有所差异。众包参与双方（即发包方和接包方）之间的合作关系以自愿参与的非契约关系为主，而外包的合作双方通常以契约关系为主。最后，特别强调一点的是，众包追求的是范围经济，而外包则以追求规模经济为主要目标。张利

斌、钟复平和涂慧（2012）在分析外包和众包的关系时指出，尽管两者都是网络时代的产物，但众包是为了满足竞争日益激烈的市场环境的需要，使企业的创新活动有效突破企业边界，利用大众集体智慧提升企业核心竞争力的活动；而外包则是为了满足社会多样化、差异化需求而产生的社会化专业分工的必然结果，并不能直接有效地提升企业的核心竞争力。

本研究将采用 Enrique 和 Fernando（2012）给出的众包概念，同时集中于 Pine（2012）所提出的第三种众包模式，即面向创新的众包模式，开展后续研究工作，并认为众包从社会认同、经济形态、个人技能发展等各方面来看，都能在给予接包方及发包方一定风险的同时，带来更多的满意度与竞争优势。

2.4.3 众包业务流程研究

关于众包业务流程方面，Brabham（2008）对 Thread、InnoCentive 等案例进行了分析，指出 Thread 是一个生产模型，而 InnoCentive是应用在研发领域的问题解决模型，虽然两个平台应用范围不同，但是它们的共性在于众包是企业解决问题的方式。Paul Whitla（2009）根据亚马逊的 AMT 平台的特点，总结出众包的业务流程是发包方通过众包平台发布任务，接包方解决任务，再通过众包平台向发包方提交任务解决方案。Ipeirotis（2010）通过分析亚马逊的 AMT 平台，指出众包的业务流程是发包方在发包平台上发放任务，由接包方来完成，同时接包方获取一定的报酬。谭婷婷、蔡淑琴和胡慕海（2011）指出众包的参与主体由任务申请者、众包中介、贡献者三者构成，业务流程包括任务申请、初始化、执行、完成四个阶段。Enrique Fernando（2012）使用文献研究法，从业务流程角度研究众包，认为众包是具有公众参与性的网络分布式的问题解决方式。谢旭阳（2012）认为众包的业务操作方式应找到合适的众包业务环节，需要综合考虑企业能力的专业性和独特性，专业性和独特性越高的环节越不适宜众包出去，反之则适

合众包，同时要采取合适的众包策略，能力与目标相称。此外，还需通过遵循以下原则：利用巨大的用户力量、选择自己所需的大众群体、适当激励、引导大众、善于借助提供众包服务的网络平台，以保证对众包业务流程的科学管理。考虑到整体价值链观点，引导价值链上的用户、主要供应商和中间商积极参与企业的创新过程是一种性价比较好的常用办法。Blohm（2013）指出创新者将众包视为社会网络结构中的一部分；众包在整个流程涉及的合作伙伴间公开分享知识，有利于创新。莫赞等（2014）从信息系统的视角，提出了一个众包的研究框架、一个规范的定义和一个用于指导众包研究的概念模型，并解析了现有的信息系统知识与概念模型中各个元素之间的关联。使用众包来构建多元化的沟通机制，扩大员工之间的互动，将其沟通边界扩展至内部员工网络的外部，不仅可以促进内部员工的创新，同时还能纳入外部智力创意，带来流程上终端客户的直接创意资源，这对整合创新流程，完成产业链无缝对接，降低供应链上可能存在的"牛鞭"效应可起到不容小觑的作用。莫赞等（2014）认为可将众包流程视为为解决众包问题而设计的按部就班的行动计划，包括问题所有者和参与其中的个体之间的交互，该交互据问题性质不同，可分为单向交互和双向交互。冯剑红（2015）与黄娜、覃正和吴珍华（2015）等在深入刻画众包概念及特征的基础上，重点剖析了众包业务的基本流程和运营过程中面临的关键问题。Hossain（2012）认为众包可以通过激发创新能力和持续改进的能力共同提升企业绩效，并通过实证研究确定了众包与创新之间的因果关系。

赵喜仓、朱宾欣和马志强（2016）结合大数据的现实背景，对基于网络众包的科技创新机制的动力源、聚集效应、规模效应和协同效应进行了分析，同时描述了众包任务发布实现路径（简单任务众包与复杂任务众包分别如图2－4与图 2－5 所示）、任务筛选实现路径（如图 2－6 所示）、任务解决方案获取实现路径（如图 2－7 所示）等方面。

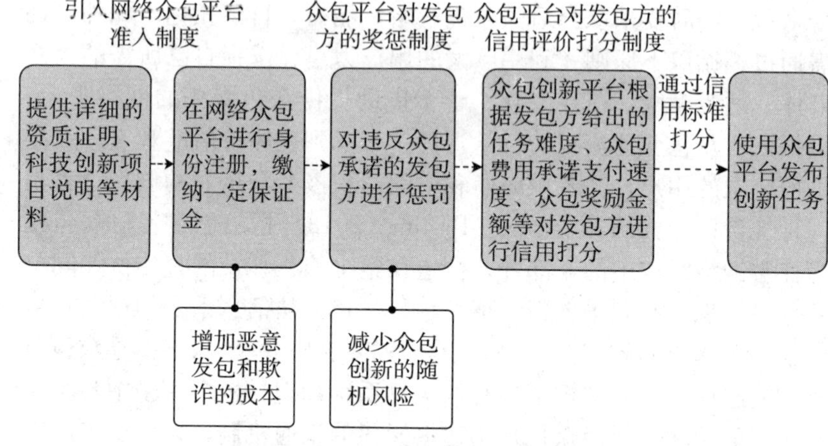

图 2-4　简单众包任务发布实现路径

资料来源：参考赵喜仓，朱宾欣，马志强．大数据背景下网络众包驱动科技创新的机理及路径研究［J］．科技进步与对策，2016（12）：23-28 中 3.1 节的内容描述总结绘制。

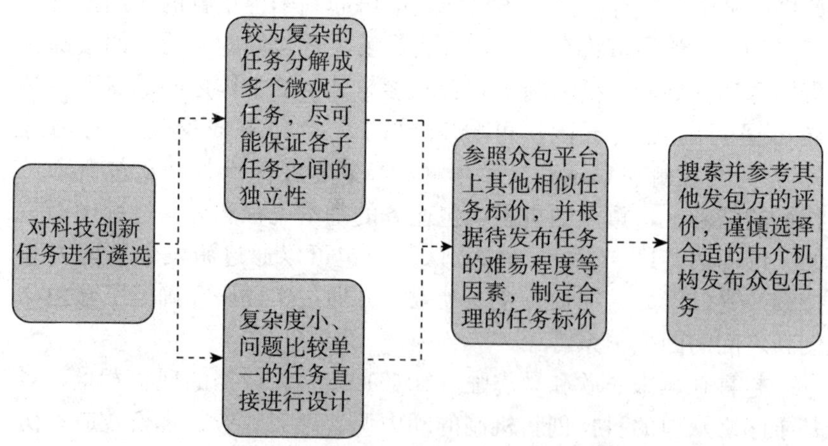

图 2-5　复杂众包任务发布实现路径

资料来源：参考赵喜仓，朱宾欣，马志强．大数据背景下网络众包驱动科技创新的机理及路径研究［J］．科技进步与对策，2016（12）：23-28 中 3.1 节的内容描述总结绘制。

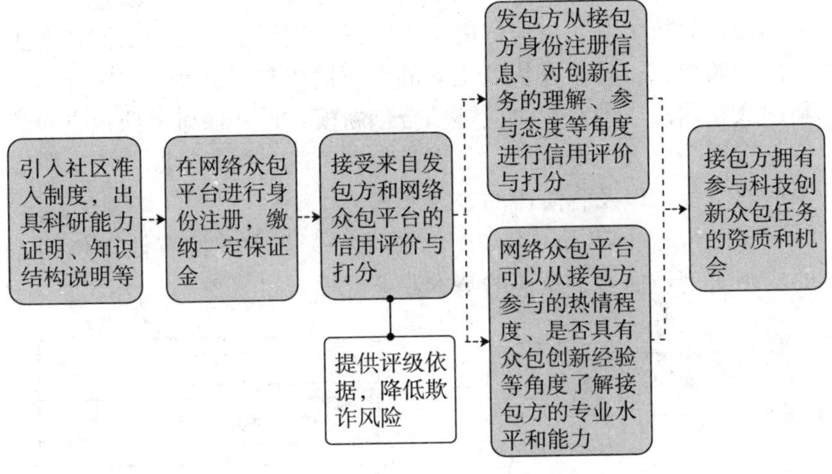

图 2-6　网络众包任务筛选实现路径

资料来源：参考赵喜仓，朱宾欣，马志强．大数据背景下网络众包驱动科技创新的机理及路径研究［J］．科技进步与对策，2016（12）：23-28 中 3.2 节的内容描述总结绘制。

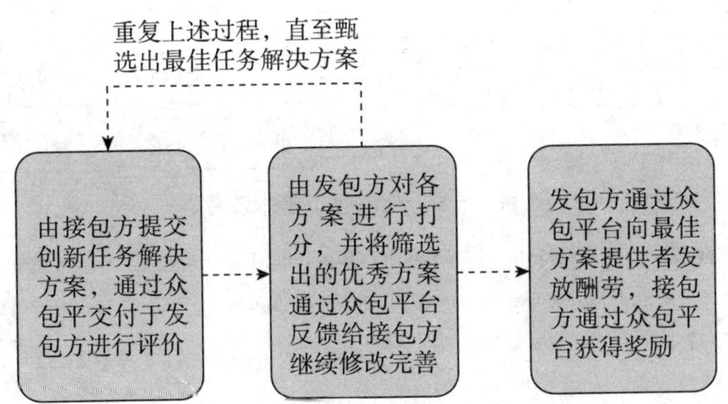

图 2-7　网络众包任务解决方案获取实现路径

资料来源：参考赵喜仓，朱宾欣，马志强．大数据背景下网络众包驱动科技创新的机理及路径研究［J］．科技进步与对策，2016（12）：23-28 中 3.3 节的内容描述总结绘制。

黎继子等（2016）根据众包与供应链的关系界定了众包供应链的内涵；分析了众包供应链的主要特征，剖析了包括基于制造商主导的创新模式、基于零售商主导的创新模式与基于第三方主导的创新模式在内的三种众包供应链耦合创新模式；并探讨了众包供应链创新发展的四大主要阶段，分别是萌芽阶段、探索阶段、成长阶段和成熟阶段，以及各阶段的表现形式。

Schmidt 和 William（2016）结合 AMT 和其他有偿众包网站的应用实例，描述了众包的基本业务流程，如图 2-8 所示。

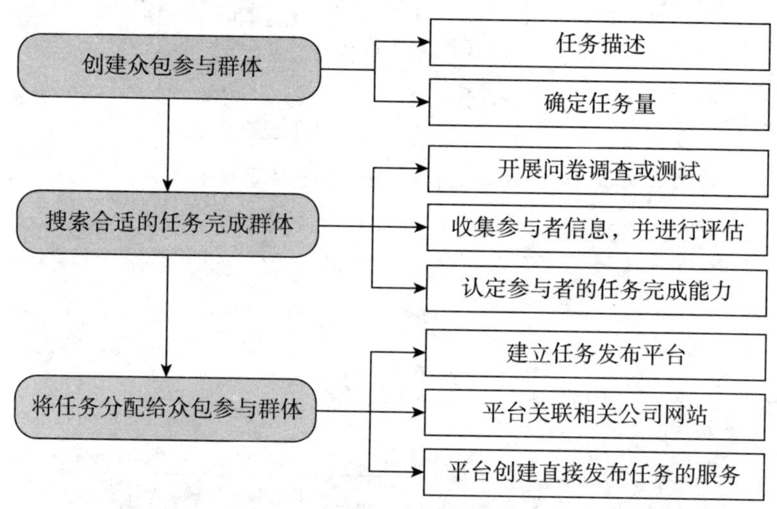

图 2-8　众包业务基本流程

资料来源：参考 Gordon B Schmidt，William M Jettinghoff. Using Amazon Mechanical Turk and Other Compensated Crowdsourcing Sites [J]. Business Horizons, 2016 (59): 391-400 的内容描述总结绘制。

2.4.4　众包产生的影响研究

关于众包的影响方面，相关学者也做了相应表述。多数学者认为，众包是有效利用网民群体智慧、促进企业技术创新的最直接方

式，其为推进现代服务业、加快企业与消费者之间的协同创新提供了更加专业、坚实的现实基础（涂艳、孙宝文和张莹，2015）。

就众包对社会经济生活方面的影响而言，众包概念已广泛应用于商业运营、金融、医疗健康、教育、新闻传播等领域，Lakhani 等（2007）指出在传统封闭的自主创新模型下，如果大量知识存在于商业组织之外，对解决知识密集型任务会带来巨大挑战，而众包恰好能够将分散于商业组织之外的知识资源有效予以整合。Brabham（2008）等分别从不同视角分析了网络众包对企业资源整合及生产模式优化的影响，并指出网络众包模式与当今社会的个性化服务需求更为契合。彭必源和钟鹏（2009）指出我国目前众包的概念是威客，而威客有三种类型：知道型、悬赏型、点对点型。悬赏型威客对社会经济生活既有积极影响，充分发挥了人力资源的作用，更好地满足人们的需要，突破了原有的消费者和生产者之间的界限，可大量节约成本等；同时也会对社会造成一定消极影响，可能会冲击正常的工作秩序，扩大收入差距，造成税收流失等。祁云和陈小勇（2012）从三个角度分析众包对宏观经济的影响。（1）对经济增长的影响，突破固定工作时间的限制、集聚闲置资源、突破了资源发挥功能的范围；（2）对就业的影响：降低信息不对称，消除摩擦性失业的影响；（3）对通货膨胀的影响：有抑制作用。同时他们也对众包对微观经济的影响做了分析，认为众包能弥补研发能力不足，使销售和售后服务更加社会化，使经营管理方面更加民主化。张利斌、钟复平和涂慧（2012）利用文献研究指出，众包对于发包企业来讲，可节约成本，充分利用集体智慧，生产出更符合消费者需求的产品，有利于组织的扁平化和无边界化发展。同时，用户为满足自己需求所设计的创新产品在市场上将具有更高的商业价值和吸引力。肖柯（2014）指出企业可将众包理念应用于其各项市场营销活动中，并阐述了众包式营销模式与传统营销模式之间的差异。肖柯认为企业可将传统环境中处于企业边界外部的顾客群体和购买关系内部化，并在提升产品质量、体现产品差异性、强化客户

关系管理能力、传播品牌影响力、加强销售管理等方面对企业营销活动存在显著的积极影响。基于此，肖柯建议企业加强众包式营销线上平台的建设与推广应用。Hossain（2015）通过收集和分析393个公司（其中，201家为生物技术公司，192家为电信行业公司）的样本数据后发现，使用科技手段从大众客户获取知识的公司会取得更好的企业绩效。Stol和Fitzgerald（2014）指出从承担AMT的基础工作，到在InnoCentive上解决复杂的科学计算问题，众包已经成功运用于多种环境，众包的发展遵循瀑布模型，并将最终与企业现有生产方式灵活整合，其任务解决形式更适合应用于复杂度较低、依赖程度较低的软件研发行业。Faggiani等（2014）提出当今大规模网络测量和监控因其不断增长的规模和复杂性、前所未有的技术准备、大规模的资金资源投入、有限数量的观测点、网络无法捕获的全部细节信息等原因而成为一项极具挑战性的难题，此时，基于众包理念以整合大众分布式计算任务和提供分享式服务就成为一套解决该难题的完美方案。Mamykina等（2016）指出大众计算目前已成为解决各类问题强有力的方法，依靠人类感知、判断和尝试，可以高效而低成本地解决复杂问题，利用特殊知识和技能对解决方案进行有效评估。其研究结论明确指出：其一，大众计算反馈中，同层反馈相对于专家反馈而言，能够更为显著地帮助众包任务参与者提高其方案性能；其二，众包平台因其低成本、任务解决时间短及影响力深远等原因，对跨学科多领域的大型计算任务具有强大吸引力，更符合社会规范意识、实践及惯例。

在移动众包应用领域，Alt和Shirazi（2010）基于本地分配的众包任务，从移动终端视角提出工作者可在端对端设备上完成现实世界的任务，例如：为餐厅提供位置推荐、为驾驶者提供路况信息、发布实时天气情况、为需要的照片或视频撰写新闻稿等。Feng，Zhu，Zhang，Ni，Vasilakos（2014）指出在移动设备和嵌入式传感器快速发展的背景下，基于移动智能手机的众包业务是一个引人注目的研究及应用领域。Ganti，Ye和Lei（2011）指出基

于分布在不同地理位置的智能手机上的移动众包系统，可以支持大规模的监视应用程序。Zarmehri 和 Aguiar（2012）认为由于用户定位于不同地方，因此智能手机能够较容易地收集到大量的基于位置的有效数据，并且可以与大量潜在用户共享和利用这些数据。例如，Wallah 这种基于安卓系统的移动众包平台。Xu 等（2016）指出基于移动手机数据的众包业务对于城市公共安全的维护治理具有重要推动作用。例如，大众网民为社交媒体自愿贡献和分享内容正迅速成为一种新颖快捷的信息传播方式，这对于及时响应处理包括火灾、暴风雨、交通堵塞等在内的各种城市紧急事件起到了至关重要的作用。Jurairat 和 Seng（2016）通过计算移动网络下的众包应用的反应模型（用以估算在网络中预期的反应数量）和能源消耗模型（用以估算任务发布者和工作者使用的能源），论证了移动众包应用的可行性和效果。Glaeser，Hillis，Kominers，Luca（2016）从理论和实证两方面探讨了基于众包的市政数据公开且提供经济悬赏的比赛机制，鼓励更多人参与城市群治，以达到改善城市运营和科学利用数据，并将分析结果快速转化为决策或参考意见的实践目的。

就众包对教育领域的影响而言，Anderson 等（2013）预测众包理念及相关技术将在人工智能领域广泛应用，包括整理文章、演讲视频合成、对存在交流障碍的孩子们进行康复治疗等。张子石，吴涛，金义富（2015）将众包理念引入虚拟学习社区，通过分析众包社区与虚拟社区的异同点，探究了众包理念在虚拟学习社区领域的可行性，梳理了众包在教育中的现有应用形态及其共同特点，同时分析了众多成功实例，包括 Peer to Peer University、PlanetMath、Memrise、Knowmia、EFA、网易云课堂、维基百科等。Prpic 和 Shukla（2015）认为众包通过基于互联网集体智慧的任务发包接包形式，可以通过线上知识共享和学习，有效缓解失业人群的就业问题。

2.5 企业创新领域的研究现状

2.5.1 企业创新模式研究

企业创新模式的转变促进了企业众包创新模式的出现。回顾学术界对企业创新模式的主要研究成果，不难发现其主要经历了概念界定研究、创新模式研究及具体的创新措施研究三个阶段，如表 2-6 所示。

表 2-6　　企业创新模式研究

视角	研究者	主要内容或观点
概念界定	熊彼特（Schumpeter，1928）	创新是将新的生产要素和生产条件引入生产体系的活动
	张建申和安立仁（1994）	技术创新是主体、创新形式、创新内容的融合
	傅家骥（1998）	技术创新是新产品、生产工艺、新市场、新原材料等的发现获取过程
	彭玉冰和白国红（1999）	技术创新是企业家对生产要素、生产条件、生产组织进行重新组合
创新模式	Chesbrough（2003）	开放式创新模式
	高文兵（2006）	合作式创新模式
	Brabham（2008）	在线分布式问题解决模式
	王中华和赵曙东（2009）	自主式创新、模仿式创新与合作式创新
	史艳（2009）	各国的产学研合作式创新模式分析
	Doan（2011）	对众包系统进行了分类总结
	潘彦（2011）	自主创新、模仿创新及合作创新
	朗宇洁（2012）	众包集成式信息服务模式

续前表

视角	研究者	主要内容或观点
创新模式	Khasraghi 和 Aghaie（2014）	基于众包式创新模式的企业生产效率及绩效分析
	涂艳、孙宝文和张莹（2015）	基于社会媒体的企业众包创新模式
	Prpić 等（2015）	定义了三种综合型众包应用场景
	薛娟、丁长青和陈莉莎（2016）	合作型众包创新模式及其知识传播模型
创新措施	庄岩（2009）	与供应商合作挖掘客户需求、与高校和科研单位合作加强技术创新能力、与竞争对手合作提升行业发展潜力
	王可侠（2009）	发展产业集群式是促进企业技术创新
	张震宇和陈劲（2009）	开放式创新模式的具体优势及操作流程
	魏迪（2010）	"大学—产业—政府"三重螺旋模型的创新模式
	吴伟（2012）	企业与金融机构、用户、供应商、行业相关企业及科技中介机构间的开放式合作创新

创新的概念可以追溯到 20 世纪初期，熊彼特（Schumpeter）于 1928 年首次提出了创新的概念，并指出创新是将一种新的生产要素和生产条件结合引入生产体系的活动，包括：引入一种新产品、引入一种新的生产方法、开辟一个新的市场、获得原材料或半成品的一种新供应来源等。张建申和安立仁（1994）针对当时我国建立市场经济初期所存在的企业生产力水平低的问题，如技术进步贡献率过低、投入产出低、综合效益极差等，首次界定了我国技术创新的概念，即：技术创新的主体是企业，创新形式为首次创新和模仿创新，创新内容包括工艺创新、新产品开发、原有技术的重新组合、新设备引进、先进技术的引进、新造型。傅家骥（1998）认为技术创新是企业家抓住市场的潜在盈利机会，以获取商业利益为

目标，重新组织生产条件和要素，建立起效能更强、效率更高和费用更低的生产经营方法，从而推出新的产品、新的生产（工艺）方法、开辟新的市场、获得新的原材料或半成品供给来源或建立企业新的组织。彭玉冰和白国红（1999）提出企业技术创新是企业家对生产要素、生产条件、生产组织进行重新组合，以建立效能更好、效率更高的新生产体系获得更大利润的过程。

虽然诸多学者分别从不同角度对创新及技术创新的概念进行了界定，且并未形成有关概念内涵及外延的统一共识，但均发现企业技术创新的核心目标仍是获取更大的商业利润。另外，企业所面临的创新资源严重匮乏、创新手段不健全、技术成功转化困难、创新成果转产周期长等瓶颈问题，也迫使企业需要引入更多的外部资源。因此，企业创新应逐步脱离传统的封闭式创新模式，向以合作创新为主的半开放式创新模式发展，并逐步实现完全的开放式创新模式。Chesbrough（2003）在其专著中，从技术创新获利的新规则视角出发，系统性地提出了开放式创新的概念及理论，继而指出开放式创新企业应摒弃原有的“创新活动应在企业内部实现”的理念，打破企业的传统边界，将企业内外部有机结合为一个统一系统，充分协调内部及外部的创新性思想，并利用市场化渠道为创新服务。高文兵（2006）指出我国中小企业资金缺乏、人才匮乏、信息缺乏、技术基础薄弱、抗风险能力差，合作创新模式可以帮助中小企业有效克服自身劣势，最终达到各合作主体共赢的结果。Brabham（2008）将众包描述为企业在线发布问题、大众群体提供解决方案、获胜接包者获取报酬、知识成果转化为企业所有的在线分布式问题解决模式。王中华和赵曙东（2009）在其研究中提出技术创新的三种模式，即自主式创新、模仿式创新、合作式创新，但中小企业规模较小、组织一体化程度较低、资金实力有限，所以一般认为中小企业技术创新的主要模式应当是模仿式创新与合作式创新。史艳（2009）对美国科技工业园区模式、英国剑桥科学公园模

式、日本产学官模式等产学研合作创新模式进行对比分析后提出本土化建议，主要包括：加强政府职能建设、构建产学研合作创新的平台和服务机构、建设产学研结合的产业创新群和产业聚集区、人才激励机制、专项资金支持、培养中小企业的自主创新能力。Doan（2011）回顾了基于万维网的众包系统的应用现状，并根据问题类型及协作方式等要素，对众包系统进行了分类总结。潘彦（2011）指出技术创新模式主要有三种：自主创新、模仿创新及合作创新。其中，自主创新旨在构建企业的核心竞争力；模仿创新旨在帮助企业获取技术后发优势的客观基础；合作创新是一种外部创新，具有创新主体多元、形式多样化的特点，且有利于企业在不同的合作主体间实现资源共享与优势互补，继而有助于企业缩短创新时间，分散创新风险。朗宇洁（2012）基于长尾理论分析指出，众包具有过滤器和集合器的双重功能，因而面向众包的信息服务模式是一种描述源于用户信息需求发布活动，并以问题解决为中心，主动服务与自助使用相结合的集成式信息服务模式。Khasraghi（2014）指出从企业创新绩效视角考量，众包式创新模式的效率更高且效果更好。涂艳、孙宝文和张莹（2015）从众包对创新模式的影响、众包创新模式、众包商业模式、众包商业模式风险以及众包创新业务流程 5 个维度进行了梳理和述评，指出了基于社会媒体的企业众包创新模式研究趋势。Prpić 等（2015）定义了三种综合型众包应用场景，分别是虚拟劳动市场、竞赛式众包与开放式合作。薛娟、丁长青和陈莉莎（2016）基于复杂网络传播动力学理论，通过采集 IdeaStorm 众包社区的历史数据，深入探究了合作型众包创新模式的知识传播特点和规律，继而刻画了其对应的知识传播模型，如图 2－9 所示。

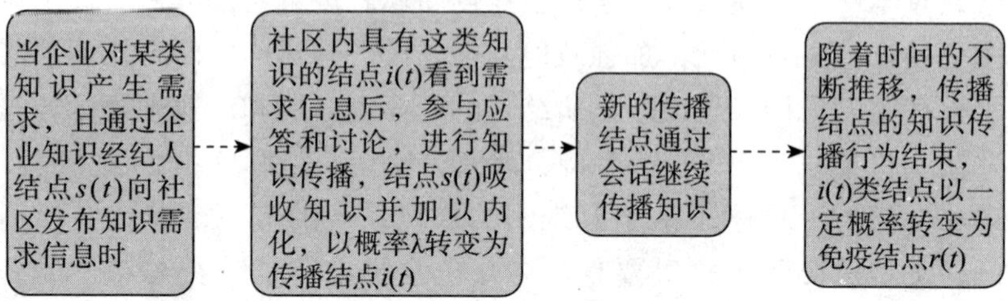

图 2－9　合作型众包创新模式知识传播模型

注：其中 $i(t)$ 为传播结点，$s(t)$ 为易感结点，$r(t)$ 为免疫结点。

资料来源：参考薛娟，丁长青，陈莉莎. 基于 SIR 的众包社区知识传播模型研究［J］. 科技进步与对策，2016（33）：131－137 绘制。

针对不同的技术创新措施，学者们也提出了多种不同维度的具体建议。庄岩（2009）认为科技型企业采纳的创新模式应以技术创新为主导，整合企业内部其他资源的同时进行开放式的合作创新，即以与供应商合作挖掘客户需求为指引，以与高校和科研单位合作来加强技术创新能力，与竞争对手在竞争中合作来提升行业发展潜力，最终实现科技型企业协同创新的突破发展。王可侠（2009）指出企业突破其自身所存在的创新投入、创新成果及创新效益水平低、风险规避能力差等瓶颈性问题，发展产业集群是促进企业技术创新的有效途径，并基于马歇尔提出的“外部规模经济与产业集群之间的密切关系”这一观点，指出集群的竞争优势会对企业创新产生影响；基于迈克尔·波特提出的“钻石模型”，指出集群竞争优势在于区域竞争力；同时认为集群内部的竞争激励将有效提升企业的创新能力。张震宇和陈劲（2009）指出目前我国中小企业存在创新资源严重匮乏、创新手段尚不健全、技术成果转化困难、创新成果管理困难等瓶颈性因素，而开放式创新模式恰好能有效突破上述局限，主要原因在于：一方面，大量的外部创新资源可为企业输入创新的新鲜血液，并提供更广阔的创新活动空间；另一方面，开放式创新模式可为企业带来更科学的创新理念和更全面的创新管理手

段。魏迪（2010）采用统计学的方法发现，基于目前创新基础不稳定、创新模式不深入、创新机制不完善的现状，应建立基于三重螺旋模型的创新模式，即“大学—产业—政府”相互作用模式，并提出“以创业型大学为驱动力、通过产业链梳理形成合力以提升薄弱环节、以政府机制为导向引领产业加速发展、以服务中介机构为催化剂培植创新模式接口组织”的政策建议。吴伟（2012）以辽宁省科技型企业为调研对象，指出科技型企业是区域创新体系中最具创新动力、创新能力及成长优势的企业，科技型企业在创新能力不断增强的同时，还存在着企业内资金、人才、信息和政策资源不足等问题，企业现有资源不能较好地与企业的可持续创新要求相匹配。因此，吴伟基于开放式创新理念及辽宁省的实际情况，提出“企业应与金融机构、用户、供应商、行业相关企业及科技中介机构等创新源泉主体合作，为企业实现可持续创新提供资源支持”。

除了表 2-6 所列研究外，王姝、陈劲和梁靓（2014）实证分析了网络众包模式中互补共生的运营模式和基于知识服务的协同组织过程，探讨了个体与利益相关者协同创造群体价值的途径。宗利永和李元旭（2015）基于国内外文化创意产业众包模式的应用案例，将该产业的众包模式分为以社会化求解机制为主导、以社会化选择机制为主导、以社会化传播机制为主导及以社会化整合机制为主导四种类型，并指出了其共性的问题。Xu 等（2016）提出可基于众包的理念，利用社交媒体用户的实时特性和共享信息，使用“5W 模型”（包括 what，where，when，who，why 元素）检测、分析、应对城市应急事件，以保障城市公共安全。

2.5.2　企业创新成本分析

关于众包对企业创新成本的影响研究主要集中在经济学视角，其部分研究成果汇总如表 2-7 所示。

表 2-7　　企业创新成本分析

研究者	主要内容或观点
王莉和张庆国（2010）	基于企业交易费用、战略、能力边界理论及无边界企业理论，分析了企业众包创新的成本与价值
涂慧（2011）	从交易成本理论、委托代理理论、契约激励视角出发，分析了企业众包创新对传统创新的挑战
祁云和陈小勇（2012）	从经济学视角分析了众包模式创新的成本和利润
李忆、姜丹丹和王付雪（2013）	从知识交易视角分析了众包模式分别与定价机制及交易机制的匹配模式
郝琳娜、侯文华和刘猛（2014）	剖析了众包参与方之间的利益与风险

王莉和张庆国（2010）基于企业交易费用、战略、能力边界理论及无边界企业理论分析众包，将自身的核心、非核心业务部分或全部众包，经过价值链解构和价值环节众包，企业的纵向边界缩小。众包网络中，企业不仅可以通过内部科层创造价值，对所处价值链与众包网络的管理同样可以产生价值。主导企业不断寻求更低成本接包商，并且通过对众包网络的控制，主导企业间接可用的能力边界在某种程度上得以拓展。涂慧（2011）认为众包是对企业传统创新方式的挑战，随着因特网的发展和消费者理性的产生，用户创造内容使得创新民主化。其根据契约经济理论全面分析众包后进一步指出：其一，从交易成本理论来看，发包方绕开中介机构直接在公司官网上发布任务可以降低解决问题的成本，而目前为了更高效地促成接包，发包方主要与中介机构签订合同合作。例如：李忆、姜丹丹和王付雪（2013）结合交易成本理论，从知识交易视角分析了众包模式分别与定价机制及交易机制的匹配模式。其二，从委托代理理论来看，因为信息不对称的存在，中介机构的信誉、工作努力程度是发包方不能全面细致了解的，存在道德风险和逆向选择问题，因而就产生了代理成本，因此有必要建立完善有效的机制

来规范和制约代理人的行为。例如：郝琳娜、侯文华和刘猛（2014）在考虑存在不同 R&D 创新溢出效应的前提下，针对企业的创新投入策略，以及众包竞争模式中企业间完全竞争和合作时的决策问题，建立了相应的博弈模型，以剖析众包参与方之间的利益与风险。其三，从契约激励角度来看，对于发包方来说，为避免道德风险和逆向选择风险，降低交易成本，必须建立完善的激励体系，鼓励接包方运用自己的创新能力为发包方服务。祁云和陈小勇（2012）从经济学视角指出众包的边际成本小于边际利润，因而有足够的利益驱动发包方企业运用众包模式解决技术创新问题。

2.5.3　企业商业模式研究

企业众包创新模式是企业创新活动的一种全新商业模式，随着互联网世界的快速发展，商业模式日益受到学术界和实务界的关注。就其定义而言，目前并没有形成一个统一的共识；但就其本质而言，仍然遵循着传统商业模式的基本结构体系，该结构体系中的每一具体要素不仅关系着企业的竞争战略，而且充当着企业了解市场的风向标这一重要角色，并指导着企业业务流程的具体实施活动。因此，要持续推动新兴的企业众包创新模式的发展，就必须剖析出合理的商业模式体系结构。关于商业模式的研究成果相对丰富。

目前关于商业模式的分类标准五花八门，如何从多元化的要素分类标准中挑选出科学合理且适宜的体系结构对当前众包网站进行分析，也成了本研究的重点。

Chandler 等（1962）在《战略与结构》（*Strategy and Structure*）中开创性地对现代工业企业的成长与其面临的挑战等问题进行了系统性的辩证分析，并认为多样性的挑战隐含在企业在管理时富有想象力的增长策略中。Chandler（1990）又对上述工作进行了补充，认为规模经济和范围经济在第二次工业革命期间为企业提供

了新的增长机遇。Slywotsky（1996）指出商业模式的本质在于：企业如何选择目标客户，定义并区分其所提供的产品、配置市场资源以及如何为公司创造利润。Stewart 和 Zhao（2000）则认为商业模式是一种公司创造利润并维持利益流的方式；在操作层面，商业模式代表一种建筑结构配置，其重点在于内部流程以及基础设施的设计，从而能够使公司获得利润。Osterwalder、Pigneur 和 Tucci（2005）认为商业模式是一种理论工具，包含了很多商业元素及其间的关系。每个公司都有自己具体的商业模式，它显示出一个公司在客户、公司结构、盈利模式、可持续发展及客户关系等方面存在的价值。其对调查研究得出的 52 种关于商业模式的定义进行了整理和提炼，认为之所以目前还没有一个统一的关于商业模式的明确概念，原因在于众人关于商业模式的研究并没有统一的标准，对于商业模式的组成要素在深度、广度等方面的认识也有着很大的差异，使得商业模式的研究呈现出多样性。Chesbrough（2007）认为从本质上讲，商业模式执行着两个重要的功能：价值创造和价值获取。商业模式定义了一系列的活动，从原材料采购直到满足最终消费者，在这种方式下能够产生创造价值的服务或产品。这一点至关重要，原因在于：其一，若没有价值链的创造，其他公司就不会参与到生产过程中来；其二，商业模式可以在这些产品的开发运营中为公司获取利益或价值，这样才能维持公司的正常运行。池丽华和魏拴成（2011）指出目前众包的商业模式主要是四种：集体智慧模式、用户创造内容的大众创造模式、大众投票模式、小额贷款集资模式。而企业在构建众包的商业模式时应遵循以下原则：选择合适的大众、提供恰当的激励、将工作分解、不要问大众能为你做什么而是问问自己能为大众做什么。朱耕深和朱雅杰（2010）将众包的商业模式划分为大众参与内容创造的维基模式，及对传统商品、服务按照众包理念重新架构的价值链模式，并通过案例分析法说明众包在价值链、人工智能、闲置资源及社区信息模块均可不断进行优化完善。朗宇洁（2012）指出目前国内众包应用分为四种模式：

垂直性专业细分服务模式、综合性现金悬赏模式、知识出售模式、多媒体信息交流有偿服务模式；但与国外模式相比，尚缺乏直接给企业提供保密科研问题的互联网信息交流平台且聚集大规模科学家和奖金为众多公司节约上百亿美元研发成本的实力，不能满足企业对于信息的针对性需求。Alessia 等（2015）指出商业模式涉及公司选择客户的途径、区分和定义客户的方式、资源配置机制、进入市场并为客户创造效用和获取利润的形式，而众包模式则是将传统外包分配给指定代理商的任务重新转移给了没有预先设定的大众群体的一种开放式创新模式。其基于两者的异同点，给出了众包和商业模型的集成众包业务模型，并认为该模型可广泛应用于企业产品开发、广告促销、市场调研等领域。

2.6　基于网络众包机制的企业创新模式研究现状

综上所述，企业进行技术创新旨在获取更大的商业利益，其创新模式也日渐趋向于开放式创新。实行开放式创新是企业突破自身创新瓶颈的有效途径。同时，网络虚拟社区对企业挖掘更大的商业价值——网民群体的商业价值、寻找更广泛的合作创新主体——网民群体的集体智慧、获得更有潜力的创新机会——网民群体的创意源泉具有深远影响。当网络虚拟社区的发展与企业开放式创新的需求发生碰撞之后，基于网络众包机制的企业创新模式便应运而生了，众包模式作为新兴的创新商业模式，是对合作创新的又一次全面拓展（廖玉清，2012），而基于互联网的完全开放式创新模式将会颠覆性地改变企业的现有创新模式（肖岚和高长春，2010）。众包推动创新的重要性不容置疑，Howe（2008）明确指出在互联网技术支撑下，众包创新打破了企业传统创新模式，并为开放式创新开拓了新的渠道，众包模式可帮助企业获得丰富的创意，如 Threadless 网站可从其用户社区中获得 T 恤衫的设计方案，欧莱

雅通过电台广播活动获取广告创意。Insor 和 John（2009）也曾指出依靠互联网，众包借助组织以外的力量即业余爱好者来解决企业在生产、设计和研发中的问题，将全面加速企业创新和创意的产生，将改变市场营销、广告设计和工业设计等创意型产业的未来；众包创新创意活动还将成为超越企业组织、时空界限的社会化行为，并最终引领一种全新商业模式的诞生和发展。Winsor（2009）也大胆预测了众包最终将成为主导性的创新模式。如今，众包创新模式已成为国内外研究的热点。可见，基于网络社区的众包机制势必会给企业创新带来革新性的影响。因此，在商业实践领域，企业应把基于网络众包机制的企业创新模式作为创新的主要手段之一；在学术研究领域，本研究下面将对与此相关的研究成果进行梳理和分析。

2.6.1 企业众包创新模式的形成因素

企业开展创新的目的不只是为了追求创意，更重要的是为了更加贴近消费者多样而又个性化的需求，这就需要实现用户创新。通过众包即可实现用户从消费者到生产者的角色转变，让消费者参与产品的设计和评价。而众包相较于其他用户创新方式而言，其一，有着鲜明的特点。即用户参与的开放性与数据资源的公开共享性（Franzoni and Sauermann，2014）。其二，有着突出的优势。其优势主要在于依托互联网可获得庞大的外部人才资源，且问题解决者是自愿参与众包项目的，正是因为自愿，所以毫无怨言、尽心尽力，于是能做出更加优秀的方案。其三，有着蓬勃发展的基础条件。即大众参与研究工作的意识日益增强，以及基于大众共同参与的研究模式的逐步形成和规范，均为解决有限的科研人员数据处理能力与海量化的待分析数据之间的瓶颈性矛盾提供了可行性方案（卫垌圻，2015）。结合这一背景，在推动众包创新模式的起源和发展因素的研究过程中，诸多研究学者从网络技术、网民数量、消费者、企业、市场竞争环境等视角考察了其崛起与发展的关键影响因素，主要形成因素汇总如表 2－8 所示。

表 2-8　　　　企业众包创新模式的主要形成因素

视角	研究者	主要内容或观点
网络技术	龙啸（2007）	互联网技术是众包创新模式产生的根源
	马卫、方丽和屠建洲（2008）	互联网技术是连接供需双方的重要途径
网民数量	侯文华和郑海超（2012）	大众的参与是众包创新成功的关键
消费者	龙啸（2007）	创新过程应以最了解消费者自身需求的消费者为主导
	刘文华和阮值华（2009）	消费者希望拥有内含个人智慧的、与众不同的个性化产品
企业	梁美丽（2009）	众包克服了组织内生惰性和智力资本的有限性
	谢园（2010）	消费者生产模式更容易提高客户对品牌的忠实度
	魏拴成（2010）	多样化、差异化的顾客需求推动众包发展
	Von Hippel（2011）	利用大众智慧、降低生产成本、推动技术进步等是众包的发展动因
	张鹏和鲁若愚（2012）	众包式创新的效率高且效果好
市场竞争环境	马卫、方丽和屠建洲（2008）	来自外部的智力资本有助于企业及时有效获取市场信息
	张利斌、钟复平和涂慧（2012）	激烈的外部竞争环境推动了企业实施众包创新模式

就网络技术视角而言，龙啸（2007）指出消除了时空隔阂并降低了参与者成本与参与门槛的互联网技术是众包创新模式产生的根源。马卫、方丽和屠建洲（2008）认为互联网技术是连接供需双方，使消费者能更好地与企业交流，并更加快捷方便地获取所需信息的重要途径。与此同时，伴随着企业创新思路的转变，即由传统

“目标驱动决策”转向“数据驱动决策”的科技创新理念，基于网络海量大数据统计分析的科技创新管理方法也因此成为优化企业创新模式和提高我国科技创新水平的关键技术。

就网民数量视角而言，侯文华和郑海超（2012）指出大众的参与是众包创新成功的关键，参与众包任务的人越多，发包方得到的解决方案越多，从而获得最佳方案的概率也越大。

就消费者视角而言，龙啸（2007）指出由于消费者是最了解消费者自身需求的人，因此，产品的设计、研发等创新过程应该以消费者为主导。刘文华和阮值华（2009）指出在追求个性化的时代，消费者并不甘于只做单纯的产品接受者，而是期望通过加入产品的创新设计、制作等过程，拥有内含个人智慧的、与众不同的个性化产品。

就企业视角而言，梁美丽（2009）指出由于任何组织都存在内生惰性和智力资本的有限性，而众包对应的“与其强迫内部员工加强学习，不如放手让外部群体智慧与内部员工智力资本联手解决问题”这一理念克服了上述两项局限性。谢园（2010）的研究表明消费者生产模式能够更好地拉近品牌与用户之间的距离，建立品牌感情，增加用户的品牌忠实度。魏拴成（2010）指出众包产生的动因主要是多样化、差异化的顾客需求，互联网为众包双方的沟通提供了有效渠道，同时社会的发展为众包产业的发展提供了广泛的人力资源的供给基础。Von Hippel（2011）在对 12 个知名企业的案例进行综合分析后，从企业视角总结出应用众包的动因，主要包括利用大众智慧、降低生产成本、利用技术进步和专门知识、激励生产者参与、提高适应个性化需求灵活度、减少信息不对称、提高产品质量、利用大众传播。张鹏和鲁若愚（2012）指出众包式创新的效率高且效果好。

就市场竞争环境视角而言，马卫、方丽和屠建洲（2008）的研究表明用户的需求信息和使用环境之间存在着复杂而微妙的动态交互关系，因此，来自外部智力资本的冲击与碰撞，能够促使企业及时注意并有效获取市场的外部信息。何思倩和蒋红斌（2011）通过

分析 Ushahidi 应用案例指出众包的服务模式、核心理念源泉及人力资源是基础，人力资源间的信任和合作是保证，社会环境是土壤。张利斌、钟复平和涂慧（2012）认为激烈的外部竞争环境是推动企业实施众包创新模式的客观条件。Bayus（2013）基于对戴尔（Dell）IdeaStorm 众包创新社区的研究发现，尽管众包创新出现的时间不长，但值得注意的是，大量企业为寻求满足外部市场需求的新产品设计创意，纷纷创建了自己的众包社区。

2.6.2　参与者参与众包的动机及激励机制

动机会对实际行为产生重要的影响，很多学者展开了大众参与众包的动机的研究，现有研究成果主要是基于动机理论探讨众包问题解决者的参与动机，以及各种动机对参与行为的影响等。Leimeister（2009）将参与众包的动机定义为外部激励和内部动机两方面，即动机主要分为外在动机和内在动机。外在动机主要是为了获得现金奖励、名誉和认可等外在利益，而内在动机主要是为了满足个人的兴趣爱好和成就感等内在需求（冯小亮和黄敏学，2013；Battistella and Nonino，2013）。

最初的研究视角主要集中于外在动机上，外在动机旨在获得现金奖励、名誉和认可等外在利益，其中，尤其以获得经济报酬这一外在动机为主。Shin 等（2012）发现相较于按次支付薪水而言，按投入时间支付薪水能够更好地激发众包参与者的参与动机，进而提高其生产力。Lakhani 和 Gorvin（2010）通过案例研究和问卷调查发现，参与者加入众包社区的主要动机是为了获取经济报酬。Howe（2008）和 Yang（2008）都提出奖金激励是吸引用户参与的重要影响因素。Organisciak（2010）基于马斯洛（1943）需求层次理论和 Alderfer（1969）的 ERG（existence，relatedness，growth；生存，关系，成长）理论解释了用户参与众包的动机，对 13 个众包网站进行调查分析后发现，奖金激励是用户参与众包的主要动机之一，公众参与度的提升与酬劳高度相关。Che 和

Gale（2003）、Schottner（2008）均提出了奖金拍卖的方法，以减少由于预先设定奖金而引起的效率损失。Horton 等（2010）基于劳动力供给模型、成本曲线和支付函数，提出了一种新方法，用于估算问题解决者愿意参与众包项目的最低薪酬。Silberman、Irani 和 Ross（2010）明确指出相较于其他激励机制而言，货币激励机制在众包活动中发挥着更重要的作用。张鹏和鲁若愚（2012）基于委托代理理论对众包式创新模式的激励机制进行分析后发现，线性的奖励机制有助于提高众包式创新的运行效率。Shao 等（2012）采用来自猪八戒网的调研数据开展实证研究后得出结论：奖金越高、任务越简单、持续时间越久，且同一时间段内同类任务的数量越少，则参与该众包任务的问题解决者的数量越多。Fan 等（2014）设计了基于激励机制的全支付拍卖机制，以提升预期利润和参与主体的满意度。Stol 和 Fitzgerald（2014）整合性地提出了软件众包研发过程中的六个关键问题，即众包任务分解、协调和沟通、规划和调度、质量保证、知识产权、激励和薪酬，由此可见激励和薪酬这一外部激励机制的重要性。Zang 等（2015）以收集和分析海量移动数据的群体感知移动应用为研究背景，分别探究了以发包方为中心及以用户为中心的激励机制，并证明了经济激励对吸引用户参与有重要作用。

此后，内在动机开始逐渐受到研究者们的关注，其认为众包用户行为更多地受到内在动机的影响，而非外在动机的影响。内在动机主要是为了满足个人的兴趣和成就感等内在需求，这些动机主要包括心理需求、新知习得性与社交愿景三个方面（Lee and Seo，2016）。

第一，就心理需求层面而言，Sternberg（2009）的研究表明，持有智力资源禀赋且有创造力的人往往善于自我激励，即更愿意听从内心的激励而非外部物质奖励。Howe（2006）指出众包参与者大都是出于兴趣爱好而投入工作，其目的往往是非商业的。刘勇和潘海东（2010）的研究表明众包带给渴望得到别人认同的参与者的最大价值就在于心理上的满足。Yasseri（2014）对维基百科上一

系列跨语言跨地区使用者编辑的内容进行分析后发现，维基平台具有聚合与散播信息、折射用户兴趣与偏好等心理需求的能力，而非经济激励机制所驱使。仲秋雁、王彦杰和裘江南（2011）通过 PAM-ISC 模型经实证分析后发现，中国网民更倾向于关注参与社区的乐趣、价值主张的表达渠道、自我肯定以及虚拟社区体验等心理需求方面的因素。与此观点不谋而合的是，冯小亮和黄敏学（2013）通过统计分析指出兴趣爱好和追求成就感是大众参与众包的主要的内在动机。

第二，就新知的可习得性层面而言，从根本上讲，用户参与众包活动是因为他们能从社区中学到不同的知识。Mamykina 和 Smyth（2016）利用实验研究法，剖析了在众包软件研发行业众包任务及参与者等特征对众包研发机制的影响，其通过设计、流程、创建学习数据集和测试四个步骤，将个人表现、新技能习得、自我价值获得、任务难度、回应且达成共识、价值认知、反馈准确度等作为控制变量，分别剖析了不同因素对众包研发参与动机的影响，并发现新技能习得和反馈准确度对参与动机存在显著影响。

第三，就社交愿景层面而言，Brabham（2010）的研究明确指出了包括促进共同合作、打发无聊时间、认识新朋友和接触新社会等与社交愿景相关的众包参与动机。仲秋雁、王彦杰和裘江南（2011）利用期望确认模型及沉浸理论构建众包社区用户持续参与行为模型，实证研究得出众包社区用户的持续参与意向主要受到用户满意度以及沉浸感等因素的影响，而感知有用性对满意度存在正向影响，享受乐趣、虚拟社区感、自我肯定等因素会促进沉浸感的形成。师蕾（2012）基于行为动机理论、新产品开发理论以及创意竞赛理论，结合威客网站的具体特色，研究用户参与行为，指出了任务属性（奖金数额、任务期限、难易程度）及市场竞争状况（竞争性任务数量、竞争性价格）对任务交稿人数及中标者能力等级的影响，其发现任务发布者对任务参数的不同设置以及市场竞争状况的差异会导致不同能力等级任务解决者的行为表现出极大的差异性。冯小亮和黄敏学（2013）认为大众可能会为了结识朋友而参与

众包活动。Mamykina 等（2016）认为同层反馈是组织大众学习的有效机制。其以众包软件研发行业为例，剖析了在众包社区中，尽管源自专家的正确反馈是帮助众包参与者提高其知识技能并获得最佳解决方案的有效机制，然而无论是明确反馈抑或是非明确反馈（其中，明确反馈意指个人能够直接获得源自他人的反馈信息，而非明确反馈意指个人仅简单地将其答案与他人提供的答案进行比较），相较于专家的反馈而言，众包参与者都更愿意获得同龄人的明确反馈，该反馈能更显著地影响其众包参与动机。这一研究结论再一次佐证了同龄人或者说是同层级众包参与者之间的社交愿景。

当然，也有许多学者将参与众包的外在动机和内在动机纳入统一体系进行研究，并明确指出两者的共同作用决定了众包参与者的参与动机及其参与行为。例如：Goncalves、Hosio 和 Rogstadius（2015）通过对四个案例的综合分析（如表 2－9 所示），研究了人们参与众包的动机，并详细描述了在无所不在的众包活动推进过程中无私贡献的可能性（案例 1 分析如图 2－10 所示）、不同心理赋能对众包参与度的影响（案例 2 分析如图 2－11 所示）、环境线索激发众包参与度（案例 3 分析如图 2－12 所示）、现场即席性激发众包参与度（案例 4 分析如图 2－13 所示）等问题。

表 2－9　Goncalves、Hosio 和 Rogstadius（2015）的众包动机及影响因素研究

	任务情景	招聘信息	技术手段	动机/操作	动机影响因素
案例 1 研究	计数任务	不明确	公共展示与 AMT（亚马逊众包平台）	享受乐趣和社区交互感	▪ 提高参与度 ▪ 提升任务质量
案例 2 研究	巴士服务	明确	手机和短信	心理归属感	▪ 更多建议，更少抱怨 ▪ 提升参与度
案例 3 研究	众包地图服务	明确	手机和网络	位置线索与视觉线索互动性	▪ 提升参与度 ▪ 提升紧迫感

续前表

	任务情景	招聘信息	技术手段	动机/操作	动机影响因素
案例 4 研究	整修工作的公众反馈任务	不明确	公共平台推送	情境性、现场感及公共展示	▪ 提升参与度 ▪ 促进讨论

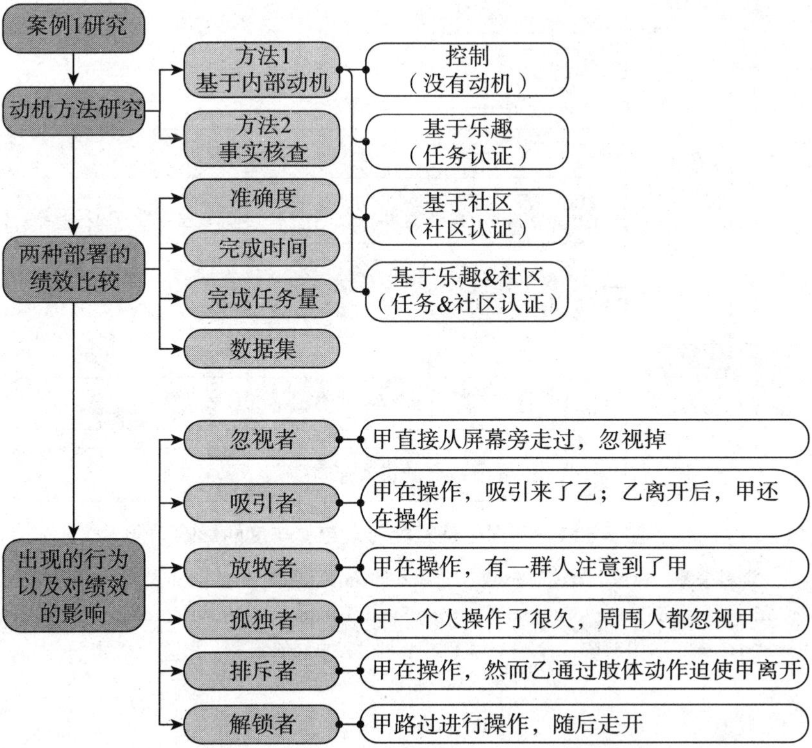

图 2－10　众包活动推进过程中无私贡献的可能性

资料来源：参考 Jorge Goncalves，Simo Hosio，Jakob Rogstadius. Motivating Participation and Improving Quality of Contribution in Ubiquitous Crowdsourcing [J]. Computer Networks，2015（7）：34－48 案例 1 分析过程总结绘制。

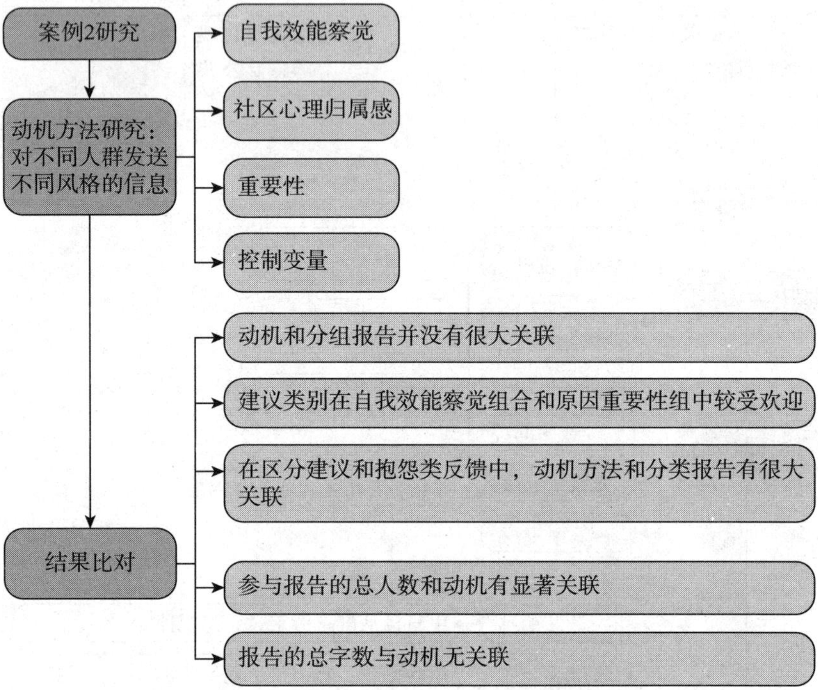

案例2研究

动机方法研究：对不同人群发送不同风格的信息

- 自我效能察觉
- 社区心理归属感
- 重要性
- 控制变量

结果比对

- 动机和分组报告并没有很大关联
- 建议类别在自我效能察觉组合和原因重要性组中较受欢迎
- 在区分建议和抱怨类反馈中，动机方法和分类报告有很大关联
- 参与报告的总人数和动机有显著关联
- 报告的总字数与动机无关联

图 2-11　不同心理赋能对众包参与度的影响

资料来源：参考 Jorge Goncalves，Simo Hosio，Jakob Rogstadius. Motivating Participation and Improving Quality of Contribution in Ubiquitous Crowdsourcing [J]. Computer Networks，2015 (7)：34-48 案例 2 分析过程总结绘制。

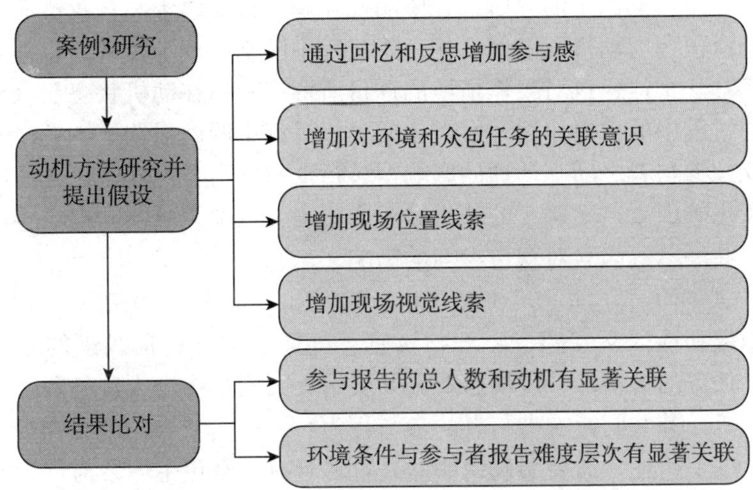

图 2－12　环境线索激发众包参与度

资料来源：参考 Jorge Goncalves，Simo Hosio，Jakob Rogstadius. Motivating Participation and Improving Quality of Contribution in Ubiquitous Crowdsourcing［J］. Computer Networks，2015（7）：34－48 案例 3 分析过程总结绘制。

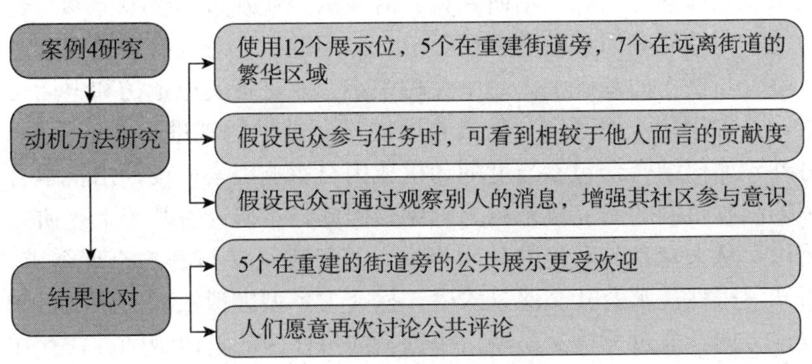

图 2－13　现场即席性激发众包参与度

资料来源：参考 Jorge Goncalves，Simo Hosio，Jakob Rogstadius. Motivating Participation and Improving Quality of Contribution in Ubiquitous Crowdsourcing［J］. Computer Networks，2015（7）：34－48 案例 4 分析过程总结绘制。

其中，案例 1 的分析过程中明确强调了社交愿景和自我价值实现的众包参与动机；案例 2 的分析过程中明确强调了社区的心理归属感这一个体通过对工作情境的评价所形成的内在动机状态在众包参与过程中的重要作用；案例 3 的分析过程中明确强调了各类线索对众包参与者之间互动性的影响，包括众包参与者对众包任务的所见所想等因素；案例 4 的分析过程中明确强调了情境性、现场感以及公共展示等因素对众包参与的影响。

总体而言，Goncalves、Hosio 和 Rogstadius（2015）认为享受乐趣和社区交互感、心理归属感、位置线索与视觉线索的互动性、任务的情境性、现场感及公共展示等因素都将构成参与者的参与动机，并共同影响参与者的参与行为。

综上所述，需要明确说明的是，尽管有关众包主体参与行为的研究成果已较丰富，但就中国本土化情景的众包创新参与主体而言，从接包主体和发包主体双方的努力期望及众包网站技术支持情况等视角对其参与动机成因产生影响，继而进一步影响主体行为的潜在因素又有哪些呢？关于这一本质问题的研究仍较为鲜见，研究成果凤毛麟角。因此，本研究将针对我国企业众包创新主体参与行为的本质性影响因素及潜藏性影响机制问题，在对现有理论模型进行整合与修正的基础上，对中关村中小企业进行实地走访和电话访谈，并采用猪八戒网和一品威客网的调研数据对其进行实证检验。另外，如何结合众包参与度的动机成因与影响因素，设计出科学合理的激励机制的研究成果更为鲜见。因此，本研究将基于上述研究结论，从大众参与众包的动因出发，基于满足参与者的心理需求、新知习得性需求及社交愿景入手，探究关系型虚拟社区的激励机制设计方向，通过分析交易型众包创新虚拟社区的货币激励方式存在的弊端进行激励机制的改进与创新设计，以填补这一研究领域的缺失。

2.6.3　企业众包创新模式的风险

关于众包商业模式风险研究，陆丹、徐国虎（2013）指出众包是以企业为主导的网络大众参与的创新方式、资源内外整合的开放式创新活动，但属于风险较大的创新活动。Chesbrough（2003）认为众包可能会带来知识产权纠纷问题，众包接包方与发包方之间是一种非契约约束关系，它并没有明确的知识产权转移控制机制，也就是说知识产权并未得到充分保护，于是企业从外部取得的知识处于无保护状态。Kittur 等（2008）对 AMT 这一集雇用和劳务为一体的微任务网络交易平台进行研究后发现，该系统中的用户可雇用任何人承接智能任务，但由于发包方无法甄别优质接包方或甄别成本过高，以及接包方由于存在大量浑水摸鱼者，导致奖金利益受损等问题，使该商业模式一直未大获成功。Von Hippel（2005）指出生产者来自公众，致使资源变得零落，倘若无法找到合适的整合机制或架构，则会对完整的生产进度造成影响。Suri 等（2011）指出在众包过程中，为了以最小的代价获得最大化的收益，接包方在解决众包任务过程中会提交无效或是低质量的解决方案。Kazai 等（2011）指出任务设计的缺陷将引发接包方的欺诈行为。Eickhoff 和 Vries（2011）也指出如果任务类型的选择不科学，将引发接包方的欺诈行为。Kittur（2010）认为对于特定的行业，任务往往具有相互依赖性、高复杂性、异质性等特点，并且通常涉及接包方大量的时间投入、跨学科跨领域的专业知识，因此，将这类任务释放给大众接包方，势必会导致众包效率偏低甚至经历长时间等待仍无解等问题。

为规避及解决潜在风险等问题，Kittur 等（2008）指出在雇用众包接包方来评估维基百科文章质量的时候，可以通过增加问题来检测接包方是否真正阅读了文章而不是随意评分的情况。彭必源和钟鹏（2009）认为众包的发展应充分利用互联网、选择合适的大众、规范制度、加强行业自律，同时加强知识产权保护，尽快建立

与众包相适应的电子支付系统。Le 等（2010）提出解决众包中接包方的欺诈问题，对解决方案增加黄金标准即标准正确的任务解决方案；然而黄金标准对没有清晰标准解决方案的任务是不可行的，因此，可以用核实性的问题来评估接包方的可靠性。Whitehill 和 Seltzer（2017）提出了可同时评估多标签实例、接包方专业知识、发包任务难度的评估模型，有效解决了接包方能力与任务难度的匹配评估问题。Hoβfeld 等（2011）认为利用核实性问题及用户监测可以有效检测欺诈型接包方。Dow 等（2011）指出通过增加任务的协作机制及交互反馈机制，会降低接包方欺诈行为的发生概率。Sheehan（2010）、Zhao 和 Zhu（2014）认为企业或机构应对在线社区给予更多透明度与信任度，通过公开众包任务的相关性提升任务信息的透明度，以避免信息不对称导致的众包低效率问题。Zaveri（2013）指出确定合适的悬赏价格对于众包创新模式的扩散而言也是一个不小的挑战。Matthias、Hoβfeld 和 Phuoc（2013）提出两种降低接包方欺诈的方法，即大多数原则（majority decision）和控制变量法（control group）。其中大多数原则是指同一项任务由 N 个人来做，所得到的解决方案提交人数最多的成为最终获选方案；控制变量法是由少数人来完成一项任务，再由多数人评价其所提交的任务解决方案，若多数人表示同意，则成为最终解决方案。经过检验，两种方法都具有较高的置信水平。此外，进一步发现，从成本角度分析，大多数原则适合常规性任务，而控制变量法适合复杂且具有更高创新性的任务。陈强、吴金红和张玉峰（2013）从大数据环境出发，构建了企业竞争众包模式的逻辑框架，并着重剖析了保障大数据项目成功的关键环节。

尽管目前有些研究成果涉及众包风险和风险规避方法的分析，然而，如何设计出本土化的、可操作的、科学合理的网络众包创新模式激励机制，不仅能有效降低乃至规避众包风险，同时还能增加众包参与者的活跃度呢？目前，围绕这一问题的综合性研究成果仍较为鲜见，该问题也成为本研究拟突破的研究瓶颈之一。

2.7　现有研究的不足之处

综上所述，尽管经过众多实践管理者及其研究学者多年的努力探索，取得了一定的实践及理论成果，然而，目前研究工作尚处于起步阶段，并存在以下研究局限：

第一，网络社区众包创新模式的支撑理论并未形成统一的共识。众多业界管理者及学术界研究者们从商业变革视角、大众委托契约视角以及民主化创新视角等，对众包及其对应的创新模式的本质内涵和外延形式进行了分析。然而，探讨支撑众包创新模式理论基础的文献或研究成果仍较为鲜见。在缺乏理论指导的情况下，企业只能在实践中不断摸索，以加深对于这种新型创新工具的认识，并通过经验总结来提高众包创新的效率，这样的实践过程将会漫长而曲折。因而亟须补充如何提高基于众包机制推动中小企业创新效率的相关理论。

第二，对众包创新平台的分类标准及框架模型缺乏统一的认识。目前国内外兴起了众多网络平台，企业借助这些平台实现其创新需求，如果能在纷繁复杂、形态各异的众多网络平台中，探索出统一的分类标准及模型框架，则将有助于企业高效选择出更加科学合理的众包平台发布任务，提升其创新效率。此外，众包平台分类及框架模型的统一，将有助于研究众包参与者的特征，对众包参与者给予更加精准的定位。

第三，对众包过程中潜在创新者本质特征的研究不足。并非每个网民都适合提供众包创新服务。因此，企业必须明确自己的定位，选择自己所需的大众，并对不同的用户实行差别化定位，以有效识别和激励活跃的原始创新者及改进创新者。然而，目前与众包参与者的甄别和定位相关的研究成果却凤毛麟角。

第四，对众包过程参与者的参与度影响因素的研究尚不够深

入。众包活动集接包方、发包方、众包平台三位一体，众包创新系统的活跃度取决于接包方及发包方的参与度，对影响接包方、发包方参与创新的关键因素的研究将有助于众包平台服务体系的完善，并提升企业组织及市场的创新活力。因此，有必要从上述三个方面共同探索影响接包方、发包方参与众包创新的关键因素。

第五，缺乏对基于网络平台的本土化、开放式社区众包创新模式激励机制的研究。一方面，就研究角度而言，多为直接将西方的众包模式应用于中国实践，而对中国文化情境下的众包问题缺乏针对性的研究；另一方面，已有的创新模式激励机制的研究成果大都是基于创新任务的委托代理关系展开的理论研究工作，缺乏集成众包平台、发包方及接包方多主体之间利益关系剖析的研究成果。因此，有必要推进企业众包创新模式的本土化探索和多主体利益关系的研究工作。

基于以上研究不足，本研究将从众包创新模式、众包参与者特征与参与影响因素、众包参与激励机制等方面着手，提出针对中关村中小企业使用众包创新模式的相关政策建议。

2.8 本章小结

本章重点剖析了众包机制推动中关村中小企业创新模式变革的重要现实意义，并回顾评述了国内外众包机制及企业众包创新理论的研究成果，以递进的逻辑顺序对网络虚拟社区、众包机制、企业创新模式、基于网络众包机制的企业创新模式相关的理论研究及实践应用现状进行了全面梳理和汇总分析。同时，本章全面揭示了“何为基于网络众包机制的企业创新模式”这一问题的答案，对企业众包创新模式的研究现状进行了述评，并指出当前理论研究与实践应用中存在的不足之处，继而确定了本研究将展开的重点研究工作，将主要涉及企业网络众包创新平台分类及其特征研究、网络众

包创新模式的参与者特征研究、网络众包创新模式参与者的参与度研究、基于网络众包机制的企业创新模式激励机制设计、推动基于网络众包机制的企业创新模式发展政策建议等。

第3章 企业网络众包创新平台分类及其特征研究

3.1 引言

众包是在 Web 2.0 时代下产生的一种开放式创新模式，在此模式下可以获得极具价值的应用、服务和资源。众包打破了传统企业原有的创新方式，在为企业输入创新血液的同时，推进了企业实现技术创新的步伐。此外，众包也为企业提供了一种全新的工作模式，使得创新工作能够有效地按需实现，并在虚拟远程的互联网环境下集成网民集体智慧协同完成。目前世界上已有的众包平台形式繁多，应用广泛，主要包括众投、微任务众包、创意众包、问题解决方案众包等。目前影响力较大较广的 AMT 众包平台，参与者可在其网站（www.mturk.com）上注册，之后可参与完成各种众包任务，同时参与者还能通过平台互动了解彼此、讨论

事宜、发送日常活动信息等。Samasource（www. samasource. org）众包网站可为发展中国家的公民或无业人员等众包任务参与者提供独立物理工作区域，以便其更好地完成微任务。CrowdFlower（www. crowdflower. com）与 CROWD、ClixSense、CrowdGuru、instaGC、NeoBux 及 Swagbucks 一同提供了大量分类任务和参与者分组，使参与者能够更好地聚集在一起，完成其感兴趣的任务。Microworkers（www. microworkers. com）按照众包参与者的特征为其个性化过滤并筛选出适宜的众包任务，较好地匹配了众包任务发包者与接包者。ClickWorker（www. clickworker. com）提供了众包任务分类和相应的众包任务质量评价体系（Schmidt，2016）。由于众包平台数量众多，各有特色，因此，有必要对现有的网络社区众包创新平台进行分类研究。

3.2　网络社区众包创新平台分类研究

众包是信息技术及互联网逐渐普及后的产物，众多众包网站如雨后春笋般出现，对创新具有积极的推动作用，因此越来越受到重视。众包的商业模式是公司或机构把由内部员工或承包商完成的工作内容，以开放的模式自由自愿地交由非特定大众完成。在该模式下，企业整合了内外部资源，继而形成技术创新解决方案，成为一种新型的商业模式。然而，目前对众包商业模式概念界定及分类标准并未形成统一的权威解释。何思倩和蒋红斌（2011）根据众包是否以营利性为主，将其分为两类，一类是用户自发型，大众自主贡献知识，如维基百科、搜狗拼音等；另一类是以营利为目的，企业激励用户贡献特殊才能，如 InnoCentive、猪八戒网等。钟耕深和朱雅杰（2010）将众包商业模式分为两类，第一类是大众参与内容创造的维基模式，第二类是对传统产品、服务按照众包理念重新架构的价值链模式。上述两种众包商业模式的分类标准不同，但内容

类似，一类是用户自发参与内容创造型；另一类与企业相关，会涉及企业创新型。而笔者根据对第二类与企业相关的众包模式的调研发现，有些企业主要依靠众包网络平台即第三方来发布并完成众包任务，还有部分企业通过设计比赛或是自营论坛来解决众包任务，据此，本研究将众包商业模式分为以下三类：用户自发型、中介平台型与企业自发型。

用户自发型的众包模式，是基于用户对贡献内容及分享内容的热情来实现，一般都是以动态自由内容为主的网站，依据大众的智慧生产内容。

中介平台型众包网络是集接包方、发包方、中介平台为一体的平台。众多众包中介平台崛起并迅速发展，形成互联网行业的新潮流。发包方低成本、快速高效获取到问题的解决方案，接包方在充分利用自己业余时间的同时获取一定的奖励。该模式框架图如图 3-1 所示。

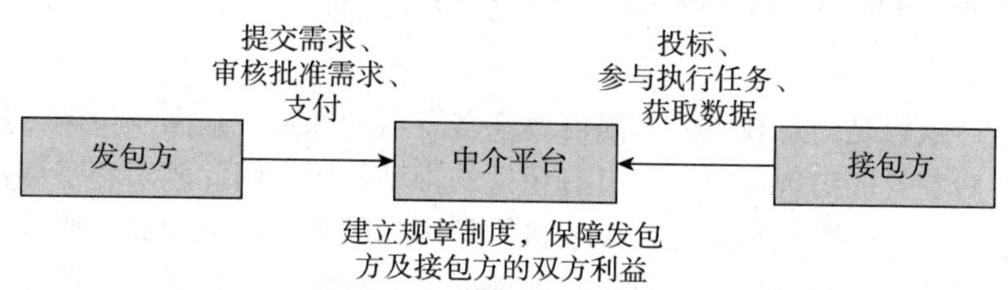

图 3-1　中介平台型众包模式框架图

企业自发型众包商业模式是企业通过设计竞赛，并以现金等悬赏模式招标，或是在自营论坛中挖掘用户的真正需求以不断改进产品设计及生产加工。前者是以现金等形式激励大众来贡献智慧，从而推进产品创新；而后者要想持续获得用户的真实声音，维持用户的社区归属感就变得至关重要了。

3.3　网络社区众包创新平台框架分析

3.3.1　研究理论基础

本研究将依据亚历山大商业模式理论，采用案例分析法，从产品、客户、基础设施管理、财务状况以及激励机制等五方面入手分析国内外众包经典案例。其中，产品层面旨在分析其价值主张，即从目前众包平台所提供的服务类型、范围等方面区别分析产品领先、运营最优及客户友好三种类型的价值主张；客户层面旨在从目标客户及客户关系两个维度，分析其目前的客户规模、类型、特点以及客户关系的类型等；基础设施管理层面则主要从合作伙伴及能力维度入手，分析其持续发展所具备的市场、技术、管理的柔性刚性能力；财务状况角度主要分析其现有的盈利模式的类型。此外，基于上述研究内容设计，本研究需进一步从获得新知、心理满足等方面分析众包平台的激励机制，具体理论支撑如表 3-1 所示。

3.3.2　案例选取

本研究采用案例分析法，对用户自发型、中介平台型、企业自发型三类众包商务模式分别精选国内外 10 个案例作为分析对象，从其产品、客户、基础设施管理以及财务状况等几个方面展开对比分析。

第一，就用户自发型模式的网络众包平台而言，最经典的案例莫过于维基百科，而互动百科则是国内类似维基百科的平台中较成功的案例，因此，本研究选择了维基百科、互动百科作为该模式的代表性案例。

表 3-1　商业模式理论分析基础

要素	维度	细分维度		描述	支撑文献
产品	价值主张	产品领先	创新型	为消费者提供技术上和功能上都是最先进的产品，不断创新研究新技术	Treacy 和 Wiersema (1995) Martinez (2003) 菲利普和凯文 (2011) 陈明亮 (2002) 杜纲、姚长佳和王军平 (2002) 齐庆祝 (2004) Alexander (2010)
			品牌管理	将企业的核心认同和价值观传递给消费者	
		运营最优	价格最低	企业提供普通的产品和服务，但质量好且价格具有优势，物超所值	
			简易型	使生活变得更简单有效	
		客户友好	技术集成型	为客户提供专业的技术解决方案	
			关系友好型	与客户发展良好的人际关系、以客户所偏好的方式提供服务	
客户	目标客户	客户规模		客户总量及其主要群体	
		对产品价格的关心程度	交易客户	只关心产品的价格，不存在对企业具有忠诚度的问题	
			关系客户	希望找到一家可靠的、可依赖的公司，长期为他们提供服务和产品，与之建立一种长期稳定的关系	
		对企业利润的贡献情况	盈利客户	给公司带来正利润的关系客户	
			非盈利客户	不能给公司带来正利润的客户，公司为了维持与他们的联系，所花费的成本超过了客户给公司带来的利润	
		客户生命周期	铂金层	忠诚度很高，盈利能力最强，当前价值和增值价值都很高	
			黄金层	通常与多家企业发生交易，当前价值高但增值价值低，有好的口碑效应，能为企业带来新的客户群	
			钢铁层	客户数量最多，但忠诚度、购买能力和盈利能力都比较低，当前价值低但增值价值高	
			重铅层	当前价值和增值价值都很低，不能给企业带来盈利，且对产品和服务的要求很多，交易频率低	
	客户关系	客户关系	基本型	销售人员在产品与服务销售之后，不再与客户联系	
			被动型	销售人员在销售产品和服务的同时，鼓励消费者若在购买后发现产品或服务的问题，及时与企业联系	
			负责型	寻求客户的改进与建议反馈，以便不断地优化企业的产品和服务	
			主动型	销售人员主动与客户沟通，提供新产品和服务的信息，促进下一次交易的形成	
			伙伴型	企业与客户合作，客户更有效地利用资金或更好地使用产品，并能够按照客户的需求来设计产品	

续前表

要素	维度	细分维度		描述	支撑文献
基础设施管理	能力	刚性能力	市场层面	主导产品自身价值与竞争力、主导产品市场地位及盈利水平、产品信誉与企业形象及营销水平	
			技术层面	核心技术研发能力与水平、核心技术优势地位	
			管理层面	高层领导的素质与能力、企业管理决策与控制能力、人力资源保障能力	
		柔性能力	市场层面	产品适应与调整能力、市场反应能力、市场竞争策略与调整能力、客户关系动态管理能力	
			技术层面	关键技术的创新能力、技术开发的适应与调整能力	
			管理层面	管理与控制体系适应与调整能力、企业学习能力与水平企业外部协同能力	
			合作伙伴关系	企业与上游或下游的合作企业数量、规模、关系密切程度	
财务状况	盈利模式	社区创造收入	信息交付型收入	根本点不在于服务，而在于帮助用户解决信息过量的问题，为用户提供高质量的信息资讯	
			产品和服务收入	利用电子商务的平台优势来扩大销售规模，以获取更多的利润	
			信息挖掘收入	公司将社区群体在互相交流的过程中创造的价值转化为公司收入	
		品牌延伸收入		延伸原有的产品和服务，提供更有针对性或完善的服务，以此来获取更高的收入	
		广告收入		通过在平台上投放广告，依据客户量、点击率等来获取广告费收入	
		会员费		根据用户不同的等级提供服务，从而收取不同的会员费用	
激励机制	从新知习得、兴趣满足、现金激励、社交愿望等多个维度考虑				Organisciak（2010） Brabham（2010） Goncalves 等（2015） Mamykina 等（2016）

第二，就中介平台型模式的网络平台而言，目前成功模式有很多，如亚马逊的AMT，主要针对以数美分计价的简单计算任务，用于交易简单的劳动力；以及知名度较高的、使用较为普及的众包平台InnoCentive、Freelancer和oDesk①等。其中，InnoCentive率先在全球范围内开启了网络众包商业模式的时代，且该平台对企业创新的推动力不容小觑；oDesk作为全球发展最好的众包网络平台之一，其具有最为严谨的悬赏及信誉评价机制。因此，本研究选择了InnoCentive和oDesk作为该模式的国外代表性分析案例。

相比较而言，我国网络众包平台自2005年发展至今，虽然在运营模式上借鉴了国外Freelancer模式的发展经验，但都进行了本土化的创新，并纷纷推出了具有中国特色的网络众包服务平台。我国众包行业主要经历了以下三个阶段：第一阶段，以K68威客网站为代表的众包模式。主要特点为全额悬赏、永不退款、众包平台抽佣20%。第二阶段，以猪八戒网站平台为代表的众包模式。这一阶段虽然保持了原有的传统全额悬赏模式，但交易模式更加多元化，包括招标、计件、速配等多样化的任务模式。第三阶段，以一品威客网站为代表的新生众包平台，其打破了传统的全额悬赏交易模式，首创零首付悬赏模式，基础服务不收费加增值业务收费的混合模式，旨在打造创意服务产品的类“淘宝网”平台。一方面，第一、二阶段的商业模式是传统的全额悬赏交易模式，目前我国最大的中介平台型众包网站以猪八戒网站为主，而一品威客网站则是新生众包平台的代表；另一方面，根据2011—2015年国内网络众包平台排名而言，猪八戒网及一品威客网近年来均在众包网站排名中位列前十。同时，在对诸多中关村中小企业进行访谈调研时，较多被访者知晓这两大众包平台网站，进而佐证了这两个众包平台的实力。基于此，本研究选取了猪八戒、一品威客网站作为中介平台型模式的国内代表性分析案例。

---

① oDesk在2015年与Elance合并并更名为Upwork。

第三，企业自发型众包商业模式旨在通过企业设计竞赛以现金悬赏模式招标，或是自营论坛中发掘用户的真正需求以不断改进产品。前者是以现金激励大众来贡献智慧，从而推进产品创新；而后者要获得用户的真实声音，维持社区归属感就显得至关重要了。在企业自行现金悬赏招标任务的众多实例中，国外以 Goldcorp 公司的"找矿竞赛"影响较为深远，因此以此作为该模式的代表性分析案例。同时，本研究还选取了规模较小但极具特色的星巴克点子及小米论坛众包式测试作为企业自发型众包模式的分析案例。

精选案例及选择依据如表 3－2 所示。

表 3－2　案例及案例选取依据

类别	国外	案例选取依据	国内	案例选取依据
用户自发型	维基百科	知名度	互动百科	效仿维基百科的国内百科平台
中介平台型	InnoCentive	对企业创新有较强的推动作用	猪八戒网站	我国最大的众包平台
	oDesk	严谨的悬赏信誉评价机制	一品威客网	我国新生众包平台的代表
企业自发型	星巴克点子	经典案例	小米论坛	社区型众包
	Goldcorp	影响较为深远	—	—

3.3.3　案例分析

3.3.3.1　用户自发型

1. 维基百科

维基百科（Wikipedia）创立于 2001 年，是互联网领域成熟的非商业化众包，其内容依靠众多参与者的热情来完成，其目标是成为提供各种语言版本的自由百科全书，摒弃原有的内容创造模式，

挖掘存在于大众知识中的隐藏智慧。目前是一个全球性多语言百科全书协作计划，同时也是一部用不同语言写成的、动态的、可自由访问和编辑的网络百科全书。维基百科建立在一个非常朴素的理想基础之上：使来自世界各地拥有不同文化背景的人都可以在一起自由分享清楚的、有事实根据的、不带偏见的资讯。其创始人之一的吉米·威尔士（Jimmy Wales）曾表示：维基百科最终的目标就是用世界上每一种语言免费传递一个完整而全面的百科全书，即使最贫穷和最受压迫的人也能轻松阅读。本着一种非营利的、大众分享的服务理念，和以最低的成本网罗全世界的人力和信息资源、为全世界的人提供资源共享平台的服务特色，自 2003 年起，维基百科就开启了它非营利的、用户创造内容的运营模式：依靠用户和企业的捐款维持其本身的运营，由来自全世界的志愿者组成用户团队协同编辑词条内容，并由拥有较高编辑信誉的编辑用户担任管理员，管理在编辑过程中出现的错误和“不和谐”因素。随着移动互联网时代的到来，维基百科在众多维基项目中率先开发出了移动客户阅读和编辑工具，使得在手机上阅读简版的词条、编辑已有词条或录入新词条成为现实，逐渐满足了用户的多样化需求。

（1）产品。

维基百科是内容类运营平台，以内容共享为理念，人人均可贡献内容。随着维基技术日益完善，目前也有很多基于维基技术的网站，但其中做得最好的仍是维基百科，维基百科之所以大受好评，其根本原因在于大众认可维基百科这一品牌，维基所追求的是“你有一个苹果，我有一个苹果，彼此交换之后还是有一个苹果；你有一种思想，我有一种思想，彼此交换之后就有两种思想”的核心理念，维基注重品牌维护，注重核心价值观的推崇。显而易见，从产品领先方面分析，其属于品牌管理型。维基百科在 2007 年获得品牌频道用户评价排名第四，在“2006 年哪一项品牌对我们的生活影响最大”票选中获得 15%的支持率，足以说明维基百科的品牌影响力。维基百科是一个自由、免费的开放式平台，来自世界各地

的人都可以编辑维基百科，因而从运营最优角度考虑，其属于价格最低型。维基百科是一个基于维基技术的多语言百科全书协作计划，也是一部用不同语言写成的网络百科全书，其目标及宗旨是为全人类提供自由的百科全书——用他们所选择的语言书写而成，其是一个动态的、可自由访问和编辑的全球知识体，被称作“人民的百科全书”。维基百科并不提供标准的答案，而是提供最丰富的参考，以给予用户最大的自由空间。因而从客户友好方面而言，截止到 2013 年年底，维基百科一共有 185 种语言版本。为了用户共享内容的便捷性及吸引用户的兴趣，维基百科提供特色内容、新闻动态、最近更新条目板块。同时为满足用户之间的互动性，提供社区专页、互助客栈、知识问答、即时聊天等功能，增强了用户间的交流，同时培养了用户忠诚度，以促进维基百科内容的全面准确发展，因此其属于关系友好型。

(2) 客户。

从目标客户角度观察，维基百科的成功基础是每位编辑者的共享行为，而维基百科的设计理念为协同性的编辑行为，充分发挥每位用户的兴趣及资源共享的主动性。每位编辑者都可以被称作维基百科人，该群体由全球无数志愿者组成，学者、玩家、高知人群等受过良好教育的人士共同运用一种基于群体智慧的创造性方式生产内容。此外，维基百科的目标是为全世界提供各种语言版本的自由百科全书，其提倡自由共享，因此其目标客户是全世界每一位自由自愿贡献内容的人，其与维基百科并不会产生直接的交易关系，并不能给企业带来利润收入，因此其客户主要是以关系客户及非盈利客户为主。从客户生命周期视角看，每位编辑者在贡献内容的同时满足了自我价值的实现需求，在自愿共享内容的同时培养了对维基百科的认同感及归属感，因此客户属于铂金层，即对维基百科的忠诚度很高。

就客户关系而言，维基百科的成长依靠用户的参与，其为用户提供了便捷的编辑环境：所有人都可以简单地使用网页浏览器修改

其中的内容，可以自由选择使用匿名、化名或者直接用真实身份来编辑维基百科，以及任何用户都可以免费浏览维基百科中的词条来获取信息等等，其注重为用户提供自我价值实现的便捷内容共享平台，并为用户提供了互动工具，如社区专页、即时聊天等，在实现共赢的同时，为客户建立起合作的伙伴型关系。

（3）基础设施管理。

从合作伙伴关系维度讲，为了让维基百科的网站界面变得更加方便简洁，维基百科与创意公司 New! 建立了合作关系。New! 为重塑维基百科的界面创立了一整套的改版方案，大到信息分类与呈现的方式，小到徽标（logo）的样式，针对大大小小的问题，均进行了详细整改，旨在为用户创建一个更加完善而方便的界面，提高用户黏度，继而使维基百科在众多百科平台的竞争中保持领先。

能力维度，主要体现在市场、技术以及管理三个方面。

第一，市场层面。从刚性能力角度讲，2012 年，维基百科已经是全球第五大网站，拥有的条目已经超过了 600 万，是全球访问量最多的网站之一。作为全球规模最大的互联网百科全书，维基百科的英语、德语、法语和荷兰语这 4 个语言版本已经有超过 100 万篇条目，而意大利语、波兰语、西班牙语、俄语、日语和葡萄牙语等这 6 个语言版本也有超过 70 万篇条目，另外还有 40 多个语言版本有超过 10 万篇文章和有 109 个语言版本的维基百科有 10 000 多篇文章。其中在所有维基百科计划中规模最大的语言版本为英语维基百科。维基百科给读者提供了信息简化模式，其内容更准确，更新速度也更快。从柔性能力角度讲，维基百科的目标是成为全世界最大的百科全书，不断丰富自身的语言版本，内容不断与时俱进，若发生大事件，其内容基本在第二天就可以更新到条目上。维基百科也在不断开拓其他市场领域，如维基词典、维基语录、维基文库等。维基百科不仅仅局限于文字内容的共享，同时也在不断实现与丰富多媒体内容共享功能。例如，2012 年起用户可以自由添加视频。另外，维基百科通过向用户提供移动版页面正在逐步实现并完

善移动化服务，同时考虑到发展中国家智能手机、互联网普及率偏低等现实情况，推出短信词条服务，例如用户可以通过短信向维基百科请求词条内容。

第二，技术层面。首先，从刚性能力角度看，为保证内容自由共享的理念，维基百科规定用户必须遵守《GNU 自由文件许可协议》和《知识共享署名—相同方式共享 3.0 协议》，即在遵守这些协议的前提下标示来源后直接复制、使用以及发布内容，同时维基百科在保有内容版权的情况下，允许在商业等方面的用途。此外，无论是注册用户还是 IP 用户，一旦创建条目，第一时间就会显示在新页面巡查页上。中文维基百科有一个新页面巡查制度，即每一个新条目，都会由巡查员巡查，以检查其是否符合维基百科的条目收纳标准，如果是广告或者侵权，它们将在第一时间内被速删和提报，对于提报的条目，维基百科会讨论这个条目是否应该被删除。当发现大段删除文字或者大段添加文字的操作时，由于这一动作可能是正在发生的破坏或者用户正在直接添加网络侵权的内容，因此，维基百科会选择跟进。另外，监视列表的存在，让一切都变得更加简单易行。它会显示出你所监视的条目最近发生的变化，从这里就能很清楚地看出这些条目最近是否遭到了破坏。这是维基百科最有用的反破坏“工具”之一。然后，从柔性能力角度看，面对全球互联网市场的巨大压力，维基百科也在寻求新的创新突破口。目前，维基百科正在开发一种新的网络搜索引擎，挑战 Google。这一搜索引擎将使用人工对网页质量进行评估，从而避免 Google 的多种缺陷。尽管 Google 基于电脑的搜索算法比较容易操作，但是维基百科认为基于人为判断的用户搜索引擎 Wiki-asari 将得到更精准的搜索结果。搜寻引擎的基本功能是“做决定”，要告诉网友哪些网页内容一流，哪些网页不值得一看。

第三，管理层面。从刚性能力角度看，为了能够有效掌握维基百科中条目的编辑修改动向，志愿担任管理人员的人组织了“明确的权力结构”，对不同语言版本的维基百科进行协助管理。这些自

愿协助管理工作的管理员往往在维基百科社区中也是拥有良好信誉的编辑用户，在成为有部分特权的管理员之后便拥有能力删除页面、封锁正在被破坏的文章或者是在社区出现严重争执时删除污辱性的对话，甚至还能阻止违规用户的编辑权利。不过管理员的权力主要表现于阻止用户对维基百科进行破坏性编辑，而对于普通的编辑用户实质上并无管辖权力。此外，管理员在决策决定这一方面也并未享有任何特殊权力。民主化的审核机制，资深的维基人担当管理员，针对恶意的破坏性修改行为提供撤销按钮帮助其返回至破坏行为发生前的状态等机制，更好地掌控和保证了维基社区内容的质量。

（4）财务状况。

尽管维基百科是全球排名靠前的大网站，但维基百科并非商业网站，而始终坚持按照非营利商业模式运营。但为了维系和推动维基百科的持续发展，一个名为维基媒体基金会（Wikimedia Foundation）的非营利组织推动和管理用户捐款，以保证维基百科的良性运营，并确保在线百科全书的免费使用，且不会出现任何广告以干扰用户的使用体验。但为了扩展其收入来源，维基百科做出以下尝试，且主要均属于社区创造收入中的信息交付型收入，分别是：其一，为使用户任意选取维基百科中的内容打印成书，维基百科按页收取一定的费用；其二，建立维基百科的另一版本 Wikia，在该网页上开放广告投放，以获取一定的广告收入。

（5）激励机制。

维基百科主要由大众用户自觉自愿参与形成，因此，其激励机制也主要集中于以自我激励为代表的非货币激励机制方面，如表3－3所示。

表 3-3　　维基百科激励机制

激励机制类型			支持文献
自我激励	新知习得	通过参与写作和编辑学到新的技能或获得新的信息与知识	罗志成（2008）
	社交愿望	能够认识到更多的志同道合的新朋友或者同行	
	兴趣满足	能对自己兴趣浓厚的条目进行编辑	
	得到认同感	用户在编辑过程中能获得理解感和认同感	
	自我价值实现	利用自己的某个领域的才能为社会尽一份力	
	信仰力量	维基百科的自由理念已经成为一种信仰	
非货币激励	投票选举管理员	拥有删除页面、封锁正在被破坏的文章或者是在社区严重争执时删除污辱性对话，甚至有能够停止违规用户的编辑权利的权力	李奇（2012）
	知识产权	用户必须按照作者或授权人所指定的方式，表彰其姓名	

2. 互动百科

2005 年，潘海东以“建设全球最好、最全的全人工中文百科”为愿景，成立了互动百科（www. baike. com），其旨在使用创新的网络技术改变用户的知识分享方式①。截止到 2020 年 1 月，其词条超过 1 800 万条。其业务模式主要以自由开放的形式共享内容，任何人均可编辑词条，但需承担相应的法律责任。

① 2019 年，字节跳动有限公司完成对互动百科的收购。2020 年，改为了头条百科。

（1）产品。

2012年，互动百科提供百科网、HDwiki、互动辞海、词媒体服务等四种业务模式。其中百科网是任何人均可参与撰写自由访问的知识体系；HDwiki是国内第一家拥有自主知识产权的中文维客系统；互动辞海是全部内容由网友协作完成、以公益环保知识为主题的杂志；词媒体服务是以热点话题、民生问题等具有鲜明时代特征的词条作为传播内容的全新媒体形态。

首先，就产品领先视角而言，其四种业务模式，均提倡由网友自主自觉地贡献分享内容，体现出自由开放的文化特征，因此，其产品属于品牌管理型。其次，就运营最优视角而言，其主张简易型，即以丰富的词媒体服务和简单易懂的词条传达海量信息。最后，就客户友好而言，其一，互动百科中用户参与编辑词条的任务包括日常型与有奖型两类，编辑词条的流程简洁、易于掌握，且词条的编辑者需承担相应的法律责任；其二，互动百科不仅不断丰富其所能向用户提供各类产品服务，如微百科等，同时还提供了基于兴趣的分类社区互动小组，与客户发展良好的人际关系，培养用户黏性与忠诚度。因此，互动百科在客户友好层面属于关系友好型。

（2）客户。

目前，互动百科的编辑以自由编辑者、专业认证智愿者、专家团队以及顾问团为主。其中的自由编辑者，不限领域、不限年龄、不限区域，只要有愿意分享内容的兴趣与热情，即可参与，互动百科鼓励任何人参与；专业认证智愿者是经过互动百科官方认证的、某一领域内的专业人士，以保证词条的专业性及权威性；专家团队是词条的审查者，是用户选出的资深编辑者；顾问团是由各个领域的专业人士所组成。这些类别的客户并不直接与读者客户产生交易关系，因此是关系客户，而他们对互动百科内容上的贡献会为该平台带来间接收益，因此是盈利客户。而就客户生命周期视角而言，互动百科以共享内容为理念，其用户在贡献内容的同时得到了自我实现的价值满足，且互动百科提供丰富的产品内容，如互动博物

馆、分类社区、互动小组、以人人都是分享家为理念的新知社等，来培养用户的社区归属感及用户忠诚度，因此是客户生命周期的铂金层。另外，一方面，互动百科为广大用户创建了信息交互和增值服务平台，并通过维客社区促进用户之间的交流，并采用积分制和兑现制，奖励参与的用户；另一方面，编辑器的功能强大、操作简单，均体现出互动百科人性化的服务设置。综上所述，不难看出，互动百科注重培养伙伴型的客户关系。

（3）基础设施管理。

就合作伙伴关系视角而言，互动百科的合作伙伴多达 500 余家，包括报纸、杂志、广播、SNS 站点、电子商务网站、手机报以及电子书内容提供方等。其中，互动百科与新华社等媒体平台建立的长期合作关系是突出的一个亮点。互动百科通过“词媒体”战略为新华社等媒体平台推送免费内容，而对方给予互动百科的帮助则是在其平台上给予内容推广。双方功能互补，实现双赢。另外，互动百科促进了传统科普组织方式的转变，其与权威学术机构、NGO 组织、社会组织、协会等合力形成百科科普联盟，推进了网络科普。

就能力维度而言，主要体现在市场、技术以及管理三个层面。

第一，市场层面。从刚性能力角度讲，互动百科如今已发展成为全球最大的中文百科网站，是中国市场的领军者，拥有中国市场 95%的市场占有率。互动百科以词条为核心，与图片、文章等其他产品共同构筑了一个完整的知识搜索体系。从柔性能力角度讲，面对国内外互联网市场日趋白热化的竞争，互动百科也采取了一些重大的创新性举措，旨在提高自己的市场份额。首先，互动百科抢先占领澳大利亚市场，为其海外拓展打下了基础；其次，互动百科投入 8 000 万元专注移动终端市场，并正式推出互动百科手机炫版（3G 版）上线，这是一款专为智能手机用户定制的手机百科平台；再者，互动百科旗下站点 baike.com 的手机客户端升级版也日趋完善。手机版内容与主站保持联动，可满足不同用户随时随地、方便

快捷的百科知识获取需求。

第二，技术层面。从刚性能力角度讲，其 HDwiki 是中国第一家拥有自主知识产权的中文维客系统，为用户提供了一个自由共享的平台。尽管曾被黑客入侵，互动百科依然坚持开放协作的原则，允许新用户协作和修改他人的词条。黑客入侵事件后，互动百科修复了全部受损内容，升级了验证码识别难度，全面升级了后台分析和防御系统，力图避免此类恶性事件的再次发生。从柔性能力角度讲，互动百科秉承着“打造专业、活泼、海量知识社区”的理念不断进行改版设计，基于开源的中文维客软件，界面简单易用，用户可以点击各类图片和图标进入设计巧妙的各个分类中，社交媒体也被整合进网站中。此外，互动百科一直都在持续完善自己的审核机制，尽可能地实现精确保留有价值用户提供的词条、删除垃圾词条，以全方位提高用户体验。

第三，管理层面。从刚性能力角度讲，创始人潘海东的学历背景及其在电子商务领域拥有的丰富实践经验，具有高瞻远瞩、远见卓识的创新战略眼光。互动百科的网站运营具备了目标定位、主题创新、选择平台及辅助配合四个要素。网站运营从多种营销模式入手，通过出众的活动策划在短时间内提高效益，同时提升企业品牌价值，提高在行业领域中的综合素质。从柔性能力角度讲，其在 2012 年推出新版徽标，其代表着“永无止境的 β 版本”，象征着“开放、平等、协作、共享”的维客精神，说明互动百科具备较强的开拓创新能力。同时，互动百科注重与用户的交流，每年举办一次用户大会，使国内的优秀“智愿者”及百科行家得以共聚一堂，并有机会与各界知名学者、维客开发者、媒体及公众共同分享新知、探讨未来，促进互动百科的发展。此外，互动百科首创了词媒体的概念，互动百科锐词榜实时将每日热词集中到一起，让用户能够很快了解到每天发生的大事，并跟上时代的脚步。将词作为传递信息的载体，最大限度地加快了传播和记忆的速度，同时更好地满足了用户的知识需求。

(4) 财务状况。

互动百科是贸易企业，其收入来源是定向广告，特别是“小百科”这一面向企业的内容打包营销服务。除了广告的收入模式之外，互动百科还采用与中小站长通过词条广告共建“联盟”的形式与其分成。同时，其也在积极探索持久性的盈利方式，创建良好的合作伙伴型关系，如与新浪网推出“新浪百事通——历史上的今天”等，即通过内容产生收益，属于信息交付型收入。

(5) 激励机制。

互动百科的激励机制主要包括积分、信用点及心理满足感等。首先，互动百科积分是根据用户在互动百科内编辑词条后系统自动给予的分数，再由网站管理员巡视条目后给出分数，积分不同，用户的称谓则相应有所区别；其次，信用点是互动百科的审核“专家”给予用户的一种奖励机制，奖励范围限于创建和编辑条目，信用点数决定其在网站的虚拟职务；最后，由于互动百科是内容共享平台，因此，用户在自觉自愿分享内容的同时，会获得新知、得到贡献内容以及自我价值实现的心理满足感。

3.3.3.2　中介平台型

1. 创新中心 InnoCentive

InnoCentive 网站是 2001 年由老牌药厂礼来制药（Eli Lilly and Company）投资创立的众包网络平台，该平台以“通过互联网促进科学创新”为发展理念，也是第一家以现金激励为基础、促进全球性科学研究的众包创新平台。该平台汇聚了众多各领域专业性人才，与大型跨国公司具有良好的合作关系，不少实例已佐证其对企业创新的推动作用。例如，作为最早采用该平台模式进行推广创新的宝洁公司，把公司外部的创新比例从原来的 15%提高到了 50%，从而促使其研发能力提升了 60%。InnoCentive 的运营模式为发包方以现金悬赏的模式在平台上发布任务，接包方解决任务并获得一定报酬，InnoCentive 从报酬中收取一定比例的佣金。InnoCentive 模式与众不同之处在于，该虚拟社区成员大多都是科学家，

多数业务来自大型跨国企业，解决了各式各样的科学问题及企业创新难题，InnoCentive的首席科技主管吉尔·帕内塔表示“有超过30%的在公司内部用传统方式解决不了的难题，在这里被成功攻克了”。InnoCentive模式的特色在于聚焦的众包任务类型是技术研发型，从而该平台的参与者普遍具备较强的专业能力，发布的众包任务类型具有一定的难度，对企业创新的影响较为深远。

（1）产品。

创新中心InnoCentive平台以促进科学创新为理念，为企业、政府、公益组织以及合作伙伴提供全面的产品服务。因此，就产品领先维度而言，它以品牌管理为主。2013年，该平台为发包方提供优质挑战服务（Premium Challenges）、创新服务（InnoCentive @work）、定制化挑战服务（Custom Challenge Program）三种服务，同时为其他的创新组织和活动提供宣传的主页。其中Premium Challenges提供解决创意点子（Idea）、理论、实践和电子化实践四类问题，InnoCentive@work为企业提供社区服务，Custom Challenge Program服务旨在高端定制具有较高挑战性的问题。InnoCentive为接包方提供了专业化的指引性文件，问题发布平台分类明确且范围广泛，涉及自然科学、物理、化学等技术性问题。为了建立接包方之间协作解决问题的桥梁，InnoCentive提供了团队合作项目区（Team Project Rooms）及Forum以及嵌入性交流工具。截止到2013年8月共有50万个Team Project Rooms开启。InnoCentive提供的产品服务，并非追求价格最低，而是追求高性价比，使平台参与者在以简单有效的方式获得高质量服务的同时，建立良好可持续发展的关系友好型关系。

（2）客户。

2013年，InnoCentive平台注册的用户数量已达到300 000，分别来自世界各地多个国家和地区。平台以“通过解决专业科学技术问题推进创新”为服务宗旨，因而为了提升平台解决问题的专业性服务能力，InnoCentive与世界各地许多科学家、大学以及科研

机构签署合作协议。例如，该平台在中国与中国科学院、华中师范大学、厦门大学、浙江大学等建立了良好的合作关系。另外，该平台与众多大型跨国公司如宝洁等签订了战略合作协议，该平台通过提供专业的服务，为这些企业解决了内部创新难题。InnoCentive平台为发包方提供了全面且广泛的产品服务，为接包方提供了专业化且社区化的任务解决平台，以建立长期稳定的合作关系为出发点，在持久的战略合作中，平台获取收益。作为众包领域的领先平台，InnoCentive 平台所汇聚的客户资源是其他平台所难以企及的，该平台解决专业化科学技术问题的能力也是其他平台一时间难以超越的，由此不难看出，该平台用户具有较高的忠诚度，属于铂金层用户。

(3) 基础设施管理。

就合作伙伴关系视角而言，创新中心 InnoCentive 与科研机构、大型企业、科学家等签署了战略合作协议，形成了良好的业务伙伴关系，为该平台提供专业性服务以及推进科学技术创新提供了有力保障。

就能力维度而言，主要体现在市场、技术以及管理三个层面。

第一，市场层面。从刚性能力角度讲，InnoCentive 平台以推进科学技术创新为理念，汇聚了各个领域的科学技术人才，市场定位旨在提供产品技术创新服务。在众包领域，以其优质的客户资源为大型跨国企业如波音、杜邦等公司推进了创新的步伐，塑造了良好地提供创新能力服务的形象，其所能提供的大众智慧创新能力是其他众包平台现阶段无法超越的。从柔性能力角度讲，InnoCentive 平台并非一成不变，其不断完善产品服务的种类及范围，从最初简单的问题发布，细分至创意点子（Idea）、理论、实践、电子化实践四类，同时动态扩展与科研机构、大学等组织的业务伙伴关系，积累更加专业化的问题解决能力。

第二，技术层面。众包服务类网站以提供高质量服务为出发点，为接包方、发包方提供方便快捷的服务。从刚性能力角度讲，

InnoCentive 平台为接包方提供了专业化指引性文件，同时提供方便接包方间协作交流的平台如 Team Project Rooms，为他们提供协作机制，同时为发包方与接包方之间提供便捷的、只有双方才能查阅的沟通渠道。从柔性能力角度讲，InnoCentive 平台较好适应了参与者的需求及时代要求，在网站业务流程不断优化、用户体验稳步提升的同时，推出移动版本，满足接包方随时随地可以处理众包任务的需求。

第三，管理层面。从刚性能力角度讲，InnoCentive 平台领导层具备高瞻远瞩的能力，同时该平台所汇聚的高质量客户资源，为其提供创新服务能力奠定了坚实的基础。InnoCentive 平台由阿尔夫·宾厄姆（Alph Bingham）秉承着“互联网促进创新”的理念创建，其具有丰富的经验和较强的创新意识。该平台自 2001 年建立以来，得到了几轮风险投资的支持，不断扩展其业务伙伴关系，汇集了众多的科研人才及大型企业。从柔性能力角度讲，该平台不断完善平台机制，保障接包方、发包方的双方利益，合理地解决了信任及知识产权问题，即接包方在申请解决问题后，双方需签订明确权利义务及知识产权问题的法律文书。

（4）财务状况。

截止到 2013 年 8 月，该平台发布的任务悬赏金额高达 400 亿美元，而任务解决的成功率在 85%以上，说明该平台收益可观。其盈利模式是：为众包的发包方和接包方提供一个中介平台，任何人都可以免费注册为接包方；发包方是与 InnoCentive 签约的企业，要求支付年费 10 万美元，同时发包方要向解决众包任务的接包方提供 500 美元到 100 000 美元不等的奖金。其类型属于会员费收入及产品和服务收入模式。而该平台的成本投入主要体现在网站建设、推广及开拓维系客户三个方面。

（5）激励机制。

InnoCentive 平台是第一家以现金悬赏激励大众参与解决众包任务的平台，发包方在发布任务的同时标注一定的悬赏金额，以提

高接包方解决任务的兴趣以及努力程度，从而获得更好的解决方案。因此，InnoCentive 最典型的激励机制即为经济激励。

2. oDesk

2002 年，oDesk 网站成立于美国加利福尼亚州，后来与 Elance 合并更名为 Upwork 了。其成立时间虽晚于其他一些众包网站，但其发展速度很快，发展势头很猛，已使其逐步跃升成为全球最好的众包网站之一。网站的 450 万注册用户遍布全球 50 个国家和地区，注册的接包方已经工作超过 3 500 万小时，服务了超过 90 万名发包方。oDesk 的维基百科简介中提到 oDesk 的“o”就是“no”的意思，“no desk”就是提供一个不论何时何地都能远端合作开发项目的平台，而这也是基于其致力打造“工作模式 3.0”的理念，即其 CEO 所提倡的不受时间空间限制的新雇用模式。该平台发展前景广阔，新一代年轻人均是在互联网环境中成长，具备灵活的就业心态以及自由职业的技能，以“工作模式 3.0”打造的中介平台，其发展前景势必不可小觑。2006 年在旧金山召开的第三届 Web 2.0 大会上，oDesk 被选为 13 家发展前景最被看好的新兴 Web 2.0 公司之一。其运营模式主要是为发包方接包方提供一个中介平台，发包方免费在该中介平台上发布工作要求，接包方选择适合自己的工作，并进行远程办公，然后将工作结果通过该中介平台上提交给发包方，该中介平台从接包方获得的报酬中抽取 10%的费用作为佣金。其发展特色在于妥善地解决了发包方雇用远程人才的信任问题，提供严谨的悬赏和信誉评级机制，保障了众包参与主体双方的权益。

(1) 产品。

oDesk 平台提供的服务涉及网站开发、客户服务、商业服务等 9 大类，各大类进一步细分为不同子类，服务全面。其最受欢迎的服务类别是网站开发等科技型服务。oDesk 平台致力于打造不受空间、时间限制的雇用平台，在信息化趋于主流的时代，oDesk 在改善获取技能的方式、创造新的雇用模式的同时，产生了 24 小时不

间断的生产力。因此从产品领先角度看，其属于品牌管理型。从其服务理念出发，其目标是为接包方与发包方提供一个方便快捷的问题与解决方案匹配平台，方便发包方快速找到接包方，同时为接包方提供一个不受时间、空间限制的就业方式。因此从运营最优视角看，其属于简易型，它为发包方提供了三种发布任务的方式，即公开发布、定向发布以及混合发布，并通过提供固定悬赏和计时悬赏两种模式，满足不同众包任务的需求。此外，该平台还提供聊天室，以方便接包方之间的探讨与交流，因此属于关系友好型平台。

（2）客户。

oDesk 平台上的注册用户已达到 450 万，主要来自全球 50 个国家和地区，发包方也达 90 万，规模庞大，且不受区域限制。其中接包方大多来源于印度、俄罗斯、乌克兰、美国及菲律宾等国家和地区的自由职业者，而发包方主要集中在美国、英国、加拿大及沙特阿拉伯等国家和地区，包含个人与企业。oDesk 为新的雇用模式提供了中介平台，平台用户并不与其产生直接的交易关系，平台以提供高质量服务、维系良好的客户关系为出发点，因此，其客户属于关系客户。而平台上接包方和发包方产生交互关系的同时，oDesk 从中获取收益，因此，就对企业利润的贡献情况角度而言，其属于盈利客户。在 oDesk 官网发放的一份调查中显示，85％以上的用户均表示了对该平台的喜爱，说明该平台具有良好的口碑效应，属于客户生命周期的黄金层。

（3）基础设施管理。

从合作伙伴关系角度看，oDesk 平台拥有为企业提供解决方案的入口，因此，它能为企业提供方便快捷的服务。该平台与联合利华、微软、雅虎、甲骨文等大型企业形成了良好的业务合作关系。

能力层面主要体现在市场、技术以及管理三个方面。

第一，市场层面。从刚性能力角度看，oDesk 平台是一种新型的雇用模式，使得工作可不受地点限制，企业创新的方式也更加灵活，因此，该平台受到许多初创企业的青睐。该平台 2012 年接包

方收到发包方支付的报酬总额突破 3.5 亿美元。其市场规模庞大，且发展前景很好。与此同时，据统计，该平台聚集的用户主要来自东欧国家和地区。从柔性能力角度看，该平台逐渐与微软、甲骨文等大型企业建立了良好的业务伙伴关系，并通过为他们提供优质的服务，扩展其自身的市场影响力。同时，oDesk 团队在俄罗斯等地举行的程序开发比赛也进一步提升了其平台影响力。

第二，技术层面。从刚性能力角度看，oDesk 设置了合理化的监督机制，以保障发包方的根本利益。oDesk 平台的按小时计酬模式主要是通过网络摄像头监督整个项目进程的方式得以实现，即众包方和发包方之间通过 oDesk 架起桥梁，摄像头每小时 6 次随机抓拍接包方的电脑屏幕、计算键盘敲击次数和鼠标点击次数，同时记录接包方工作时的状态，而这些资料是发包方每周支付薪酬的基础。oDesk 服务模式的出发点在于保护发包方的利益，使得服务更加专业化，解决众包参与者之间的信任问题。从柔性能力角度看，oDesk 为加强与企业之间的合作关系，为其提供了虚拟化工作空间及 oDesk 社区（oDesk Group）服务。其一，为企业提供虚拟化的工作空间，可满足企业分布式管理的需求，在保证隐私的情况下易于发包方跟踪接包方的工作进度以及支付报酬；其二，oDesk 社区（oDesk Group）是为企业提供的专门社区，在社区内展示该企业众包任务，为企业与接包方之间提供了及时沟通的便捷渠道。

第三，管理层面。从刚性能力角度看，oDesk 平台的首席执行官具有较强的领导能力及创新精神。首先，随着网络技术和信息沟通效率的进一步提高，在线工作和远程办公将成为人们工作状态中不可或缺的一部分，其多次传达“工作 3.0 模式”的创新雇用模式理念。其次，该平台自成立以来，共进行了四轮融资，共计 4 500 万美元，足以说明该模式具有巨大的发展潜力。从柔性能力角度看，首先，接包方在正式投标并取得项目之前，必须通过网站设置好的各类测试，以确保其确实具备一定的专业素养，这一点在很大程度上保证了 oDesk 平台上的项目都能被非常出色地完成，也使

发包方有更可靠客观依据来甄别和筛选服务提供者。然而，这个测试对非母语国家如俄罗斯、中国等国家和地区的服务提供者而言，有一定的难度，因为测试内容会涉及 oDesk 的各项规章制度。但这正体现了 oDesk 的一大原则，即让更专业的接包方提供更高效、精准、专业的服务。其次，oDesk 提供了两种悬赏模式，即固定金额和计时报酬。针对计时报酬，oDesk 官网有详细的计算方法，为参与者双方减少矛盾纠纷提供了帮助。再者，面对自由职业人没有社会保障的问题，oDesk 与保险公司合作，以为接包方提供适宜的保险方案。

（4）财务状况。

自 2007 年开始，oDesk 连续好几年的增长速度都超过了 100%，说明该平台收益可观。其为众包的发包方和接包方提供一个中介平台，任何人都可以免费注册为 oDesk 平台的接包方。平台采用交易佣金盈利模式，即从成功交易中提取交易费用的 10% 作为其收入来源。

（5）激励机制。

该平台是以现金悬赏的方式激励大众参与解决众包任务的网站，发包方在发布任务的同时标注一定的悬赏金额，以激励接包方解决任务的兴趣以及努力程度，以获得更优质的解决方案。

3. 猪八戒网

猪八戒网站（zbj. com）于 2006 年成立，其创始人朱明跃意识到威客网所蕴含的巨大商机，于是致力于打造创新创意类服务网站，进而孕育创建了猪八戒网，并获得由商务部颁发的“2013—2014 年度电子商务示范企业”荣誉称号，目前该网站已经成为我国规模比较大的众包中介平台。该平台所提供的服务类型主要集中在创意设计、网站建设等劳务服务方面，同时也显现了对企业创新的推动作用。如全聚德联合猪八戒网进行了全聚德端午粽子包装盒设计大赛，为全聚德的整套产品设计提供了解决方案，扩大了盈利规模和效益。发包方将标注了支付报酬的任务发布到猪八戒网的内

部平台，发包方将全额报酬预付给猪八戒网之后，任务便会在网站上全面发布。任务完成后，猪八戒网会从接包方获得的报酬中抽取5%至20%比例不等的佣金。其模式虽模仿国外众包平台如 Freelancer 等，却在引入的同时进行了本土化创新，不断为客户提供更加方便快捷的服务，如设立专属店铺、推出速配模式等。同时，其不断拓展海外市场，旗下的中文国际站也得到了越来越多的海外客户的认可。

(1) 产品。

猪八戒平台的战略目标是为客户提供更专业更具诚信保障的服务，因此从产品领先维度看是品牌管理型。该平台提供的产品服务涉及创意设计、网站建设、网络营销、文案策划、生活服务等，主要是劳务服务类。与此同时，为了公平及保障双方的利益，中标者的成果确认及结果公示都是在大家的监督下进行。从运营最优角度看，该平台属简易型，运营流程简单快捷，同时提供了新手帮助文件，发包方的任务发布流程简捷高效。从客户友好角度看，服务类网站以提供服务为主，该网站起名为“猪八戒”，使用户感觉亲切诙谐，便于记忆。该网站属于关系友好型，从客户角度出发，提供猪八戒帮助、新手上路等服务，界面操作简单。同时，该平台还拥有特殊的运营模式，即登录认证后，用户可根据自身需求悬赏任务、招标任务或使用其他人性化服务。

(2) 客户。

从规模角度看，作为我国目前最大的众包中介平台，猪八戒网为交易双方提供了良好的交流平台，其目标客户主要是拥有一定专业技术的威客和想通过互联网获取帮助的企业和个人，其中也包括一些想通过网站发布广告的企业和想从网站获取注册用户资料的用户等。目前，猪八戒网拥有专业的工作团队，与全国各地的诸多公司均有业务往来，与许多专业的威客团队均有合作关系，因此在完成大型任务方面具有明显优势。平台上拥有多达 600 万的注册用户，各自具有不同的专业技术和知识背景，威客有专业威客、业余

威客、专业设计机构和专业咨询机构四类。其中发包方主要是企业、社会团体、个人，只要注册并认证即可发布任务；而接包方多为在校生、就业群体、待业群体及失业群体。

从对产品价格的关心程度来看，大部分属于交易客户。因为猪八戒网上的接包方大部分目的是在业余时间利用自己的专业知识赚取收入，他们并不在乎具体在哪个平台上进行操作，仅仅依据价格进行选择。但是对于一些专业的接包方来说，其更倾向于找到一家可靠的公司，并与之建立一种长期稳定的关系，持续为其提供服务和产品。由此可见，猪八戒网的客户主要属于关系客户，同时也存在一部分交易客户。因此，目前猪八戒平台上属于交易客户与关系客户共存。

从对企业利润的贡献情况看，作为一个服务型平台，猪八戒平台的客户基本都属于盈利客户，均能为企业带来正利润。

从客户生命周期角度看，目前猪八戒平台是业余接包方与专业接包方共存。业余接包方是该平台的钢铁层，忠诚度低且给平台带来的收益也比较低；专业接包方是平台的铂金层，忠诚度较高且为企业带来的收益也较为可观。而对发包方企业而言，因希望得到越来越专业化的服务，其对平台的忠诚度会随着专业接包方服务能力的提升而提高。

从客户关系视角看，猪八戒平台以发展良好的伙伴型客户关系为出发点，从用户的角度出发，不断提高自身的服务质量，例如为发包方打造专属店铺、改变佣金统一收取模式、建设维护论坛等，培养发包方及接包方的平台归属感。

(3) 基础设施管理。

猪八戒平台与多家媒体、网络媒介形成了良好的合作关系，为其扩大市场打下了基础，同时与全聚德、微软、搜狐、盛大游戏等企业均建立了合作关系，以为平台的专业性服务提供保障。

能力层面主要体现在市场、技术以及管理三个方面。

第一，市场层面。从刚性能力角度看，猪八戒网 2006 年创立，

并经历几次融资，其交易额于 2013 年突破了 25 亿美元。它获得 2012 年度《中国企业家》“未来之星”荣誉，还获得 2012 年度“首届文化产业最佳商业模式明日之星”等称号。其服务范围涵盖创意设计、网站建设、网络营销、文案策划、生活服务等多种行业，用户注册人数居国内众包平台类网站之首，在行业内一直处于市场领先地位。从柔性能力角度看，其交易模式多样化。为了适应市场变化的需要，猪八戒做了长时间的实践，开始是简单的悬赏模式，后来引入更适合头脑风暴式的、创意类的招标方式。此外，针对一部分工作周期短、工作量不大的商家，由于结果不可控而不愿悬赏，或因对投标者不了解而不愿招标等问题，猪八戒网为其推出了速配模式。2013 年，猪八戒网进行了全新改版，改变以往佣金统一收取模式为按需收取模式，即更高级别的发包方享受更低的佣金，同时还为其提供了订单推荐和经纪人服务，使服务更加趋向于专业化及人性化。

第二，技术层面。从刚性能力角度看，猪八戒网主要使用的是自助服务系统，网站内的工作人员和客户均使用该系统进行投标与筛选。网站的日常工作基本不会产生物流业务，因此仅需员工间的便捷沟通和办公室网络环境下的数据文件传输即可完成。网站利用了互联网的优势，聚集了几十万名工作人员，沟通协作，继而完成各种类型的工作。从柔性能力角度看，为使具有发包需求的企业和个人能够更加方便地找到具备问题解决能力的接包方们，猪八戒网有一套独特的针对接包方的考核筛选体系，并正在持续完善。从代表新手的“猪一戒”到评分最高的“猪八戒”，依照简单而有效的计算公式，让发包方迅速便捷地选中自己需要的接包方，让接包方能够凭借自己的能力，而不是仅依据学历或资历，以为企业和个人提供更加专业精准的接包服务。与此同时，猪八戒网不仅为发包方打造专属店铺，以便发包方在专属店铺中直面优质接包方，进而简化交易流程，缩短交易时间，而且还建立了自己的官方论坛，以便用户能自由发帖、交流讨论及向官网提出建议等，以更好地培养众

包参与者的归属感。

第三，管理层面。从刚性能力角度看，网上服务交易存在很多让人担心的地方：任务发布方会不会在窃取大量方案后，以“收到方案不符合要求”为由取消悬赏？威客网站工作人员会不会既当裁判员又当运动员，自己去中标获取赏金？因此，诚信是众包平台类网站的生存前提。猪八戒网引入第三方支付平台，并规定悬赏奖金必须事先由发包方通过第三方支付平台打到猪八戒网的账户上，最终由猪八戒网发给中标的接包方，奖金不退回给发包方，同时禁止员工以任何形式参与具体的悬赏交易。而从柔性能力角度看，传统意义上的分类信息网站充当了信息媒介的角色，但是当其转型为信息交易平台时，因缺乏实际经验使得发展受阻。而猪八戒网凭借其服务平台出身，在过去的几年里，建立起庞大的买家和买家行为资料数据库。猪八戒网拥有多达 600 万的注册会员，而其中有超过 20%的核心会员。在买方行为数据库中，其交易记录有 100 万条之多，可以从中分析出多年来买方的各种交易行为和习惯，在众多平台中具有显著优势。

(4) 财务状况。

截止到 2013 年 8 月，猪八戒网的交易额已突破 25 亿美元，2011 年猪八戒网得到 IDG 资本（IDG Capital）1 000 万美元的投资。该平台的盈利模式主要包括三种，分别是产品服务收入、广告收入、品牌延伸收入。其中产品服务收入是指悬赏任务酬金的提成，目前的任务赏金分配原则是中标的接包方获得悬赏金的 80%，网站抽取悬赏金的 20%作为服务费；广告收入是指广告主在猪八戒网投放广告时，给猪八戒网带来的广告营收；品牌延伸收入是指猪八戒网不只是被动地由客户来寻找自己，其也在主动联系客户，网站在接受公司业务之后，通过发布任务、由接包方完成、提供其他类似于礼品定制之类的增值业务，继而获得营收。猪八戒网的成本结构主要体现在网站建设维护、推广及开拓客户关系方面。

（5）激励机制。

猪八戒网主要采取的是现金激励方式，辅以满足和提升用户的社区归属感。网站首页上展示了大量的任务信息，每个任务前面都标注着任务奖励金额，页面实时更新成交信息。此外，猪八戒特有的应用——“PK 台”：针对图片类作品发起投票并进行竞争，用户对自己认为优秀的中标作品投猪蹄（猪八戒网计算积分数值的方式），投票人数较多的一方为胜方。与此同时，猪八戒网还提供了社区论坛，以猪圈这个亲民的名字，为用户提供交流的平台。

4. 一品威客网

一品威客网站（www.epwk.com）成立于 2010 年 7 月，是新生众包平台的代表，其对现金悬赏模式进行了改革，细分为全额悬赏、定金悬赏及零首付悬赏，且采取了基础业务不收费、增值业务收费的盈利模式，服务对象涉及中小企业、组织机构以及个人，众包类型分为创意产品及劳务服务两大类。一品威客网站在商业模式上的创新，是以打造创意服务众包平台为出发点，通过聚集人气和积累品牌知名度，在移动互联网和传统互联网时代，解决中小微企业创意设计服务便捷交易的问题。为了促进一品威客网站的发展，其组建了针对创意设计的机构及电话营销中心。截止到 2016 年 1 月，一品威客网站会员数已达到 1 050 万人，累计成功发布 300 万项悬赏任务，任务悬赏总额达 77 亿元。在 2013 年其获得投资界的认可，得到华犇基金千万元投资。同时，一品威客网站也进行了本土化的创新，为了打通创意产品的上下游，设立了酷贝街网，实现实物创意产品的交易。一品威客网站在商业模式上有别于传统众包平台的地方，在于其所提供的差异化竞争战略，力求将自己打造为更专业、更纯粹的服务平台。在 2013 年，中国威客概念的首创者刘锋也肯定了一品威客网商业模式的创新。

（1）产品。

一品威客网站提供创意产品和劳务服务两大类型的交易，服务范围广泛，包括平面设计、包装设计、徽标设计、网络营销、网店

及论坛推广等，为用户提供全面周到的服务。一品威客网是我国新生威客平台的代表，其服务理念是让赚钱创业变得更简单。其首创了零佣金的服务模式，为客户提供全面周到的服务。因此，就产品领先角度而言，一品威客网提供的是品牌管理型服务。就运营最优角度而言，其又属于简易型，为企业及组织、个人提供便捷的操作及交易方式，以实现获取收入或达到创新的目标。作为服务类平台，与客户维系长期的合作伙伴关系至关重要，而为了提供质量更优、用户体验更佳的服务，一品威客网不断推出新服务，如体验悬赏、社区互动、同城速配等，以力求建立关系友好型平台。

（2）客户。

一品威客平台活跃的接包方多为以兼职方式为主的在校大学生和在职专业人员。这些活跃用户聚集在一品威客平台，并将自己的知识、智慧、创意转化切实的生产力，服务于国内各种机构、企业组织、社会团体以及个人。无论接包方还是发包方，与该平台并未产生直接的交易关系，均是在享受平台提供的服务的同时，实现了双方的共赢。由此可见，这些用户主要属于关系客户。而接包方和发包方在该平台的活跃度越高，就越有可能频繁使用各类有价值的增值服务，由此，平台也会从中享受更高的收益。因此，从这一点出发，其属于盈利客户。从客户生命周期角度来看，一品威客平台在我国起步较晚，但发展势头迅猛，而且其全新的商业模式服务理念也得到了各界的普遍认可，赢得了很好的口碑，因此，客户属于黄金层。

（3）基础设施管理。

就合作伙伴关系角度而言，一品威客推出品牌合作专栏，与露露、CCTV、中国农业银行等均形成了良好的合作伙伴关系，帮助合作伙伴提升品牌知名度及美誉度。一品威客网同时承接了一些中小企业的官方微博运营服务，在与众多中小企业形成良好业务伙伴关系的同时，为其提供微博营销服务，其中包括福建首家创业板上市公司三五互联。2013 年 10 月，一品威客网与美亚柏科旗下电子

证据综合服务平台“公证云”正式签署合作协议，双方共同为广大创意设计人群提供知识产权保护的创新性服务。

能力层面主要体现在市场、技术以及管理三个方面。

第一，市场层面。从刚性能力角度看，近年来，一品威客网站在我国众包企业的排行中均位居前列，是我国新生威客平台的代表。从柔性能力角度看，其采用了全新的商业模式，摒弃收取一定比例佣金的传统服务模式，依靠增值服务赚取收入，打造创意服务的类淘宝平台，通过推出公司商铺、酷贝街、动漫品牌馆、原创表情设计大赛等服务或活动，以开拓市场。

第二，技术层面。从刚性能力角度看，新辟“公司商铺”，组建营销团队，致力于将一品“公司商铺”打造成“中国中小创意服务企业电子商务解决方案提供商”，利用“公司商铺”的增值“打包服务”，开辟新的盈利模式。从柔性能力角度看，其不断改版上线，以更快捷、更简单的方式给客户带来全新体验。

第三，管理层面。从刚性能力角度看，其创业团队具备丰富的 IT 管理及媒体经验，并具有开拓创新的精神。初步形成了“产品研发＋客服支撑＋策划推广＋市场营销”四位一体的完善架构，是国内除猪八戒网之外，专业岗位最齐全、人数最多的威客创业团队，为一品威客的持续发展奠定了坚实的基础。从柔性能力角度看，其推出同城速配及区域运营代理机制，其中同城速配是指短信、电子邮件和站内信同步发送，在第一时间获取雇主信息，不错失任何良机。一品威客网负责人称，一品 VIP 会员可享有同城速配服务之特权；另外，一品威客网推出的区域运营代理机制，有效推动了当地人才资源和服务的合理配置。区域运营代理商，就是一品威客网的地方版，作为一品威客网的城市子频道，全权代理所在区域一品威客网的独家运营。这意味着你可以拥有一品威客网二级域名对应的独立城市频道页面，例如福建频道；可以独立运营管理城市频道的内容，策划城市频道的活动，包装设计推广所在城市的创意设计机构，以及独立规划城市频道的广告设置及内容调整，同

时还拥有独立的后台，方便自己运营。

（4）财务状况。

一品威客网的差异化竞争战略主要体现在：传统威客网站以基础业务收费为主，而一品威客网以“基础业务不收费、增值业务收费”模式为主。传统威客网站模式以基础业务抽佣和收费作为盈利来源，而一品威客网目前则以 VIP 商铺增值服务费作为盈利来源。

（5）激励机制。

主要为现金激励，该网站是以现金悬赏激励大众参与解决众包任务的网站，发包方在发布任务的同时标注一定的悬赏金额，以激励接包方解决任务的兴趣以及努力程度，并获得更好的解决方案。

3.3.3.3　企业自发型

1. Goldcorp 公司“找矿”

Goldcorp 公司成立于 1954 年，其总部在加拿大温哥华，从事贵金属的收购、勘探、开发和运营，是世界上产量最大的黄金生产企业之一，也是增长最快、成本最低的业内翘楚。20 世纪 90 年代初，由于公司内部地质人员无法准确估计矿区的黄金储量和确定矿点的具体位置，继而公司运营陷入困境。21 世纪初，其多伦多子公司的总裁 Rob McEwen 创造性地建立了竞赛网站（www.goldcorpchallenge.com）召集各领域的专家学者，通过“Goldcorp 挑战赛”用现金激励方式鼓励专家学者协助计算分析黄金勘测区，以此获得矿藏储量及位置数据，并为公司盈利。

“Goldcorp 挑战赛”的流程十分简单，参赛者只需在网站上注册信息，即可获得一张附有公司矿区虚拟场景及相关数据的光盘，参赛者可依据该数据，通过各种高科技手段进行勘测。公司设立了一个独立的评判团队负责提案的审核评选。事实证明，这一开放式征集勘测目标的创新举措给公司带来了丰厚利润。2000 年虚拟探矿者们在矿区内标示出的 110 多个勘测目标中，有 50％是公司原未发现的新目标，80％的新目标有丰富的黄金储量，而 5 个排名在前的勘测目标有 4 个试钻出了金矿，探明的黄金储量超出原来的目

标，达到了 800 万盎司。Goldcorp 由此被《商业周刊》（*Businessweek*）、《快公司》（*Fast Company*）杂志评为 50 家最有创新、最具成长性的公司之一。这种挑战赛方法被采矿业称为“Goldcorp 法则”。

（1）产品。

从运营最优角度看，“Goldcorp 挑战赛”属于简易型，参加的流程十分简洁，有意报名者可以直接在专门的竞赛网站上注册，然后公司给每个参与者寄去一个光盘，盘内附有软件，通过它可以浏览网站上的矿区虚拟场景、搜索数据库的地质数据、分析、描述二维三维数据。这次竞赛的实质本是黄金公司的内部员工无法准确寻到黄金的位置，于是借助外界人士所拥有的技术知识帮助公司发现多处新的勘测目标，因此竞赛从产品领先和客户友好的维度上分别属于创新型和技术集成型。

（2）客户。

就客户规模角度而言，作为一次性竞赛，发包方就是公司本身，而其目标客户不受领域及区域的限制，只要有热情参与“Goldcorp 挑战赛”即可。因此，来自 50 多个国家和地区的 1 400 个个人及公司、大学、国内外政府地质机构的专家学者作为接包方参与了此次竞赛，除了地质学家外，研究生、咨询师、数学家、军官也都加入了，且使用了应用数学、高等物理、智能系统、计算机图像学等领域的技术方法解决此问题。就对产品价格的关心程度而言，接包方多是被黄金公司开出的高额“赏金”吸引而来，他们只关心自己能否获得奖金或是能获得多少奖金，不存在对公司拥有忠诚度这一问题，只属于交易客户。而接包方对企业利润具有贡献，竞赛的获胜者是为公司寻找到最多黄金的接包方，必定能为公司带来正利润，所以客户属于盈利客户。竞赛的参与者来自各个领域，他们的结果为公司带来了丰厚利润，且有着重要价值，但与公司的关系也止步于此次竞赛，对公司并没有长久的忠诚度，增值价值较低。因此，从客户生命周期角度看，其属于钢铁层。

竞赛结束后，发包方即黄金公司，并未与竞赛参与者有其他业务联系，因此他们之间的客户关系属于基本型。

（3）基础设施管理。

从合作伙伴关系角度看，平台由 Goldcorp 公司一手创建，并依托于公司的雄厚实力和互联网巨大的信息流通能力运营。而 Goldcorp 公司已经与国际采矿及金属协会（ICMM）、联合国全球契约（UN Global Compact）、采矿业透明度行动计划（EITI）、世界黄金协会等多个组织团体建立起合作关系。公司建立的合作关系使得以公司为基础的平台具有翔实的基础数据，为众包项目提供了大量宝贵的地质资料素材，使平台对用户具有足够的吸引力，并拥有充分的运营实力。

能力层面主要体现在市场、技术以及管理三个层面。

第一，市场层面。从刚性能力角度看，2000 年 3 月平台正式建立，并启动了此次挑战赛后，Goldcorp 公司提供了 57.5 万美元奖金，以奖励那些拥有最佳找矿方法和最准估计的参与者。当时挑战赛网站吸引了 475 000 次点击，来自 50 多个国家和地区的 1 400 个个人、公司、大学、国内外政府地质机构在网站注册。这样的规模极大提高了网站的知名度，奠定了该网站在探矿众包市场无可撼动的地位。后来，这种挑战赛式的创新方式被采矿业称为“Goldcorp 法则”，塑造了良好的平台形象。从柔性能力角度看，整个平台（goldcorpchallenge. com）随着使用过程的不断调整，功能趋向于完善，形成了一套“用户注册—获取光盘资料—标注矿区—评判团队审核”的完整流程，并如约向用户支付了报酬奖励。平台聚合大众力量，并在极短的时间内完成了对大型复杂数据库的分析工作，这对勘探行业而言可谓是极具创新和成长性的一次探索。

第二，技术层面。从刚性能力角度看，本众包项目不借助其他企业，直接自行设计平台，接包方除了地质学家外，研究生、咨询师、数学家、军官等也都纷纷加入，先后使用了应用数学、高等物理、智能系统、计算机图像学等方法解决了探矿难题，广泛而充足

的知识来源使得整个众包项目拥有着无可比拟的技术研发能力。从柔性能力角度看，众人参与，并充分发挥各自的创造力和知识水平，这一举措为平台提供了有力支持。

第三，管理层面。从刚性能力角度看，当时 Goldcorp 公司多伦多子公司的总裁是 Rob McEwen，他是一个有活力、有冲劲、敢冒险的人，受到 Linux 开源模式的启发，他突然认识到也许应该像 Linux 那样开放勘探过程，随即他便开始策划“Goldcorp 挑战赛”。这样的创新和决策能力，是 Goldcorp 能够成功的重要原因。从柔性能力角度看，该平台在运营之前，基于大量由专业地质学家挖掘的数据形式发布矿区分布包，如果没有这一充足的数据挖掘前期准备工作，他们不会有如此之多的众包参与者，所以平台用充足的资源成功吸引了更多用户的积极参与。由此不难看出，由大公司直接搭建的平台更具可信度，同时探测成功后及时如约发放奖金的机制，有效保障了众包参与用户的利益。

（4）财务状况。

2013 年，Goldcorp 公司的黄金年产量达到 267 万盎司，同比上涨 11%。另外，Goldcorp 公司在 2014 年的黄金年化产量增长了 13%～18%，至 300 万～350 万盎司。2015 年生产了 330 万～360 万盎司的黄金。该公司通过在挑战赛网站上征集公司外部人士的勘测结果，继而为本公司的采矿工作提供技术支持，最终获得巨大盈利。另外，该平台的成本投入主要表现在网站的建设、推广、维护以及举办挑战赛的运营成本等方面，包括前期光盘的制作与发放、竞赛奖金的设置、评判团队的经营费用等。

（5）激励机制。

Goldcorp 公司的挑战赛网站是一家以现金悬赏方式激励大众参与解决公司寻找采矿区域的平台。发包方通过设立评判团队、不同奖励级别与相应高额奖金等，以提高接包方的兴趣和努力程度，继而获得更好的解决方案。

2. 星巴克点子

星巴克点子（www.mystarbucksidea.com）创始于2008年3月，是由美国著名咖啡连锁公司星巴克推出的社会化媒体网站、企业自发众包平台。星巴克前首席执行官霍华德·舒尔茨表示：星巴克每年花费的广告费用只有区区1 000万美元，和那些擅长做市场的企业相比，这点钱可能还不够一个零头。星巴克没有复杂庞大的广告和市场推广，却在短时间内跃升至全球最有价值的百大品牌之列，这里面的奥秘就是公司始终强调的可持续性发展——星巴克点子的创立便是其中的一个体现。“品牌不是一张广告，品牌活在我们员工与顾客的互动中。我们一直努力建立的是顾客在我们店里所能体验到的特殊感受，这是通过我们员工的每一次服务和每一个顾客建立起的特殊体验。”霍华德如是说。消费者可通过网站针对星巴克的产品和服务提出建议，也可以对别人的建议进行投票和讨论，同时星巴克实时公布对建议的反馈和采纳情况。在网站上线不到半年内，星巴克点子网站便收到共计75 000条建议，以及成千上万条的评论与投票。对于星巴克来说，公司既从消费者处获得极有价值的创意和设想，同时还开发了新产品，改进了服务体验，并提高了公司的整体经营情况。更为重要的是，星巴克通过星巴克点子与消费者直接互动沟通，充分尊重消费者的主动权，建立了消费者与星巴克的深层次互动关系和归属感，提高了星巴克悉心倾听消费者心声的形象。

(1) 产品。

星巴克点子是霍华德·舒尔茨推出的星巴克第一个官方网络社群。在社群里，消费者不仅可以提出各类针对星巴克产品和服务的建议，对其他人的建议进行投票评选和讨论，而且可以看到星巴克对这些建议的回应或采纳情况。因此，从产品领先度看，星巴克点子是以品牌管理为主的，旨在改善企业服务或是有所创新。该平台提供的服务主要涉及提出建议（share）、对各类建议进行投票评选（vote）、和其他读者以及星巴克的“创意伙伴”进行讨论

(discuss)、了解星巴克对一些建议的采纳实施情况（see)。从运营最优角度看，星巴克点子并不追求价格最低，而是追求与消费者之间的互动交流，属于简易型。通过这个平台，星巴克想要改善因“内部备忘录外泄事件”造成的糟糕形象。通过直接向社群发声，让关心此事的网友了解相关情况，并能自由提出意见或建议，发展与客户间的良好关系。所以，其从客户友好角度来看是关系友好型的。

(2) 客户。

截至2013年底星巴克点子网站平台上已有126 542条产品建议（product ideas)，41 062条体验建议（experience ideas)，24 357条创意建议（involvement ideas)，这些点子的创造者来自全球37个国家和地区。平台以“激发并孕育人文精神，每人，每杯，每个社区”为宗旨，创建了“伙伴型”客户关系——通过采纳客户的建议提升自身的产品质量、优化客户的消费体验。这强化了星巴克的核心竞争力——“客户纽带”（customer relationship)，即与客户特别是忠诚客户间的良好关系，拥有大量的关系客户。另外，在星巴克点子网站上，星巴克派驻大约40名“创意伙伴”，他们是公司内咖啡和食品、商店运营、社区管理、娱乐等众多领域的专家，负责在线听取消费者的建议、代表公司回答提出的问题、交流星巴克采纳实施的消费者建议和正在进行的其他项目。该平台上汇聚的客户资源主要是星巴克的老客户，意见较为单一，但这些客户具有较高的忠诚度，客户属于铂金层。

(3) 基础设施管理。

就合作伙伴关系角度而言，星巴克点子与Facebook、Twitter等社交网站之间有深度合作，为用户对于建议的分享以及品牌的推广提供了便捷的渠道。

能力层面主要体现在市场、技术以及管理三个方面。

第一，市场层面。从刚性能力角度看，星巴克本身具有良好的品牌形象与广泛的消费市场，星巴克点子能够吸引到顾客提供建

议，采纳建议有助于产品和服务的完善。星巴克品牌的核心价值起源并围绕着人与人间的关系而构建。星巴克点子有效强化了品牌与客户之间的关系，并维系着良好的客户忠诚度。从柔性能力角度看，星巴克点子使品牌与客户形成了一种诚实、透明、及时的互动。星巴克可以根据消费者的需求，对产品和服务实时进行调整，从而提高自身的市场竞争力，维持用户黏性，使星巴克拥有迅捷的市场反应能力。

第二，技术层面。从刚性能力角度看，星巴克点子平台为访客提供了方便简洁的分类，建议者不仅可以快速地提出建议，而且可以方便地通过分类查看其他人已提出的意见，更能查看星巴克对各类意见做出的回应（如意见是否被采纳，星巴克是否已做出改进等）。从柔性能力角度看，星巴克点子平台根据建议提供者的需求，持续对网站界面进行了优化，并将其构建成多入口平台，提供了便捷的分享功能。

第三，管理层面。从刚性能力角度看，星巴克一直致力于构建企业与员工之间的和谐关系，从而提高了其决策效率与实施效率，这为针对用户提出的建议做出改进提供了保证。星巴克在内部征召了几十位在不同领域如咖啡、食物、聊天等方面有所建树的创意伙伴，邀请其参与到网络社区的经营工作中，他们与建议者交流并进行及时处理。从柔性能力角度看，霍华德·舒尔茨受 Dell 公司启发，创造了星巴克点子这样一个顾客社群网站。此后，他一直参考其他众包网站的运营模式，对这个企业自发型的众包网站进行改善，以保障用户提出意见的便捷性与网站意见反馈的及时性。

（4）财务状况。

星巴克点子的成本主要包括少量的网站运营维护费用以及信息采集员的雇用费用。另外，采纳顾客意见后改进产品或服务的花费则占据了大部分成本。星巴克点子的盈利模式主要有两种：信息挖掘收入与品牌延伸收入。通过星巴克点子，用户持续不断地在社群中分享故事，沟通品牌的精神、个性、特质和优点，这一系列的相

互交流推广了星巴克产品、提高了用户忠诚度，为星巴克创造了大量信息挖掘收入。同时，平台让企业可以直接与顾客对话，这样有助于企业发掘顾客的真实需求，改善自身服务，进而为顾客带来更完善、更具针对性的消费体验，以此来创造品牌延伸收入。在星巴克点子网站上，客户替品牌发言，他们参与各类活动，如意见征求，投票，共同完成某项任务等，参与活动的动态信息可以更新在用户的涂鸦墙或者绑定到 Facebook、Twitter 等社交网站上，进而吸引更多的消费者。企业通过为用户提供足够的优惠，来鼓励用户的进一步互动。

（5）激励机制。

星巴克点子激励机制主要为自我激励机制，包括自我价值实现和社交愿望两个层面。就自我价值实现而言，当顾客提出的点子被星巴克官方采纳、将使星巴克的产品或服务朝用户所希望的方向得到改善时，对于一个热爱星巴克的顾客来说，无疑能带来自豪感与自我价值实现的满足感。就社交愿望而言，星巴克点子网站为热爱星巴克的顾客们提供了一个官方的交流分享平台，同时与 Facebook、Twitter 的紧密合作也激发了用户参与点子的提出、投票等活动的热情。

3. 小米论坛

小米手机社区官方论坛（bbs. xiaomi. cn）2011 年 8 月 1 日正式对外上线。小米公司旨在通过构建这一顾客社交平台来提高品牌知名度、增强用户黏性，并完善消费者的购机体验。同时，这个官方的社区论坛为小米手机用户提供了一个交流、分享、互动的平台。小米社区论坛橙色的版面凸显了小米品牌活泼、亲民的特点。“米粉”们在论坛上发表关于小米的手机介绍、使用经验、活动情况的帖子，同时分享各类插件资源、应用程序，这既增强了用户对小米手机的了解，提高了用户体验，还完善了小米手机生态圈，维系了用户忠诚度。

（1）产品。

小米论坛的建立是为了让网友更好地了解有关小米的各种产品、活动等，并在平台上交流各自的疑问、建议或经验。论坛主要包括了小米官方商城、资讯、酷玩帮、随手拍应用等板块。从产品领先维度来讲主要为品牌管理，提供了一个展示小米产品、分享相关经验、宣传各种活动、交流意见与建议的平台。就运营最优来说，小米论坛不多涉及产品价格，主要是消费者之间、消费者与论坛管理人员之间的交流，发表评论的流程简单快捷，界面清晰，属于简易型。从客户友好角度看，小米论坛允许网友注册成为会员，发帖简单，交流便捷，同时能及时获取小米的发展动态，参与各种活动，以提供服务为主，属于关系友好型。

（2）客户。

作为小米手机用户的交流论坛，其论坛口号为“因为米粉，所以小米”。小米对不同社区进行了鲜明的功能化分工和“主动型”的客户关系维系，使小米在多个社区渠道的综合运用方面都获得了极大的成功。2013 年，其论坛每天诞生 25 万帖子；微博账号群粉丝超过了 2 000 万，微信公众账号也获取了近 500 万订阅用户。红米在 QQ 空间首发时，也一举获得超过 1 000 万粉丝。论坛的宗旨是维持老客户，开发新客户，并不断提高小米论坛成员的黏性。尽管小米一开始提出了“为发烧而生”的口号，志在创造狂热“米粉”的铂金层用户群体，但总体来说，其客户群忠诚度、购买能力和盈利能力整体仍都比较低，尚有较大的提升空间，因此，属于钢铁层用户。

（3）基础设施管理。

就合作伙伴关系视角而言，平台与多家媒体、网络媒介，如微博、QQ 空间形成了良好的合作关系，为其扩大用户量打下了坚实的基础。同时，也与一些专业移动设备网站，如手机中国、安卓论坛等合作，为平台的专业性服务提供有力保障。

能力层面主要体现在市场、技术以及管理三个方面。

第一，市场层面。就刚性能力而言，小米手机一直以高性价比著称，同时小米公司拥有高超的营销技能，产品的宣传与行销十分到位。同时，小米亲民的企业形象使小米手机拥有广泛的用户群体，专业统计显示，2013 年度小米手机销量达到了 1 870 万台。良好的市场占有率使小米论坛的用户数量得到了保证。就柔性能力而言，小米手机市场反应能力优秀，在用户群体的针对性选择上，它由一开始的“发烧友”路线转化为实惠亲民路线，论坛风格也进行了相应的调整，如小米公司设立了各类活动，并为优秀分享者送出配件奖品。这强化了小米的客户关系，提高了用户的分享参与度。网站不间断的改进与完善也为用户提供了更为舒适的操作体验。

第二，技术层面。就刚性能力而言，小米手机本身为懂技术的人员提供了开发版本系统，这使技术爱好者能在一定程度上自由根据意愿改变手机设置，提高手机易用性。而小米社区用户群中不乏各类技术爱好者，他们能为普通用户提供一定的技术支持，这也是为什么小米论坛上不乏各类技术帖、开源帖。用户可以轻松地分享各类优化插件，提高了社区吸引力与手机操作性。从柔性能力看，小米社区论坛功能不断趋于全面，并由一开始的论坛扩展跃变为综合性社区。伴随移动终端的发展，社区也推出了相应的移动版本，以方便论坛用户的交流。

第三，管理层面。从刚性能力看，小米手机的管理者之一雷军能够洞察用户需求，对市场极其敏感，这使企业上层的管理往往精准而有效，这一点在小米社区上比较明显的反映就是其合理的板块设置，同时在发帖量如此之大的情况下，小米社区仍然运行得井然有序。当小米论坛会员突破 300 万时，整个论坛的管理人员不到 70 人，这说明平台的管理者决策与控制能力较强。而就柔性能力而言，小米手机 CEO 雷军素有“中国乔布斯”之称，这引领着小米成为一个学习与创造能力皆较强的公司。小米与格力、金山、腾讯等多家知名企业合作；同时小米论坛中还有专门的合作专区，代理商、派送公司、3C 厂家均可在上发帖寻求合作，这凸显了小米

卓越的外部协同能力。

(4) 财务状况。

小米论坛附属于小米社区，主要盈利模式为网络营销和社群联结。网络营销是企业整体营销战略的组成部分之一，网络营销是为实现企业总体经营目标设定的，以互联网为基本手段营造网上经营环境的各种活动。准确地说，网络营销就是以互联网为主要手段开展的营销活动。小米论坛允许用户对小米产品发表相关文章，用户也可以通过小米论坛的友情网站访问小米商城等其他小米旗下网站，可以说小米论坛为小米旗下产品（如多看阅读、米聊、小米游戏等）做足了广告。由此，不难看出小米论坛以完善客户体验为主要任务，给客户一个丰富多彩的互动空间，进而通过客户的回馈进一步完善产品功能。与此同时，提高客户满意度，提升品牌知名度和影响力，这同样是小米论坛的一大潜在盈利方式。

(5) 激励机制。

小米手机社区官方论坛的激励机制主要为非货币激励形式。就自我激励机制角度而言，其一，新知习得愿望。通过用户之间的相互分享与交流，学到新的技能或获得新的信息与知识。其二，社交愿望。通过参与众包任务交流，认识更多志同道合的新朋友。其三，自我价值实现。在与他人交流并为他人解决问题的过程中实现自我价值。就非货币激励机制角度而言，旨在实现资源共享，即小米用户在论坛中共享各类资源，包括应用程序 App、影音等软件和媒体资源，以及使用心得、技巧等原创内容。

3.3.4 案例总结

用户自发型众包模式不仅体现在百科类，凡是以内容动态自由变化为基本特征，同时仅靠企业自身能力及资源又难以保持内容完整性及新鲜性的网站都可以采取用户自发型众包模式。如 YouTube 依靠广告方式盈利，iStockphoto 满足了业余摄影师的心理需求等内容类网站都采用了该模式，而这种模式要依靠企业自身积极

挖掘利润的创造点。从以上几个案例可以看出，用户自发型的众包模式以大众热情贡献与生产内容为主，企业依托内容或借助内容吸引广告投入盈利。

众包中介平台模式的关键点在于众包中介网站，在该平台上实现问题需求企业与问题解决者之间的对接，其商业模式主要以收取一定比例的佣金为主，也存在不收取佣金而从增值业务中获取利润的运营模式。由于全球企业存在着成千上万的问题，因而众包网络平台专业性的强弱则决定了这些问题的解决效率。

中介平台型众包网站，例如 InnoCentive 和 oDesk 众包平台，是这类众包模式的典型代表。这两个平台又各有侧重各具特色，且均发展迅速，规模庞大，已在世界各地设立分支机构，两者的收入机制均是佣金制，即从发包方支付给接包方的报酬里抽取一定比例的费用。对企业创新能力具有深远影响的当属 InnoCentive，宝洁、波音、杜邦等大型跨国企业都成了其业务合作伙伴，且 InnoCentive 平台聚集的成员多为科学家及大型企业，因而该平台以解决技术研发难题为主，而众多成功案例也说明了 InnoCentive 对企业创新的推动作用。oDesk 则以解决网站开发、营销策划、文案写作等日常工作、生活方面的难题为主，因而该网站的接包方以自由职业者居多。众包中介平台上发包方和接包方之间的信任问题尤为重要，不仅是为了众包平台持久长远的发展，同时也使发包方能够得到更具专业性的解决方案。InnoCentive 聚集了大量专业性科技人才，oDesk 则设立了严格的批准制度及严谨的监督评价系统。上述措施均在一定程度上保证了参与者之间的专业性及信任度，因而众包平台在发展过程中应逐渐实现人才的聚集及任务监督过程的专业性，同时使接包方和发包方互信。

我国众包网络平台发展 10 余年，和国外对应众包模式相较而言还存在着一定差距。我国众包平台聚集的众包任务类型和国外 Odesk 比较接近，以劳务服务类为主，同时存在一定数量的微创意产品服务。

企业自发型众包模式意指企业为打破原有的封闭式创新模式，并采取开放式创新模式，充分整合企业内外资源，在不借助于第三方平台的前提下，采取现金悬赏招标式比赛或自营论坛的方式深度挖掘用户需求，重视“用户创造内容”，重视用户体验，以满足越来越个性化的用户需求的商业模式。在现金悬赏招标式及自营论坛式的两类企业自发型众包模式中，其对应的用户参与及采用众包的动因不同，前者是现金激励型，而后者则是社区效应及社交愿望激励型。它们均体现了社交网络中的“弱链接”效应，即生活中最具效力的网络，同时也是那些具有最宽广信息、知识与经验的用户群。

依据表3－1商业模式理论分析基础，笔者从产品、客户、基础设施管理、财务状况以及激励机制5个方面对上述案例的分析结果进行了梳理与汇总，如表3－4至表3－8所示，一目了然地展示了平台之间的共性特征及其区别。

从产品层面观察，三类模式中，企业自行设计竞赛、自行悬赏招标任务是以创新型的产品领先理念为主，其他类型的众包服务均以体现其品牌理念为重，建立简易型、关系友好型平台。

从客户层面观察，接包方基本上来源于大众群体，以充分挖掘大众智慧为目的，为企业、社会组织团体、个人带来利润的关系型客户，形成了良好的伙伴型业务伙伴关系。

众包以提供高质量服务为主，注重维系客户关系，培养客户忠诚度，因此其客户生命周期大多属于铂金层或黄金层。然而，由于企业自行悬赏招标任务，以推进企业产品创新为主，其客户大多以获取高额悬赏金为主要动机，企业与客户之间的关系也是暂时性的，因此，在客户生命周期上属于钢铁层，并建立了基本型客户关系。

从基础设施管理视角看，平台或社区均积极扩展与维护良好的合作伙伴关系，并在市场层面、管理层面、技术层面上体现出了较强的刚性能力及柔性能力。

表 3-4　　用户自发型众包案例

类别	案例	产品			客户					基础设施管理							财务状况	激励机制
		价值主张			目标客户				客户关系	能力						合作伙伴关系	盈利模式	
										刚性能力			柔性能力					
		产品领先	运营最优	客户友好	客户规模	对产品价格关心的程度	对企业利润的贡献情况	客户生命周期		市场层面	技术层面	管理层面	市场层面	技术层面	管理层面			
用户自发	维基百科	品牌管理	价格最低	关系友好型	个人客户	关系客户	盈利客户	铂金层	伙伴型	提供 185 种语言版本，其中以英语维基百科最为庞大	GNU 自由文件许可协议和知识共享署名：相同方式共享 3.0 协议、巡查制度、监视列表	志愿管理员	大事件内容更新速度快；扩展至维基词典、维基旅游等其他领域、多媒体、移动化发展	人为判断的用户搜索引擎 Wiki-asari	民主化审核、灵活的破坏处理机制	与创意公司合作	依靠维基媒体基金会支持、信息交付型收入	获得新知、社交愿望、心理满足、自我价值实现等
	互动百科	品牌管理	简易型	关系友好型	志愿者、专业认证智愿者、专家团队顾问团	关系客户	盈利客户	铂金层	伙伴型	全球最大中文百科网站	HDwiki 是中国第一家拥有自主知识产权的中文维客系统	创始人资历深厚	拓展海外市场、推出移动化版本	不断改版以提升用户体验，持续完善审核机制	注重开拓创新精神、注重与用户交流、首创词媒体	媒体、学术机构、协会、NGO 组织等	信息交付型收入、广告收入	心理满足、自我价值实现、积分信用点制

表 3-5 中介平台型众包国外案例

类别	案例	产品			客户					基础设施管理							财务状况	激励机制
		价值主张			目标客户				客户关系	能力						合作伙伴关系	盈利模式	
										刚性能力			柔性能力					
		产品领先	运营最优	客户友好	客户规模	对产品价格关心的程度	对企业利润的贡献情况	客户生命周期		市场层面	技术层面	管理层面	市场层面	技术层面	管理层面			
中介平台	InnoCentive	品牌管理	简易型	关系友好型	接包方以全球专业科学技术人员为主；发包方以企业、政府以及公益组织为主	关系客户	盈利客户	铂金层	伙伴型	在技术创新领域，有极强的技术创新服务能力	为接包方提供专业指导，提供交流协作渠道；为接发包方提供交流暗箱	管理人员经验丰富、创新意识强；足够的人力资源保障	产品范围广泛，动态扩展与科研机构、大学等组织的业务伙伴关系	为满足参与者多元化需求，推出接包方的移动版本	不断完善平台机制，保障接包方、发包方的利益，合理地解决了信任及知识产权问题	与科研机构、科学家以及大型跨国企业合作	收取发包方年费以及产品服务收入，即抽取一定比例的佣金	现金激励
	oDesk	品牌管理	简易型	关系友好型	注册用户达 450 万，遍布全球 50 多个国家和地区	关系客户	盈利客户	黄金层	伙伴型	市场规模庞大，主要集中在东欧市场	监督机制	CEO 远见卓识、工作模式 3.0	开拓市场，扩展市场影响力	虚拟化工作空间	严谨的审批机制、精准的计时报酬	与微软、联合利华等大型企业建立业务伙伴关系	产品服务收入，即抽取一定比例的佣金	

表 3-6 中介平台型众包国内案例

类别	案例	产品			客户					基础设施管理							财务状况	激励机制
		价值主张			目标客户				客户关系	能力						合作伙伴关系	盈利模式	
										刚性能力			柔性能力					
		产品领先	运营最优	客户友好	客户规模	对产品价格关心的程度	对企业利润的贡献情况	客户生命周期		市场层面	技术层面	管理层面	市场层面	技术层面	管理层面			
中介平台	猪八戒网站	品牌管理	简易型	关系友好型	接包方注册用户突破900万；业余、专业接包方共存	专业接包方：关系客户 业余接包方：交易客户	盈利客户	专业接包方：铂金层 业余接包方：钢铁层	伙伴型	劳务服务类；国内市场最大	自主服务系统	诚信机制，引入第三方平台	适应客户需要，交易模式多样化、全新改版，为客户提供性价比更高的服务	科学的考核筛选体系、专属店铺、论坛	庞大的接包方、发包方信息资料库	与媒体、科研机构、企业建立合作关系	产品服务收入、广告收入、品牌延伸收入	现金激励及积分激励
	一品威客	品牌管理	简易型	关系友好型	接包方：在校大学生和在职专业人员；发包方：企业、组织和个人	关系型	盈利客户	黄金层	伙伴型	我国新生威客平台的代表；连续三年跻身我国众包行业前列	公司商铺	创业团队远见卓识、“产品研发＋客服支撑＋策划推广＋市场营销”等四位一体的完善架构	推出公司商铺、酷贝街等服务模式、开拓市场	不断改版提升用户体验	同城速配、区域运营代理	品牌合作、微博运营合作、知识产权保护创新型合作关系	产品服务收入	现金激励

表 3-7　　企业自发型众包案例（一）

类别	案例	产品			客户					基础设施管理							财务状况	激励机制
										能力						合作伙伴关系	盈利模式	
		价值主张			目标客户				客户关系	刚性能力			柔性能力					
		产品领先	运营最优	客户友好	客户规模	对产品价格关心的程度	对企业利润的贡献情况	客户生命周期		市场层面	技术层面	管理层面	市场层面	技术层面	管理层面			
企业自发型平台	Goldcorp	创新型	简易型	技术集成型	来自50多个国家和地区的1 400个个人、公司、大学、国内外政府地质机构	交易客户	盈利客户	黄金层	基本型	平台获得极大关注，吸引大量点击和注册，在勘探众包行业稳居首位	平台参与者来自各行各业，有广泛知识来源，并切实取得丰硕成果	领导者有远见卓识和良好的决策、创新能力	平台在运营中完善，形成完整流程体系	众人共同完成项目的开发，发挥出各自的能力	平台可靠性和可操作性能够吸引足量用户参与，且用户利益得到有效保障	个人、组织、企业等作为接包方，公司与黄金产业机构合作	社区创造收入，即通过奖励社区群体发现黄金储存点而转化为公司的收入；广告收入	现金激励

表 3-8　企业自发型众包案例（二）

类别	案例	产品			客户					基础设施管理							财务状况	
										能力						合作伙伴关系	盈利模式	激励机制
		价值主张			目标客户				客户关系	刚性能力			柔性能力					
		产品领先	运营最优	客户友好	客户规模	对产品价格关心的程度	对企业利润的贡献情况	客户生命周期		市场层面	技术层面	管理层面	市场层面	技术层面	管理层面			
企业自发型平台	星巴克点子	品牌管理	简易型	关系友好型	接包方：以星巴克的忠实消费者为主 发包方：星巴克连锁咖啡公司	关系客户	盈利客户	铂金层	伙伴型	星巴克品牌价值吸引顾客提供建议，采纳建议完善品牌提升品牌形象	为访客提供了方便简洁的分类	构建企业与员工之间的和谐关系；征召创意伙伴参与网络社区经营	品牌与客户形成了诚实、透明、及时的互动；对产品和服务实时进行调整	构建为多人口平台，提供方便的分享功能	参考其他众包网站的运营模式进行改善	与Twitter、Facebook等社交网站紧密合作，实现推广目的	信息挖掘收入与品牌延伸收入	自我激励
	小米论坛	品牌管理	简易型	关系友好型	业余人士为主	关系客户	盈利客户	铂金层、钢铁层	主动型	手机用户规模大，论坛注册量得到保证	技术型用户解决普通用户问题，经验、资源全面共享	论坛管理人员数量少、效率高	用户针对转型，进行论坛改动并推出相应活动，吸引用户参与	论坛功能扩展，分区增多，推出移动版本	借鉴其他论坛的经验，设立合作专区	与网络媒体以及专业移动设备网站合作	信息挖掘收入及品牌延伸收入	新知习得、社交愿望、自我价值实现

从财务状况对比发现，从盈利模式出发，用户自发型众包主要是信息交付型收入模式，中介平台型众包以产品和服务收入为主，同时国内众包平台扩展了广告收入模式，而企业自发型众包的收入则呈现出多元化的趋势，包括品牌延伸收入、信息挖掘收入等。

从激励机制视角看，用户自发型及企业自行运营论坛型模式的激励机制多种多样，体现在获得新知、心理满足感、社区归属感等多方面；中介平台型众包以及企业自行设计竞赛招标悬赏任务，主要则以现金激励为主。

综上所述，不难发现用户自发型众包模式、中介平台型众包模式以及企业自发型众包模式均充分利用了大众智慧，并将其有效转化为社会生产力，且各具特色，其显著共性在于发掘集体智慧，以为企业提供专业服务能力的核心目标。从推进企业创新角度看，其一，中介平台类，如 InnoCentive，聚集的接包方多为专业技术型人士；其二，企业自发型众包多以推动企业解决自身面临的技术难题为主。因此，这两类对企业的创新能力提升最具颠覆性影响。综上所述，提升接包方的专业服务能力、企业自行设计现金悬赏比赛、依靠社交论坛捕捉用户的真实需求，已成为企业利用众包商业模式提升创新能力的必经之路。

3.4 本章小结

本章重点分析了企业网络众包创新平台的三种细分类型及其主要特征，基于亚历山大商业模式理论，采用案例分析法，从产品、客户、基础设施管理、财务状况及激励机制五个维度入手，综合选取了五组具有代表性的国内外案例，分别是：第一，针对用户自发型众包模式，选取了维基百科与互动百科作为案例分析对象；第二，针对中介平台型众包模式，选取了 InnoCentive 与猪八戒网站、oDesk 与一品威客网作为对比案例；第三，针对企业自发型众

包模式，选取了星巴克点子与小米论坛、Goldcorp 作为分析对象。继而全面剖析了不同网络众包平台的具体应用情景及各项主要特征，并回答了“对于具体企业而言，采纳何种网络众包平台进行企业技术创新更为科学合理?”这一研究问题。

第4章 网络众包创新模式的参与者特征研究

4.1 引言

自2005年以来，我国众包行业发展迅猛，诸多优秀的众包网络平台不断出现，而其中最具有代表性的众包平台当属猪八戒网和一品威客网。2015年猪八戒网站的注册用户已逾千万，其中中外雇主500万家、服务商1 000万家，2015年的市场占有率已逾80%，平台交易额达到75亿元。一品威客网站虽成立时间较晚，于2010年7月1日正式上线运营，截至2015年12月，一品威客网已拥有创意设计机构、工作室及个人1 000多万，并成功为数十万家企业及个人提供了基于众包创新模式的创意交易服务。而这些众包网络平台模式以及参与者的基本特征是什么？企业只有充分利用众包平台推进自身的创新步伐，深入了解众包模式及参与者的

基本特征，才能做到有的放矢，合理采纳众包模式进行开放式创新。本章拟采用问卷调查法开展研究工作，以帮助企业充分理解和把握众包发包方与接包方的自然属性及社会属性。

4.2　网络社区众包创新模式的基本特征

众包是公司或机构将工作任务以自由自愿的形式交付给大众网民参与完成的业务模式。众多的实例如宜家天才设计大赛等都表明了这种模式对企业创新所具有的推动作用。因此，越来越多的企业开始关注并实践这一全新的企业创新模式，以满足消费者对个性化需求越来越强的欲望，转换封闭式内部创新模式为开放式创新模式，整合企业内外部资源，使其逐步向无边界组织方向发展，继而全面提升自身的市场竞争力。

企业众包创新模式与传统封闭式创新模式相比，具有诸多典型特征，主要包括：其一，大众参与推动创新；其二，企业开放式创新改变企业组织边界；其三，与外包的差异化特征；其四，众包模式的本土化特征。下面将逐一对其进行剖析。

4.2.1　大众参与推动创新

在经济全球化的大背景下，企业若要在市场上占有一席之地，能否为消费者提供个性化的产品或服务便成为其制胜于竞争者的法宝之一。Web 2.0 下孕育而生的众包模式，是企业与消费者之间沟通的平台，在此平台上，大众参与的自主性增强，且内含了企业携手用户协同创新的核心理念。众包面向的是非特定大众群体，对参与者没有严格的限制条件或要求，而是基于个人选择，或是出于业余爱好。大众主动参与到众包任务中，体现了大众式的参与文化，在大众自主参与的过程中体现集体智慧。而这种集体智慧，转化为了实实在在的社会生产力，进一步展示了公众的协作力量。企业内部无法解决的、兼具复杂性和多样性的疑难问题或是创意型产品设

计问题等，通过众包模式所聚集的不同背景、不同专业的人才集思广益、协同合作得以解决。在这种共赢的模式中，蕴含了企业与用户携手创新的重要思想，并由以往生产商主导的产品设计过渡到以消费者主导的问题解决及创意设计方面，充分挖掘大众智慧背后隐藏的巨大商业潜力。例如，Threadless T 恤公司通过收集业余粉丝或设计师的 T 恤衫设计，将外部大众的集体智慧纳入产品生产设计过程中，在实现低成本地推进产品创新的同时，获得了可观收益。网络社区众包模式，体现了大众集体智慧的力量，大众在自觉自愿的参与过程中，将自身的智慧、经验、知识转变为巨大的商业利益及社会生产力。因此，网络社区众包模式的主要特征之一表现为：聚集大众智慧，大众参与推动创新。

4.2.2 企业开放式创新改变企业组织边界

企业与用户之间的沟通效率依托网络众包平台得以显著提升，并由以往以生产商为主导的产品设计模式逐渐过渡为以消费者为主导的产品设计模式，这不仅体现了消费者在生产过程中的重要作用，也充分体现了企业在创新日趋民主化的过程中由传统的内部封闭式创新模式向开放式创新模式的转变。由于企业内部封闭式创新模式所具有的思维惯性限制，致使企业创新步伐缓慢，而消费者创新的热情与能力则有效激活了企业的创新能力，提升了其自身核心竞争力。众包以分布广泛、自主参与的大众为创新主体，使得大众创新逐步成为主流，企业充分利用众包这一特性，通过对外部资源的整合可以实现自身产品开发设计中的创新。众包使消费者的创新能力得以充分体现，并用“自下而上”的创新模式颠覆了以往“自上而下”的创新模式，来自不同背景、不同思维模式的消费者创新活力突破了企业内部封闭式创新的枷锁。

此外，参与企业生产的消费者数量越来越多，有效延伸了传统企业的创新边界，同时也模糊了企业与消费者之间的界限。企业边界具有规模边界与能力边界的两重属性，众包商业模式通过将企业自身业务交给非特定大众群体完成，使得企业的纵向边界缩小，大

众智慧得以挖掘，某种程度上扩张了企业可用的能力边界。因此，基于社区的众包创新模式为企业创新带来了新的活力，同时改变了传统的创新模式，并呈现了第二大主要特征，即开放式创新方式延伸了企业组织边界。

4.2.3　与外包的差异化特征

外包和众包是比较容易混淆的概念，众包主要指公司或机构将工作任务交给非特定大众群体完成。而外包概念则是由普拉哈拉德和哈默于 1990 年在《企业的核心能力》一书中首次提出，主要是指企业将工作任务交给特定的专业化团队来完成。尽管两者都是网络时代的产物，并帮助企业突破了自身资源的限制，促使企业实现充分利用外部资源降低成本、提升综合竞争力的目标。然而，两概念却存在着显著差异。第一，在合作形式上，外包是在社会专业化分工背景下产生的，是企业专注于自身核心业务，将自身不擅长的业务交给专业化服务团队完成，以通过扬长避短的合作模式增强自身的核心竞争力；而众包则是在理性消费力量逐渐占据主导地位的背景下，企业通过大众网民协同创新的形式突破了传统创新模式的局限，并满足了用户个性化的需求。第二，在实现理念上，外包通常通过招标方式，将费时费力的非核心业务承包给第三方专业团队的方式完成，以“专业的人办专业的事”为出发点，强调高度专业化的办事理念，继而提升办事效率；而众包的理念则是充分挖掘大众群体背后的商业潜力，以多样化及差异性的集体智慧满足消费者日益个性化的产品需求。综上所述，外包和众包尽管都是企业整合内外资源，继而提升竞争力的方式，但外包侧重于非核心业务的高度专业化，而众包模式既适用于企业的核心业务与非核心业务，又能满足社会多样化及差异化的需求。

4.2.4　众包模式的本土化特征

基于社会化媒体的众包模式在中国国内主要以中介平台模式为主，在概念上与“威客”一词对应。我国于 2005 年成立了第一家

名为K68的威客创意平台，此后威客平台日益增多，交易模式也愈加丰富，但仍以悬赏招标模式为主，效仿国外较为成功的商业模式如Freelancer等。尽管从诞生伊始发展至今，国内众包平台与国外众包平台还存在着一定的差距，但也出现了许多本土化特征。第一，从业务类型而言，国外知名的众包平台网站，如创新中心InnoCentive、AMT等，均凭借各自的优势实现了全球化，而我国威客平台目前主要集中于国内市场，猪八戒网站的中文国际站仍属于起步阶段。我国威客平台聚集的众包任务以网站开发、文案写作等劳务服务类业务为主，创意产品类业务占比较低，而随着众包平台对中小企业创新影响的逐渐加深，我国威客平台也在不断升级改版，并推出诸多新的交易模式，以适应网站用户的多元化需求，如猪八戒网开设的专属店铺、一品威客网开设的酷贝街等以打通创意产品产业链的上下游，提升众包平台交易效率，并为众包的发包方提供更加专业化的服务，以促进中小企业关注并重视基于网民社区众包创新模式的应用。第二，我国威客平台聚集了千万级用户，多为业余型威客，缺少专业型威客，而创新中心InnoCentive聚集的主要是专业人才，并为众多大型跨国企业解决了诸多实际的疑难问题。综上所述，我国威客平台以业务威客为主，与企业的合作关系链较弱，还属于众包商业模式的初级阶段，并仅在部分中小企业得到了应用，尚未引起大部分企业的充分重视。

我国拥有足够多的网民，因而充分利用这一群体智慧型网络资源，将给企业带来可观的经济效益。基于网民社区的众包模式，利用群体智慧推进企业开放式创新的方式，是个性化需求日益增强情况下的现实要求。我国众包及威客平台在其发展过程中具有鲜明的本土化特色，如接包方多为业余威客或接包者、发包任务多为劳动服务型工作、与中小企业的合作关系链较弱、专业性人才匮乏等。与此同时，上述部分特点也成为中小企业充分利用众包平台进行开放式创新的桎梏。

4.3　网络社区众包参与者的基本特征

基于网民社区的众包集发包方、接包方、中介平台于一体。其中，发包方通常是企业或解决问题需求的个人，其解决问题的方式通常有两种：第一，绕开中介平台，直接在公司网站上以现金悬赏的方式让大众参与问题解决过程，或以自营论坛形式听取用户的建议及意见；第二，通过网络中介平台发布任务，方式是现金悬赏或招标。接包方通常是大众群体，该群体既可以是某一领域的专业人士；也可以是非专业的业余爱好者，凭借自身的热情及创新的活力解决发包方发布的任务。作为接包方与发包方的沟通桥梁——中介平台，如猪八戒网站、AMT 等，旨在建立相应的规章秩序，并保障接包方与发包方的双边利益。我国众包行业发展了十多年，累积的众包参与者数量庞大，而这些庞大的数量群具有哪些基本特征呢？为准确回答这一问题，本研究采用问卷调查法，对众包活动中的接包方与发包方两类参与者的自然属性及社会属性展开了全面的分析。

4.3.1　研究方法

4.3.1.1　问卷设计

问卷调查法是用统一设计的问卷向调查对象了解情况的数据收集手段，其以纸质问卷为载体或以网络调查形式为主。笔者以众包的两类参与者即发包方与接包方作为调研对象，以促进中小企业利用众包模式推进创新为主要目标，将发包方界定为企业、接包方界定为大众群体即个人。对接包方从其自然属性和社会属性两个角度进行研究，其自然属性主要是性别、年龄、教育背景、爱好、职业、职位类型、月收入等因素，其社会属性主要从社会资本视角展开分析，正如林南（2005）在《社会资本——关于社会结构与行动的理论》一书中对社会资本的定义所言：社会资本是通过社会关系

获得的资本，借助于行动者所在网络或所在群体的联系和资源起作用，社会资源是行动者在行动中获取和使用的嵌入在网络中的资源。参与者之所以愿意参与到众包创新活动中来，主要是由于其社会属性，即为了获取或维持其社会资本，因而本研究将从信息流动、施加影响、社会信用、强化身份和认同感四个维度研究接包方的社会属性，并设计出用于调查研究的调研问卷。对发包方亦从自然属性及社会属性两个维度入手分析，发包方的自然属性包括企业规模等；社会属性主要根据邓泽宏（2010）等人的理论，从企业的社会责任视角出发设计调研问卷，具体接包方及发包方问卷设计的依据如表 4-1 及表 4-2 所示。

表 4-1　　接包方基本特征问卷设计量表依据

<table>
<tr><th colspan="2">属性</th><th colspan="3">接包方特征</th><th>理论依据</th></tr>
<tr><td colspan="2">自然属性</td><td colspan="3">性别、年龄、教育背景、职业、收入情况、爱好</td><td rowspan="14">林南（2005）</td></tr>
<tr><td rowspan="13">社会属性</td><td rowspan="9">概念</td><td rowspan="3">资源</td><td>权力</td><td>职业、家庭背景</td></tr>
<tr><td>财富</td><td>收入、家庭背景</td></tr>
<tr><td>声望</td><td>社会地位、职业、教育背景、家庭背景</td></tr>
<tr><td rowspan="4">结构</td><td>位置</td><td>拥有不同数量的一种或多种有价值的资源的一组社会单位；资源的嵌入型与位置相关，只要位置拥有的嵌入型资源存在，结构就会稳定</td></tr>
<tr><td>权威</td><td>对有价值资源的控制和获取机会</td></tr>
<tr><td>规则</td><td>共享的程序或规则，资源价值得以维护</td></tr>
<tr><td>代理人</td><td>位置的占据者</td></tr>
<tr><td rowspan="2">行动</td><td>表达性行动</td><td>获得他人的情感支持（身体、心理、生活）</td></tr>
<tr><td>工具性行动</td><td>增加资源，获得经济（财富）、政治（等级位置）、社会（名声）上的回报</td></tr>
<tr><td rowspan="4">表现</td><td colspan="2">信息流动</td><td>促进信息流动（机会、有用信息、兴趣等），由地位或战略性位置决定</td></tr>
<tr><td colspan="2">施加影响</td><td>拥有更多有价值的资源，由地位或战略性位置决定</td></tr>
<tr><td colspan="2">社会信用</td><td>获取资源的能力</td></tr>
<tr><td colspan="2">强化身份和认同感</td><td>情感支持，对某些资源权利的要求提供公众认可</td></tr>
</table>

表 4-2　　　　发包方基本特征问卷设计量表依据

属性		发包方特征	理论依据
自然属性		企业性质、上市企业与非上市企业、企业规模、企业发展阶段、企业所属产业类型（行业）	爱德华·弗里曼（2006）
社会属性	社会责任	对企业社会责任的了解、重视程度； 在企业中，向员工传达社会责任理念的频率	邓泽宏（2010）
		对利益相关者社会责任的重视程度排序	爱德华·弗里曼（2006） 张帅（2009）
	企业创新	创新瓶颈	张震宇和陈劲（2008）
		创新模式	关于封闭式创新、半开放式创新、开放式创新的案例分析
		众包创新	Winsor 和 John（2009） 肖岚和高长春（2010） 陆丹和徐国虎（2013）

4.3.1.2　问卷调研

本问卷调研分为两个阶段，分别是预调研阶段及正式调研阶段。第一，预调研阶段，以纸质问卷为主，随机发放给 36 名众包用户，根据所得的数据和用户的反馈，针对问卷题目的数量及问题提问方式进行调整。第二，正式调研阶段，主要采取网络调查法。

采用描述性统计分析法，针对回收的样本数据进行频次、频率、百分比等基本信息统计分析，并在此基础上深入分析接包方及发包方的基本特征。

4.3.2　接包方的基本特征

4.3.2.1　接包方的自然属性

为回答“我国网络众包平台上数以百万的接包方用户均处于何

种年龄阶层、具有哪些兴趣爱好、来自什么群体”等问题，本研究从接包方自然属性视角展开调研，通过问卷回收数据分析后，得到如表4-3所示的接包方自然属性特征。基于此，全面了解了接包方在年龄、收入、教育背景等方面的主要特性，继而为企业利用众包模式甄选适宜的接包方解决众包任务提供可行性的建议。

表4-3　　接包方基本特征统计分析（$N=210$）

分析维度	项目	类别	频次	频率
自然属性	性别	A. 男	98	46.67%
		B. 女	112	53.33%
	年龄	A. 20岁以下	4	1.90%
		B. 20～30岁（不包括30岁）	179	85.24%
		C. 30～40岁（不包括40岁）	22	10.48%
		D. 40岁及40岁以上	5	2.38%
	教育程度	A. 小学	0	0.00%
		B. 初中	4	1.90%
		C. 高中	13	6.19%
		D. 大学专科	70	33.33%
		E. 大学本科	103	49.05%
		F. 硕士研究生	18	8.57%
		G. 其他（请说明）	2	0.95%
	爱好	A. 网络（如网络游戏、社交网络等）	63	30.00%
		B. 社交（聚会等）	42	20.00%
		C. 运动	56	26.67%
		D. 休闲类（棋牌、逛街、健身等）	46	21.90%
		E. 其他（看书）	3	1.43%

续前表

分析维度	项目	类别	频次	频率
自然属性/社会属性	职业背景	A. 国家机关、党群组织、企业、事业单位负责人	11	5.24%
		B. 专业技术人员	51	24.29%
		C. 办事人员和有关人员	25	11.90%
		D. 商业、服务业人员	25	11.90%
		E. 农、林、牧、渔、水利业生产人员	4	1.90%
		F. 生产、运输设备操作人员及有关人员	12	5.71%
		G. 学生	53	25.24%
		H. 其他（上述选项未包含的其他内容）	29	13.81%
	工作单位的性质	A. 国家行政企业事业单位	30	14.29%
		B. 公私合作企业	35	16.67%
		C. 中外合资企业	8	3.81%
		D. 社会组织机构	6	2.86%
		F. 外资企业	6	2.86%
		G. 私营企业	66	31.43%
		H. 集体企业	11	5.24%
		I. 其他（上述选项未包含的其他内容）	48	22.86%
	职位类型	A. 普通职工	101	48.10%
		B. 管理人员	46	21.90%
		C. 其他（待业、学生、自由职业等）	63	30.00%
	月收入	A. 3 000 元以内	97	46.19%
		B. 3 000～6 000 元（不包括 6 000 元）	90	42.86%
		C. 6 000～12 000 元	18	8.57%
		D. 12 000 元以上	5	2.38%

续前表

分析维度	项目	类别	频次	频率
社会属性	家庭背景	A. 一线城市	39	18.57%
		B. 二线城市	58	27.62%
		C. 三线城市	40	19.05%
		D. 县城	45	21.43%
		E. 农村	28	13.33%
	父亲的工作类型	A. 普通职工（外企、民营、国企）	74	35.24%
		B. 机关单位工作人员（政府机关）	16	7.62%
		C. 经商	27	12.86%
		D. 农民	44	20.95%
		E. 事业单位工作人员（如学校等）	21	10.00%
		F. 其他（工人、农民工、司机等）	28	13.33%
	母亲的工作类型	A. 普通职工（外企、民营、国企）	88	41.90%
		B. 机关单位工作人员（政府机关）	11	5.24%
		C. 经商	38	18.10%
		D. 农民	49	23.33%
		E. 事业单位工作人员（如学校等）	13	6.19%
		F. 其他（工人、农民工、司机等）	11	5.24%

从表4-3可以看出，就自然属性而言，在性别层次上，男性占比46.67%，女性占比53.33%，女性比例略高于男性，总体上基本持平，说明众包平台上接包方群体并不存在明显的性别差异，即接包方在男女群体中的接受度基本一致。从年龄看，样本数据结果表明接包方大多处于20～30岁这个年龄段，占比85.24%，属于年轻有活力的群体，这与我国网民群体分布的年龄构成有一定关

系，也与年轻群体容易接受新鲜事物且喜欢利用业余时间发展自身兴趣爱好存在内在联系。不容否认的是，该年龄段群体大多是接受了正规高等教育、具备丰富的理论专业知识、在社会历练过程中并未形成固化思维模式的人，他们为创新注入了新鲜血液，提升了创新活力。因而，中小企业在利用众包模式解决任务时，应充分激发这一群体的参与度。从教育程度（学历）来看，被调研对象的学历层次集中在大学专科及大学本科层次，占比 82.38%；只有一小部分属于大专以下学历，占比不足 10%。这说明众包平台聚集的接包方大多接受过正规高等教育，具备一定的专业素养，虽不能保证接包方都是某一领域的专业性人才，但也足以保证接包方解决问题的基本能力。就职业角度而言，从职业背景、工作单位的性质以及职位类型三个维度予以考量。样本数据结果显示，被调研对象分布于各行各业，职业背景差异化较为明显，这说明众包是适应社会差异化需求的产物，来自不同职业背景的接包方，掌握不同领域的知识技能，同时具备不同的职业素养及思维模式，能更好满足需要通过集思广益的方式解决各类问题的实际需求。从调研结果中笔者发现，专业技术人员接包方占比 24.29%，说明我国威客平台储备了一定的专业性人才，具备基本的解决专业性问题的能力。当然，与创新中心InnoCentive聚集的大量科学家等专业人才相比，还存在较大差距。从工作单位的性质来看，调研群体大多来自私营企业事业单位或公私合作企业，而来自国家行政企业事业单位的被调研对象占比 14.29%，还有不少的分布于其他性质单位的接包方。众包模式不仅为企业提供了新的开拓创新的模式，同时也使得工作可以在虚拟、远程化的网络环境中完成，为部分自由职业者提供了一种新的工作方式，同时也为各种性质工作单位的员工提供了利用业余时间获取额外收入的渠道。从职位类型来看，接包方从事管理岗位的占比较少，总计占比 21.90%。众包模式是大众群体利用业余时间赚取额外收入的一种商业模式，给予足够的时间以及足够的现金激励才能驱动大众群体成为真正的接包方，因此，从事众包的接包

方大多是普通员工或其他从业者，例如自由职业者或学生，而管理者一般会比这类人群具备更扎实的专业技能。因此，中小企业要想充分激发管理者参与解决众包任务，需要提供更完善的现金激励机制。从月收入层次来看，样本数据结果中，占比89.05%的接包方属于月收入低于6 000元的群体。他们属于收入偏低的群体，说明众包模式对低收入群体更具吸引力。

从爱好角度来看，如图4-1所示，调研对象的爱好分布较为均匀，网络、社交、运动、休闲类占比基本持平。

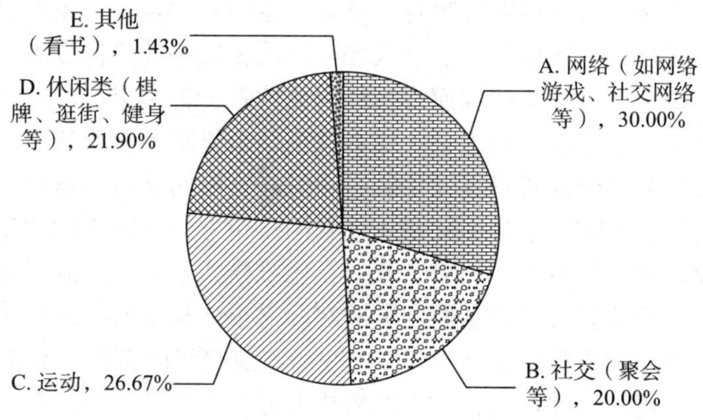

图4-1　接包方的爱好分布状况

综上所述，从性别、年龄、教育背景、职业、月收入、爱好等六个方面可以将我国众包平台上聚集的接包方的自然属性概括为：不存在明显的性别差异，年龄大多处于20～30岁；大部分接受过大专及以上教育；职业及工作单位性质分布广泛，而从事的职位类型大多是普通职工、自由职业、学生等；大部分月收入在6 000元以下；此外，接包方的兴趣爱好广泛，不存在明显的兴趣偏好。

4.3.2.2　接包方的社会属性

林南在《社会资本——关于社会结构与行动的理论》一书中对社会资本做了深入浅出的描述，其指出社会资本是嵌入到社会网络

中的资源；资本禀赋受家庭背景、社会定位、职业等多种因素的影响，且社会资本的丰富将有利于个人在社会中的生存及发展。然而，每个人的社会行动目的存在维持性目的和增强性目的的区别，因此导致社会资本禀赋在信息流动、施加影响、社会信用状况及认同感等社会资本表现方面存在差异。那么，根据该描述，参与众包活动的接包方又将拥有怎样的社会资本状况呢？本研究将从林南的社会资本理论视角——社会资本禀赋、社会行动目的、社会资本表现三个方面全面剖析接包方的社会属性。

就社会资本禀赋状况视角而言，社会属性主要体现在权力、财富、声望三个方面，其可从家庭背景、职业类别、工作单位的性质、职位类型、父母亲的工作类型、月收入等项目予以测量，如表 4-4 社会属性维度所示。其一，就权力视角而言，家庭背景均匀分布于一线城市、二线城市、三线城市、县城、农村，父母亲的工作类型主要集中于普通职工，且接包方主体的职位类型中管理人员占比较小。综上不难看出，从权力角度来看，聚集在众包平台上的接包方群体的社会资本禀赋并不突出。其二，就财富视角而言，接包方群体的职业类别的分布较为广泛，工作单位的性质的分布较均匀，大多接包者月收入集中于 6 000 元以下的中低收入群体。因此，从财富角度来看，接包方所占据的社会资本禀赋总体较低。其三，就声望视角而言，从职业背景、家庭背景、职位类型、工作单位的性质来看，接包方并没有展现出明显的高声誉和社会声望，被调研对象在家庭背景、职业类别方面的分布较为均匀，不存在显著差异。工作单位的性质集中于私营企业的占比达 31.43%，其他占比达 22.86%，且任职于国家行政企业事业单位的群体比例也偏低；职位类型方面，管理人员的占比较低，仅为 21.90%。由此可见，只有很小部分接包方群体在社会网络结构中占据有利位置，并具有权威性，能控制并获取一定的社会资源。

就社会行动目的视角而言，嵌入在社会网络中的人通常具有两种不同类型的行动。其一，表达性行动。该类行动主要用以维持自

身所拥有的社会资源，并获得他人的情感支持。其二，工具性行动。该类行动以增加社会资本为目的，具体表现在获得财富（增加收入）、（获取地位）政治地位及社会声望（提高声誉）等方面。根据问卷调查所获得的样本数据显示，众包创新活动接包方的参与目的分布如图 4－2 所示。从图 4－2 中可以看出，接包方参与众包创新，以增加收入（32%）、可以提高心理满意度（29%）、可以提升生活满意度（24%）三者为主。从表达性行动出发，接包方为维持社会资本的行为（如图 4－2 中 A、B、C 所示）所占的比例约为 62%；而从工具性行动出发，以增加社会资本为目的的行为（如图 4－2 中 D、E、F 所示）占比为 38%。由此可见，接包方参与众包创新的目的以获取资源为主、表达情感为辅。

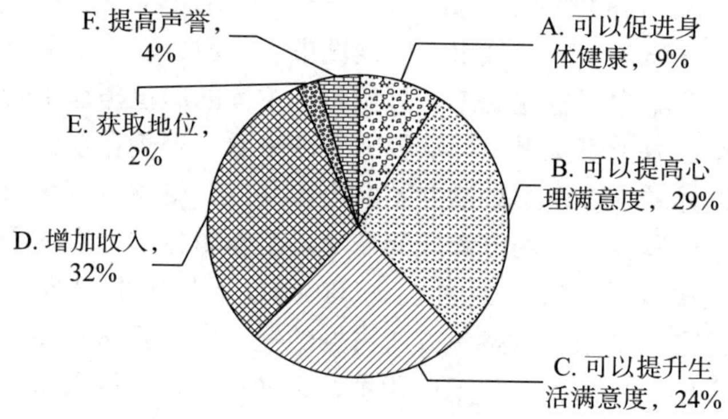

图 4－2　接包方参与众包创新的目的

就社会资本表现层面而言，主要体现在信息流动、施加影响、社会信用、强化身份和认同感 4 个方面。其中，信息流动意指社会资本对信息流动的促进作用及获取信息的能力，由具体占据的战略位置决定；施加影响意指自身的权威性对其他人产生的影响力；社会信用代表了自身获取资源的能力；强化身份和认同感通常体现在对其他资源提出要求的能力或情感支持能够获得认同的能力。经问卷调查，并对数据进行分析处理后得到如图 4－3 所示的结果。

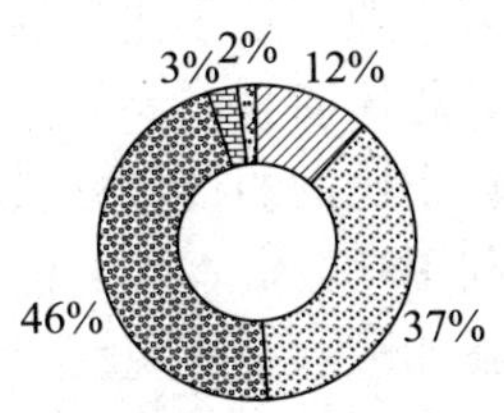

图4–3(a) 信息流动：获取信息的能力

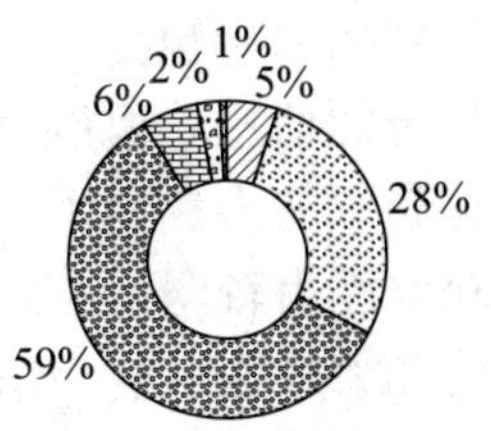

图4–3(b) 施加影响：对其他人的影响力

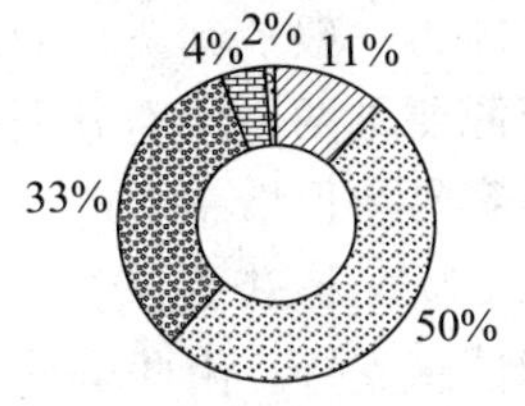

图4–3(c) 强化身份和认同感：能否很容易获得情感支持

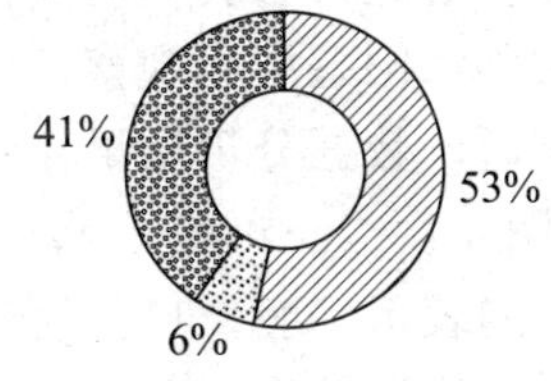

图4–3(d) 强化身份和认同感：对一些资源提出要求，能否得到认可

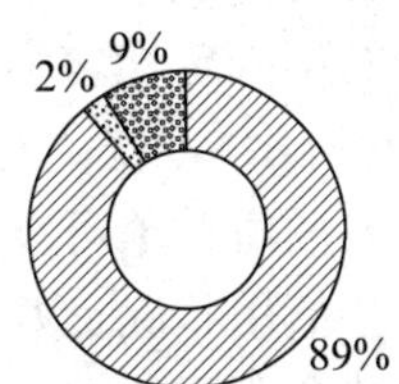

图4–3(e) 社会信用：对他人的承诺，能否办到

图 4－3　接包方的社会资本表现

其一，从信息流动层面观察（如图 4－3（a）所示），就接包方通过社会关系“获取信息的能力”而言，12％的接包方认为自身具有很强的信息获取能力，37％的接包方则认为自己的信息获取能

力较强，46%的接包方认为其信息获取能力一般，较小比例的接包方认为自身的信息获取能力较弱或非常弱。总体而言，大部分接包方的信息获取能力达到了一般水平以上，较小比例的接包方认为自身信息获取能力较弱，由此得出“接包方利用社会资本影响信息流动的总体能力较强”这一结论。其二，从施加影响层面观察（如图4-3（b）所示），就接包主体“对其他人的影响力”而言，半数以上（59%）的调研对象认为对其他人的影响力一般，28%的调研对象认为自己具备较强的影响力，而其他情况占比较小。由此可见，接包方通过社会资本对其他人造成影响的能力一般。其三，从强化身份和认同感层面观察，对情感支持及资源要求两个层面分别进行了调研。数据分析结果显示，在“能否很容易获得情感支持”方面（如图4-3（c）所示），50%的接包方认为容易获得情感支持，33%的表示一般，11%的认为很容易得到情感支持。由此可见，接包方总体比较容易获得情感认同及支持。而在“对一些资源提出要求，能否得到认可”方面（如图4-3（d）所示），53%的接包方认为能得到认可，41%的接包方则表示不确定，说明接包方在资源要求方面的认同感一般。总体而言，接包方较容易得到情感支持，但在资源要求上得到认可的不确定性较强。其四，从社会信用状况层面观察（如图4-3（e）所示），就“对他人的承诺，能否办到”而言，绝大多数（89%）的调研对象可以实现对他人的承诺，足以说明接包方群体的总体社会信用状况良好，而良好的信用状况也能够进一步帮助其提高获取社会资源的效率。

以上从社会资本禀赋、社会行动目的、社会资本表现三方面综合分析了接包方的社会属性后发现，接包方社会资本禀赋一般，在财富、权力、声望三方面表现平平，且占据有利战略地位、获取并控制社会资源的能力总体偏弱，参与众包活动的初衷以增加收入、增加心理满足感及提升生活满意度为主，与此同时，接包方利用社会资本获取信息的能力较强，但对他人的影响力一般，社会信用状况良好，容易获得情感支持，但在资源要求上得到认可的不确定性

较强。

4.3.2.3　发包方的自然属性

本研究探讨的核心问题是企业利用基于网络众包机制的创新模式进行开放式生产以提高技术创新能力的方式，因此，关注任务发包方企业的各项属性特征。就企业的自然属性而言，主要涉及企业性质、上市与否、企业规模、企业所处的发展阶段及所属行业等，该属性旨在反映现阶段采用众包模式进行技术创新的企业的基本特征。

通过问卷调研，得到如表 4－4 所示的发包方自然属性统计特征。

表 4－4　　　　发包方自然属性统计特征（N＝194）

项目	类别	频数	频率	项目	类别	频数	频率
企业性质	A. 国有独资	26	13.40%	行业	A. 农林牧渔业	7	3.61%
	B. 国有控股	30	15.46%		B. 采矿业	7	3.61%
	C. 国有参股	12	6.19%		C. 制造业	34	17.53%
	D. 民营企业	102	52.58%		D. 批发和零售贸易	25	12.89%
	E. 外资企业	6	3.09%		E. 建筑业	13	6.70%
	F. 混合所有制	10	5.15%		F. 电力、燃气及水的生产和供应业	10	5.15%
	G. 其他	8	4.12%		G. 交通运输、仓储及邮电通信业	12	6.19%
上市	A. 是	52	26.80%		H. 金融业	10	5.15%
	B. 不是	142	73.20%		I. 房地产业	6	3.09%
企业所处的发展阶段	A. 创业阶段	37	19.07%		J. 信息传输、计算机服务和软件业	45	23.20%
	B. 发展阶段	110	56.70%		K. 餐饮业	12	6.19%
	C. 成熟阶段	42	21.65%		L. 其他	13	6.70%
	D. 衰退阶段	5	2.58%	企业规模	A. 大型	31	15.98%
					B. 中型	100	51.55%
					C. 小型	63	32.47%

从样本数据的回收结果观察发现，在企业的性质方面，目前采用众包模式进行创新的企业主要集中于民营企业，占比高达52.58%，而国有企业（包括独资、控股、参股）占比仅为35.05%；且73.20%的企业均未上市；中型、小型企业占比较大，总计达84.02%；处于发展阶段且采用众包模式进行创新的企业占比较大，达56.70%；在企业所属的行业方面，发包企业主要集中在信息传输、计算机服务和软件业（23.20%），制造业（17.53%），批发和零售贸易行业（12.89%），而在其他行业的分布状况较为均匀。

由此可见，其一，目前在采用众包模式进行创新的企业中，以民营企业、未上市企业、中小规模企业、处于发展阶段的企业居多。众包模式的出现，为企业提供了突破原有封闭式创新模式的渠道，且成本低廉。一般未上市企业、民营、中小型企业在发展过程中的创新会受到资金及人才不足等因素的制约。调查结果显示：众包模式受到了这类企业的广泛关注与青睐，并为其提供了良好的技术革新渠道和创新途径。其二，从发包方企业所属的行业呈现出的集中性特质观察，采纳众包创新模式的企业所属的行业呈现一定的集中性。其集中所在的三类行业相较于其他行业而言，具有创新需求大且产品周期短等典型特征，因此，这三类行业采用众包模式解决创新问题的总体接受度较高。

针对我国采取众包创新模式的企业而言，在自然属性方面，其一，由于创新需求较大的行业使用众包模式的占比较大，因此，发包方企业在企业性质、上市与否、企业规模、企业所处的发展阶段以及所属行业等方面呈现出明显的集中趋势。其二，由于创新的推进需要足够的资金、人力资源、集体智慧予以支持，而众包创新模式通过聚集大量网民的群体智慧，使其具有显著的成本优势，众包创新模式背后所隐藏的巨大商业潜力不容小觑。其三，由于中小规模企业、民营企业、未上市企业及处于发展阶段的企业，具有较强的通过快速提升自身综合竞争力实现开拓市场这一战略目标的内在

需求，因此，企业创新便成为其发展的必经之路。然而，这些企业又均会在不同程度上受到资金或人才储备等方面的限制，众包创新模式恰好为其提供了全新的开拓创新方式。综上所述，发包方企业在自然属性方面呈现出了较强的集中趋势。

4.3.2.4　发包方的社会属性

1. 社会责任

本研究以发包方企业为研究对象，通过问卷调研以发现企业在社会属性维度之一——社会责任方面的状况。邓泽宏在《企业社会属性特点认识的轨迹演变及启示》一文中指出，企业是置身于社会大系统中且与外部环境相联系的主体，不仅要追求自身利润最大化，同时还应承担一定的社会责任。此外，管理大师德鲁克也指出企业应立足于社会之中。由此可见，诸多学者已将企业社会责任理解为企业对利益相关者的责任，其中利益相关者主要包括员工、顾客、商业伙伴、股东及债权方、管理者等。因此，本研究将从发包方企业对社会责任了解及重视程度和对利益相关者的重视程度两个维度，分别对企业社会责任进行考量，并通过问卷调研得到如图 4－4 所示的分析结论。

就发包方企业对社会责任了解及重视程度而言，本研究分别从企业对自身所应承担的社会责任的了解程度，及向员工传达社会责任理念的频率两方面予以分析探讨。从调研数据不难看出，其一，发包方企业大多了解自己所应承担的社会责任，但其重视程度还有待加强（如图 4－4（a）所示）；其二，仅有 42％的发包企业会经常向员工传达社会责任理念，而大部分企业对这一理念的传递频率仍然不够理想（如图 4－4（b）所示）。就发包方企业对利益相关者的重视程度而言，半数以上的发包企业均以顾客利益为出发点，其占比达到 55％，而 23％的企业则表示对商业伙伴的利益更为重视，小部分企业对员工、股东及债权方、管理者的利益更为重视（如图 4－4（c）所示），足以说明顾客在企业中的受关注程度和重要性。

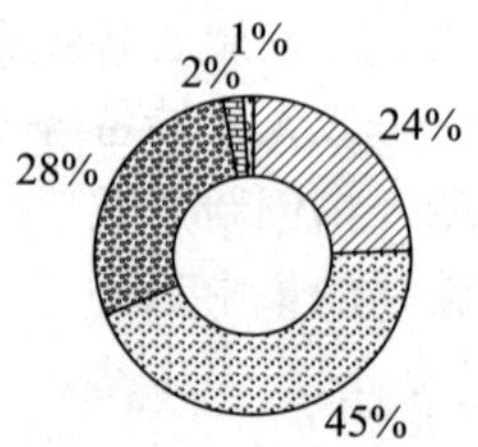

A.很了解且很重视　B.了解　C.一般
D.不了解　E.不清楚

图4–4(a) 发包方企业对社会责任了解及重视程度：
是否了解自身所应承担的社会责任

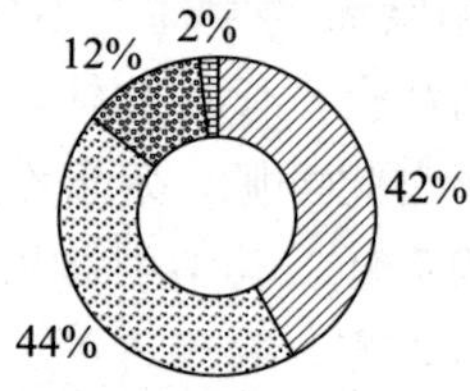

A.经常　B.有时候
C.偶尔　D.没有过

图4–4(b) 发包方企业对社会责任了解及重视程度：
是否向员工传达社会责任理念

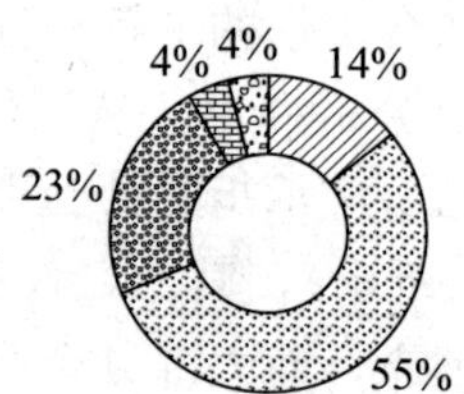

A.员工　B.顾客　C.商业伙伴
D.股东及债权方　E.管理者

图4–4(c) 发包方企业对利益相关者的重视程度：
对哪些利益相关者的社会责任重视

图 4－4　发包方的企业社会责任状况

随着经济全球化的步伐加快，外部竞争也愈加激烈，企业能否较好地满足顾客多样化、差异化的需求就变得至关重要了，这进一步促使以往以生产商为主导的产品设计模式开始逐渐向以消费者为主导的模式转变。在这一转变过程中，用户的重要性日趋增强，半数以上的发包方企业均认为应从顾客利益和实际需求出发，同时肯定了在企业与顾客及潜在消费者之间构建良好沟通机制的重要性，而众包创新模式恰好为企业提供了同时满足上述需求的绝佳渠道。

2. 企业创新

众多实例均已明确呈现了众包对企业创新的推动作用，而目前我国发包方企业创新处于何种状况和水平仍有待进一步探索。本研究从 6 个维度调研了我国发包方企业在创新模式、创新瓶颈等方面的基本现状，通过调研结果发现，企业在社会属性表现维度之一——企业创新方面的状况如图 4 - 5 所示。

第一，就创新模式层面而言，其一，在企业是否重视创新方面，88%的调研对象表示重视创新（如图 4 - 5（a）所示），说明创新在发包企业中的受关注程度很高。其二，从产品的创新需求频率而言，72%的企业均在 12 个月甚至更短时间以内会有产品创新的需求（如图 4 - 5（b）所示），这一现象表明发包方企业产品创新需求的周期较短，因此，对创新的需求量较大。

第二，就创新瓶颈层面而言，其一，在企业所面临的创新瓶颈方面，在缺乏人才、技术成果转化困难及创新成果管理困难方面分布较为均匀，并未表现出显著差异；而认为创新手段不健全的企业占比较大，高达 38%（如图 4 - 5（c）所示）。其二，在企业创新投入方面，企业在引进人才、增加研发投入、丰富创新手段、与商业伙伴合作、完善相关制度以及不定期对员工进行培训 6 方面投入较为均衡，在引进人才方面略高于其他方面，占比为 24%（如图 4 - 5（d)所示）。

第三，就众包创新层面而言，其一，在企业研发产品的创新方式方面，内部封闭式创新、与商业伙伴合作、与科研机构合作以及

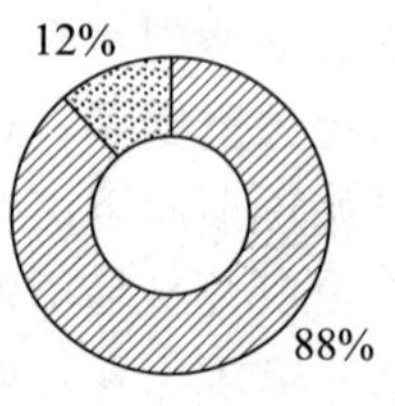

☐A.是　☐B.否

图4–5(a) 创新模式：
企业是否重视创新

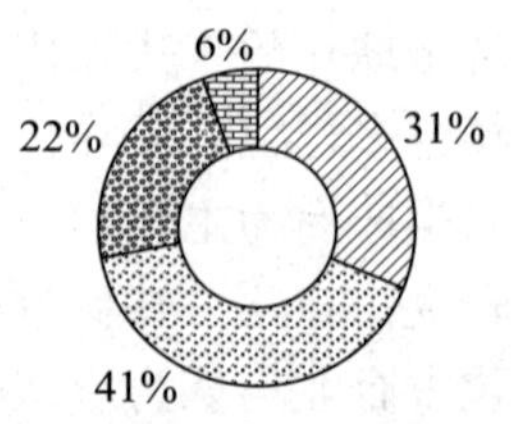

☐A.6个月以内　☐B.6个月~12个月
☐C.1~2年　☐D.2年以上

图4–5(b) 创新模式：
产品的创新需求频率

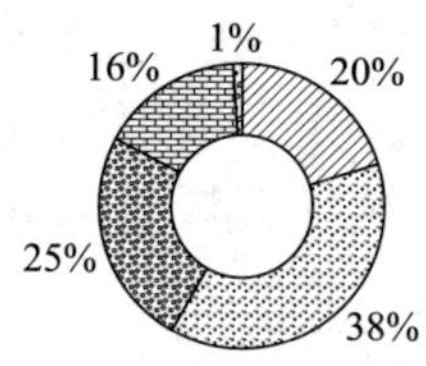

☐A.缺乏人才　☐B.创新手段不健全
☐C.技术成果转化困难　☐D.创新成果管理困难
☐E.其他

图4–5(c) 创新瓶颈：公司所面临的创新瓶颈

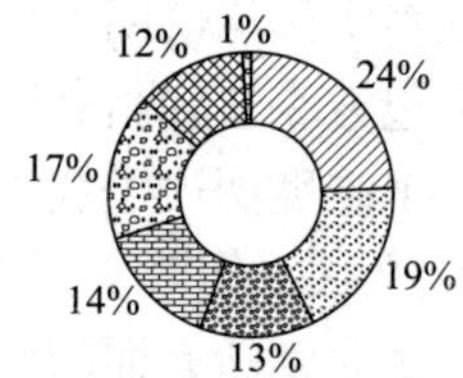

☐A.引进人才　☐B.丰富创新手段
☐C.增加研发投入　☐D.完善相关制度
☐E.不定期对员工进行培训
☐F.与商业伙伴合作　☐G.其他

图4–5(d) 创新瓶颈：企业创新投入

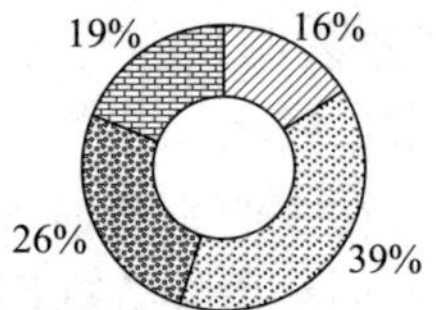

☐A.内部封闭式创新　☐B.与商业伙伴合作
☐C.与科研机构合作　☐D.开放式征集大众智慧

图4–5(e) 众包创新：企业研发产品的创新方式

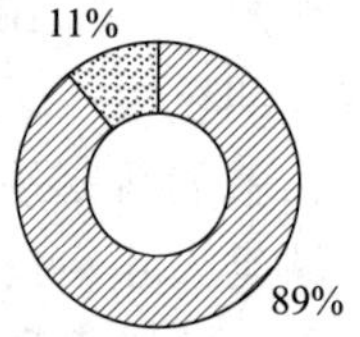

☐A.是　☐B.否

图4–5(f) 众包创新：
是否认为大众智慧对创新具有推动作用

图 4－5　发包方的企业创新表现

开放式征集大众智慧均有所涉及。而半开放式创新模式，即与商业伙伴合作、与科研机构合作占比共计达 65%（如图 4－5（e）所示），说明目前发包方企业在创新方式上仍以半开放式创新为主。

其二，在是否认为大众智慧对创新具有推动作用方面，占比达89％的绝大多数发包方企业均认为利用大众智慧可以推动企业创新（如图 4－5（f）所示）。

综上所述，本研究发现目前我国发包方企业对创新普遍较为重视，其创新需求较为旺盛，且认为大众群体智慧可以推动企业创新。其一，众包作为企业进行开放式创新的新型商业模式，聚集的集体智慧可以弥补企业在人才储备、创新手段等方面的不足与局限。发包方企业在创新投入方面较为均衡，但在人才引进方面略比其他方面更受重视，基于网民社区的众包模式，有数百万来自不同背景且从事不同行业的接包方，其与众不同的思维模式及其在群体集思广益过程中所碰撞出的创新活力是不容小觑的。因此，众包平台为发包方企业提供了大量的人才基础，在创新投入方面以引进人才为重点的发包方企业对此应更为关注。其二，虽然目前发包方企业以半开放式创新为主，而众包模式属于开放式创新，在理性消费力量日益占据主流的时代，产品多样化、差异化日趋重要，因此，基于众包的开放式创新模式必将逐渐引起更多企业的关注与采纳。

4.4　本章小结

本章通过选取国内两家最具代表的网络众包平台猪八戒网及一品威客网，基于问卷调查及统计分析法，分析研究了网络社区众包参与者的主要特征。包括：其一，接包方的自然属性，如年龄、性别、教育背景、收入等因素，以及接包方的社会属性，如信息流动、施加影响、社会信用、强化身份和认同感等；其二，发包方企业的自然属性，如类型、行业、企业规模、企业所处发展阶段等因素，以及发包方的社会属性，如企业社会责任与企业创新等。通过全面刻画众包接包方及发包方的自然属性与社会属性，全面回答了“企业网络众包创新活动的参与者与传统创新活动参与者有何不同?”这一研究问题。

第5章 网络众包创新模式参与者的参与度研究

5.1 引言

众包作为企业开放式创新的一种商业模式，核心是企业利用外部资源来完成内部的工作任务。一方面，企业内部资源有限，将无限的外部资源即大众智慧嵌入到自身网络中，以较低的成本获得大众智慧，已使组织与消费者之间的界限变得越来越模糊。同时，众包为企业与消费者提供了沟通的平台，尤其企业可以更加准确地获取用户的真实需求，而这些需求信息对企业改进产品、服务及增强核心竞争力至关重要。另一方面，对于大众群体而言，企业为其提供了一种全新的工作模式，可以在虚拟、远程化的办公环境中工作，不仅充分利用业余时间，得到额外收入，而且还能获得了一定的心理满足感与社区归属感。而就众包项目的类型而

言，其覆盖范围也非常广泛，Wiggins 和 Crowston（2011）基于任务本质和主要内容将任务划分为五种类型，即行为导向型任务、公益保护型任务、调查研究型任务、虚拟工程型任务以及教育型任务；Bonney（2009）基于参与者参与程度的由浅入深，将众包任务划分为贡献型任务、合作型任务及联合创新型任务三种类型，这些任务几乎覆盖到了包括生命科学、环境科学、天文学、教育学、管理学等在内的所有领域。因此，众包模式无论是对于企业还是对于大众群体而言，都是有益的，众包模式日趋受到更广泛的关注与重视，其发展前景也必将更为广阔。

尽管众包创新模式对企业与大众群体产生了共赢效果，然而，影响其参与众包的关键影响因素却鲜有学者做出相关研究。众多学者关注大众、企业参与动机层面的研究，即接包方接受众包任务主要出于心理需求、激励机制、新知习得性与社交愿景等方面，发包方发包动因主要是利用大众智慧、降低生产成本、利用技术进步和专门知识、激励生产者参与、提高适应个性化需求的灵活度、减少信息不对称、提高产品质量、利用大众传播等方面。实际上，影响企业及大众参与众包的因素有很多，然而仅仅停留在动机层面，并不能深入了解参与者参与众包的关键因素。因此，本章从剖析影响参与者参与众包的关键因素入手，基于信息系统行为领域、用户接受采纳信息系统影响因素的经典理论模型，利用结构方程模型方法，分析众包参与度的关键影响因素。

5.2　UTAUT 模型概述

5.2.1　理论基础

Venkatesh 和 Morris（2003）等整合了当时经典的八个用户接受模型，即理性行为理论（TRA）、技术接受模型（TAM）、动机模型（MM）、计划行为理论（TPB）、TPB 和 TAM 的结合

(C-TAM-TPB)、PC 利用模型(MPCU)、创新扩散理论(IDT)及社会认知理论,在此基础上提出技术采纳与整合理论模型(UTAUT)。以绩效期望、努力期望、社群影响和配合情况作为用户接受和使用行为中起到直接决定作用的因素,而性别、年龄、经验及使用意愿则作为调节变量。UTAUT 模型得到了众多研究学者的青睐,其吸纳了八个常用模型的精髓,奠定了丰厚的信息技术采纳研究的理论基础,模型如图 5-1 所示。

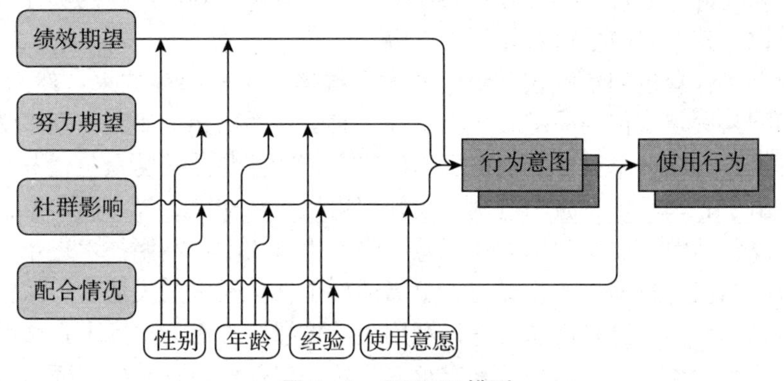

图 5-1 UTAUT 模型

UTAUT 模型指出,绩效期望、努力期望、社群影响对行为意图存在正向影响作用,行为意图及配合情况对使用行为存在正向影响作用。性别、年龄、经验及使用意愿存在调节作用。其中,绩效期望指个人感觉使用系统对工作有所帮助的程度,努力期望指个人使用系统所需付出的努力程度,社群影响指个人受周围群体的影响程度,配合情况指个人感受到组织在相关技术、设备方面对系统使用的支持程度。该模型四个核心维度的解释及测量来源如表 5-1 所示。

表 5-1　　UTAUT 模型四个核心维度

维度	解释	来源	来源解释
绩效期望	个人感觉使用系统对工作有所帮助的程度	感知有用性	反映个人认为使用某一具体的系统对其工作业绩提高的程度
		外在激励	个人从事某一活动的行为是为了取得外部收入
		工作适合性	个人相信使用某一科技可提高工作绩效的程度
		相对优势	一项创新被视为优于它所取代的旧观念的程度
		结果预期	个人对行为结果的与绩效相关的预期
努力期望	个人使用系统所需付出的努力程度	感知易用性	反映个人认为使用某一具体系统或技术对其工作业绩提升的难易程度
		复杂性	一项创新被认为难以理解和使用的程度
		易用性	一项创新被理解和运用的难度
社群影响	个人受周围群体的影响程度	主观规范	个人采取某一特定行为时，对其所感受到的社会压力的认知
		社会因素	群体的主观文化会影响个人的态度和行为的形成与改变
		公众形象	一项创新的运用被认为可提高个人形象和社会地位的程度
配合情况	个人感受到组织在相关技术、设备方面对系统使用的支持程度	感知行为控制	自己感觉可以控制（或掌握）行为的程度。反映个人过去的经验和预期的阻碍。当个人认为自己所掌握的资源与机会愈多、所预期的阻碍愈少，则对行为的感知行为控制就愈强
		配合情况	电脑使用者提高系统利用率的便利程度
		兼容性	一项创新与现有价值观、需求和预期采用者的以往经验保持一致的程度

5.2.2　基于网络社区众包创新模式的 UTAUT 模型

由于基于网络社区众包创新模式的参与主体涉及接包方，也涉及发包方，因此，本研究利用 UTAUT 模型分别研究影响接包方及发包方参与众包的关键影响因素。本研究旨在解决企业利用众包模式推进创新的激励机制设计问题，因此，发包方的研究对象聚焦于企业。由于企业不涉及性别、年龄、经验及使用意愿等调节变量对其众包采纳决策的影响，因此，本研究将影响主体参与众包任务的关键因素锁定于绩效期望、努力期望、社群影响及配合情况四个决定性作用因素层面，忽略调节变量，据此得到修正后的 UTAUT 模型，如图 5－2 所示。

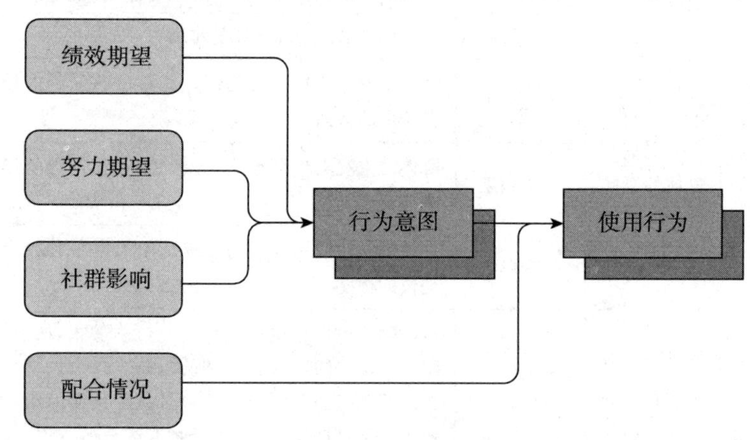

图 5－2　UTAUT 修正模型

5.2.2.1　接包方 UTAUT 模型假设及量表设计

接包方作为众包平台的重要参与者，其参与度的高低直接影响众包平台的发展及众包任务的解决质量。因此，探究影响接包方参与众包的关键影响因素，有助于设计合理、科学、有效的激励机制，激发参与者的高参与度及贡献度。目前，研究学者们主要从动

机角度分析接包方参与众包创新，主要体现在心理需求、激励机制、新知习得性与社交愿景四个层面。本研究采用信息系统领域研究用户接受度的成熟理论模型，即 UTAUT 模型，从绩效期望、努力期望、社群影响及配合情况四个方面出发，利用结构方程模型研究影响接包方参与众包的关键因素。

1. 绩效期望对参与众包行为意图的影响

绩效期望旨在解释个人预期通过参与众包活动，继而有助于获得相关收益的程度。Venkatesh 和 Morris（2003）认为绩效期望主要体现在感知有用性、外在激励、工作适合性、相对优势及结果预期五个方面（如表 5－1 所示）。刘勇（2010）等的研究均表明大众参与众包主要是出于个人兴趣爱好以获得一定的心理满足感。Organisciak（2010）等通过案例研究，指出公众参与众包主要旨在获取额外收益。Brabham（2008，2010）对众包网站的参与成员进行调查后发现，学习新知识和技能是其参与众包任务的首要原因。此外，包括促进合作、结交朋友和接触社会等与社交需求相关的因素也会影响众包参与行为。冯小亮和黄敏学（2013）比较全面地分析了大众参与众包动机的构成，认为除了兴趣爱好、获取报酬、学习需求和社交需求之外，获得认可、锻炼能力、寻求职业发展机会和有效利用业余时间等也是大众参与众包意愿的影响因素。基于此，本研究认为众包主体参与众包主要是为了满足某些需求、获得某些利益。换言之，接包主体预期参与众包所能获得的收益越大，其参与众包的意愿则越强烈。因此，结合绩效期望的五个方面及相关学者的研究成果，本研究做出如下假设：

假设一（Ha1）：接包主体的绩效期望与参与众包的行为意图正相关，即接包方参与众包所获得的绩效期望越大，参与众包的意图越强烈。

具体问题测量项及理论依据如表 5－2 所示。

表 5-2　　　　接包方参与众包影响因素绩效期望维度

维度	测量项	编号	理论依据
绩效期望	1. 使用众包平台能够获得新知识	PE1	Sternberg (2009) Howe (2009) 刘勇 (2010) Brabham (2008, 2010) Organisciak (2010) Lakhani (2005, 2007) Venkatesh 和 Morris (2003)
	2. 使用众包平台是为了获得报酬	PE2	
	3. 解决的众包任务与我所从事的领域相关	PE3	
	4. 使用众包平台与我的工作时间不冲突	PE4	
	5. 解决众包任务可以充实业余时间	PE5	
	6. 获得的额外报酬相较于其他业余工作更高	PE6	
	7. 完成众包任务后能够得到心理满足感	PE7	

2. 努力期望对参与众包行为意图的影响

努力期望旨在解释接包主体预期参与众包活动的难易程度，主要体现在接包方参与众包过程所需耗费的时间、精力及具备的知识储备等方面，即参与众包任务所需付出的努力程度。Venkatesh 和 Morris（2003）认为努力期望主要体现在感知易用性、复杂性及易用性三个方面。Schader 等（2012）利用任务中国平台展开实证研究，其结论表明收益成本比对参与者满意度存在显著影响，继而影响其参与行为。换言之，说明参与主体付出的努力程度将影响其参与众包创新的意愿及行为。因此，如果接包主体认为众包平台难以使用，参与任务的流程不易掌握，需要付出的努力多于可获得的收益，那么该主体将会放弃参与；反之，如果接包主体认为参与众包的进入门槛较低，所需付出的努力较少，那么其参与意愿会得到显著增强，并有助于增强其参与行为的活跃度。因此，结合努力期望的三个方面以及相关学者的研究成果，本研究做出如下假设：

假设二（Ha2）：接包主体的努力期望与参与众包的行为意图正相关，即接包主体预期参与众包所付出的努力程度越低，其参与

众包的意图越强烈。

具体问题测量项及理论依据如表 5－3 所示。

表 5－3　　　接包方参与众包影响因素努力期望维度

维度	测量项	编号	理论依据
努力期望	1. 众包平台使用流程并不复杂	EE1	Venkatesh 和 Morris（2003） Schader 等（2011）
	2. 认为众包平台是容易操作的	EE2	
	3. 需要很大的精力时间学习如何使用众包平台	EE3	
	4. 需要计算机专业相关知识学习如何使用众包平台	EE4	

3. 社群影响对参与众包行为意图的影响

社群影响旨在解释接包主体周围的人群认为其应该使用众包平台及支持其参与众包活动的程度，即接包主体参与众包的行为受到其周围人影响的程度。Venkatesh 和 Morris（2003）认为社群影响体现在主观规范、社会因素及公众形象三个方面。当个人身处社会群体中时，基于对社交愿景的需求，其观念和行为不可避免地会受到其周围群体的影响（Ferrary and Granovetter，2009；Luo et al.，2015），因此，社群作为众包机制背后的基本组织力量对接包主体参与众包的意愿及行为有着至关重要的影响（Bogers，2010，2012），当对接包主体有重要影响的人群认为其应该参与众包活动，或其发现周围的人群正在参加众包任务时，该主体将更愿意参与众包，以维系人际关系或扩展人脉。与此同时，如果周围的人都认为参与众包是个人能力的体现，既能完善个人形象，也能提升其社会地位，则受此观念影响，为了获得他人的认可与赞誉，潜在接包主体也会更愿意参与众包活动（Britton et al.，2013；Gupta and Sharma，2013）。Brabham（2010）的研究也明确指出了包括促进合作、打发无聊时间、认识新朋友和接触新社会等与社交愿景相关的众包参与动因。仲秋雁、王彦杰和裘江南（2011）采用信息系统

持续使用模型（post-acceptance model of IS continuance）模型，经实证分析后发现，中国网民更倾向于关注参与社区的乐趣。因此，结合社群影响的三个方面以及相关学者的研究成果，本研究做出如下假设：

假设三（Ha3）：接包主体社群影响与众包参与意图正相关，即接包主体所受的社群影响力越强，其众包参与意愿也越强烈。

具体问题测量项及理论依据如表 5－4 所示。

表 5－4　　接包方参与众包影响因素社群影响维度

维度	测量项	编号	理论依据
社群影响	1. 使用众包平台是为了认识新的朋友	SI1	Venkatesh 和 Morris（2003） Bogers（2010，2012） Brabham（2010） 仲秋雁、王彦杰和裘江南（2011）
	2. 同事/同学告诉我应该使用众包平台	SI2	
	3. 朋友告诉我应该使用众包平台	SI3	
	4. 我使用众包平台，是因为其他朋友使用	SI4	
	5. 朋友中，解决众包任务的比不解决众包任务的影响力更强	SI5	

4. 配合情况对参与众包行为的影响

配合情况旨在解释接包主体认为其所使用的众包平台在功能组织及技术设施上对主体参与行为的支持程度。Venkatesh（2003）认为配合情况主要体现在感知行为控制、技术支持、兼容性三个方面。兼容性是指接包方现有价值观、需求等方面的认识与以往经验保持一致的程度，针对本研究问题，其适用性不强，技术支持及感知行为控制则具体体现在使用软硬件环境、资源供给及网站体验效果等方面。在技术支持方面，马卫（2008）认为互联网技术是连接供需双方，使消费者能更好地与企业交流，并更加快捷方便地获取所需信息的重要途径。在感知行为控制方面，史新和邹一秀（2009）指出众包平台信息服务能力很重要，应为各众包参与主体提供畅通有效的信息沟通渠道。如果众包平台无法为接包主体间提

供有效沟通渠道，则会阻碍他与其他众包主体交流任务解决经验及寻求帮助的过程，继而对其众包参与行为产生消极影响；反之，则能产生积极影响。换言之，大众在参与众包过程中，遇到问题或困难时得到解决方案的及时性与有效性，将影响其众包参与行为的积极程度（Afuah and Tucci，2013）。与此同时，对众包任务的结构、分解任务之间的关联性、任务目标的描述都将影响参与主体的参与行为（Nakatsu et al.，2014），而这些与任务相关的问题很大程度上都取决于众包平台能否为参与主体提供更好的任务答疑解惑功能或任务发包者与接包者的沟通机制，一旦接包主体感觉无力厘清任务相关信息，且信息沟通成本过高时，便很可能直接放弃参与意愿（Khasraghi and Aghaie，2014）。因此，结合配合情况的三个方面以及相关学者的研究成果，本研究做出如下假设：

假设四（Ha4）：接包主体配合情况与参与众包的行为意图正相关，即配合情况给接包主体带来的便利程度越强，则其参与众包活动的频次越高。

具体问题测量项及理论依据如表 5－5 所示。

表 5－5　　　　接包方参与众包影响因素配合情况维度

维度	测量项	编号	理论依据
配合情况	1. 具备足够的条件和资源解决众包任务（硬件环境）	FC1	Venkatesh 和 Morris（2003） 马卫（2008） 史新和邹一秀（2009）
	2. 平台的反馈渠道会影响我参与众包创新任务	FC2	
	3. 网站的操作体验是我使用众包平台的重要因素	FC3	

5. 使用意图（行为意图）对参与众包行为的影响

使用意图旨在解释接包主体参与众包创新的主观意愿，而使用行为是其参与众包活动所产生的一系列实际活动，包括浏览任务与

参与众包任务等行为（Venkatesh and Morris，2003）。Davis（1989）指出使用意图与使用行为高度正相关，即参与意图越强，其参与行动则越频繁。理性行为理论认为个人行为是由其行为意图要素驱动（Fishbein，1994），Bloodgood（2013）建议基于意愿、动机和能力的AMCP（awareness，motivation，and capability perspective，AMCP）模型研究众包使用行为，此后，有人通过实验研究发现理性的使用意图对众包行为存在显著影响（Burger et al.，2014）。因此，结合与使用意图及使用行为变量相关的研究成果，本研究做出如下假设：

假设五（Ha5）：接包主体的使用意图与参与众包的使用行为正相关，即接包主体的众包使用意图越强烈，其参与众包的行为越频繁。

具体问题测量项及理论依据如表5-6所示。

表5-6　接包方使用意图、使用行为维度测量项和理论依据

维度	测量项	编号	理论依据
使用意图	1. 我愿意使用众包平台	IN1	Venkatesh 和 Morris（2003）Davis（1989）
	2. 业余时间，我会优先考虑众包平台解决众包问题	IN2	
	3. 我喜欢使用众包平台解决众包任务	IN3	
使用行为	1. 我经常登录众包网站浏览众包任务	BH1	
	2. 我经常接受众包任务	BH2	

5.2.2.2　发包方UTAUT模型假设及量表设计

发包方作为众包平台的重要参与者，其参与度对众包平台的发展至关重要。因此，探究影响发包方参与众包的关键影响因素，有助于众包平台设计出科学合理的激励机制，激发发包方更高的平台参与活跃度。而目前针对企业采用众包模式的研究，仍停留在以下动因层面：利用大众智慧、降低生产成本、利用技术进步和专门知识、激励生产者参与、提高适应个性化需求灵活度、减少信息不对

称、提高产品质量、利用大众传播，并未充分涉及关键影响因素的研究。因此，本研究利用信息系统领域研究用户接受度的成熟理论模型，即 UTAUT 模型，从绩效期望、努力期望、社群影响以及配合情况四个方面切入，利用结构方程模型研究影响发包方参与众包的关键因素。企业采用基于网络众包的创新模式解决内部无法解决的问题，是企业信息化的集中体现，因此，本研究结合 Venkatesh 和 Morris（2003）的 UTAUT 模型理论基础（如表 5-1 所示）及企业信息化动因，讨论如下问题并提出假设。

1. 绩效期望对使用众包模式意图的影响

绩效期望是指发包方利用众包模式给自身提供帮助的程度，主要体现在感知有用性、外在激励、工作适合性、相对优势以及结果预期五个方面（如表 5-1 所示）。Von Hippel（2011）利用案例分析法，从企业视角得出众包的驱动因素主要包括降低生产成本、灵活使用消费者个性化需求以及利用大众媒体传播提高声誉等。信息化可为企业削减成本，继而提高创新能力。Winsor 和 John（2009）指出，依托互联网，众包借助组织以外的力量即业余爱好者来解决企业在生产、设计和研发中面临的问题，将全面加速创新创意的产生。谢园（2010）也指出众包模式在缩小与消费者距离的同时，提高了用户的忠诚度。张利斌、钟复平和涂慧（2012）利用文献研究指出，发包企业可通过众包充分利用集体智慧，节约生产成本。Brita 和 Andrea（2016）指出企业更倾向于通过采纳具有潜在创新性的解决方案，提高企业的技术创新能力，而众包模式恰好有助于企业从更广范围内以较低成本满足企业这一期望。从以上学者的研究结论可以看出：众包模式对发包方企业在推进创新、削减成本、提高声誉以及发现企业内部问题等有一定的帮助作用。因此，结合绩效期望的五个方面以及相关学者的研究成果，本研究做出如下假设：

假设六（Hb1）：*发包方绩效期望与参与众包的行为意图正相关，即发包方从众包平台上获得的帮助程度越大，参与众包的意图*

越强烈。

具体问题测量项及理论依据如表 5－7 所示。

表 5－7　　　　发包方绩效期望维度测量项和理论依据

维度	测量项	编号	理论依据
绩效期望	1. 使用众包平台能够推进产品创新	PE1	Venkatesh 和 Morris（2003） Von Hippel（2011） Winsor 和 John（2009 谢园（2010） 张利斌、钟复平和涂慧（2012）
	2. 使用众包平台能够满足消费者个性化的需求	PE2	
	3. 使用众包平台能够缩短创新研究的时间周期	PE3	
	4. 相比传统创新方式而言，更容易推进创新	PE4	
	5. 相比传统创新方式而言，可以加快推进创新	PE5	
	6. 使用众包平台能够接收到自己想要的创意	PE6	
	7. 使用众包模式创新可以降低创新研发成本	PE7	
	8. 发现自身没有意识到的产品管理问题	PE8	
	9. 使用众包平台提高了企业品牌声誉	PE9	

2. 努力期望对使用众包模式意图的影响

努力期望旨在描述发包方认为众包平台是否易用的程度，主要体现在感知易用性、复杂性及易用性三个方面（如表 5－1 所示），主要体现了发包方企业在公司内部推广使用众包模式所需的时间精力以及众包业务流程是否简洁高效，即参与众包任务所需付出的努力程度。企业内部使用众包平台所需的时间精力主要体现在人才储备以及员工信息意识层面。欧阳锋和李运河（2005）指出企业内部因素即信息技术投入程度会影响企业信息化推进程度。卞爱琴（2004）认为缺乏对信息化的正确认识是造成中小企业信息化进展迟缓的原因。周建梅（2005）通过对中小企业信息化调研后指出：人才缺乏等是阻碍信息化推进的影响因素。因此，结合努力期望的三个方面以及相关学者的研究成果，本研究提出如下假设：

假设七（Hb2）：发包方努力期望与参与众包的行为意图正相

关，即发包方参与众包平台所需付出的努力程度越低，其参与众包的意图越强烈。

具体问题测量项及理论依据如表 5－8 所示。

表 5－8　　发包方努力期望维度测量项和理论依据

维度	测量项	编号	理论依据
努力期望	1. 众包平台使用流程复杂	EE1	Venkatesh 和 Morris（2003） 欧阳锋和李运河（2005） 周建梅（2005）
	2. 公司内部需投入很多时间、精力来增强员工的信息意识	EE2	
	3. 需要投入很多时间、精力来储备人才	EE3	

3. 社群影响对使用众包模式意图的影响

社群影响是指发包方周围的人群认为其应该使用众包平台的程度，体现在主观规范、社会因素以及公众形象三个方面，即发包方参与众包的行为会受到其周围人的影响。卫春增、卢凤君和苏文凤（2004）划分企业信息化动力来源，提出领导驱动模式，说明在企业信息化进程中，领导驱动至关重要；张利斌、钟复平和涂慧（2012）认为激烈的外部竞争环境是推动企业实施众包创新模式的客观条件；李学军（2007）指出竞争对手的信息化行为会对企业信息化产生推动作用，因此企业信息化程度会受到行业中其他公司的影响；周建梅（2005）指出企业内部员工信息意识的强弱也会影响企业信息化的进程。根据上述学者的研究观点，本研究做出如下假设：

假设八（Hb3）：发包方社群影响与参与众包的行为意图正相关，即发包方受到周围人的影响越大，其参与众包的意图越强烈。

具体问题测量项及理论依据如表 5－9 所示。

表 5-9　　　　发包方社群影响维度测量项和理论依据

维度	测量项	编号	理论依据
社群影响	1. 组织领导认为应该使用众包平台	SI1	Venkatesh 和 Morris (2003) 张利斌等 (2012) 卫春增、卢凤君和苏文凤 (2004) 李学军 (2007) 周建梅 (2005)
	2. 组织绝大多数员工认为应该使用众包平台	SI2	
	3. 使用众包平台是因为其他公司使用	SI3	
	4. 在行业中，使用众包平台的公司影响力更大	SI4	

4. 配合情况对使用众包模式行为的影响

配合情况是指发包方认为其使用众包平台组织及技术设施上的支持程度，主要体现在感知行为控制、配合情况、兼容性三个方面(如表 5-1 所示)，具体体现在使用硬件环境、软件环境、组织政策等方面。龙啸 (2007) 指出作为消除时空隔阂、降低参与者参与成本及参与门槛的互联网技术，是众包创新模式产生的根源；马卫(2008) 认为互联网技术是连接供需双方，使消费者能更好地与企业交流，并更加快捷方便地获取所需信息的重要途径，说明互联网技术是影响发包方企业利用众包平台的重要因素。Le 等 (2010) 提出解决众包中接包方的欺诈问题，因此众包平台的安全性也会影响发包企业采纳众包模式的意愿；Frederic、Agnes 和 John (2011) 提出组织愿景对信息化创新具有推动作用，其中组织愿景包含组织政策、技术环境、社会活动等因素。从以上学者的相关研究成果可见，技术资源、平台安全性、组织政策、资金成本均是影响发包方企业利用众包平台推广创新的关键因素。因此，根据以上学者的相关研究成果，本研究做出如下假设：

假设九 (Hb4)：*发包方配合情况与参与众包的行为正相关，即发包方利用众包创新平台所具备的便利条件越多，其参与众包的行为越频繁强烈。*

具体问题测量项及理论依据如表 5-10 所示。

表 5-10　发包方配合情况维度测量项和理论依据

维度	测量项	编号	理论依据
配合情况	1. 具备充足的资源条件使用众包平台	FC1	Venkatesh 和 Morris（2003） Frederic、Agnes 和 John（2011） Le 等（2010） 马卫（2008）
	2. 使用众包平台会考虑网站的安全性	FC2	
	3. 公司政策上鼓励使用众包平台	FC3	
	4. 成本是影响我使用众包平台的重要因素	FC4	

5. 使用意图对使用众包模式行为的影响

使用意图是发包方参与众包创新的主观愿望，而使用行为是其参与众包产生的一系列活动，包括发布任务、对企业创新具有推动作用等行为。Davis（1989）指出使用意图对使用行为存在显著的正向影响，即参与意图越强，其参与频率越高。因此，根据以上学者的相关研究成果，本研究做出如下假设：

假设十（Hb5）：发包方使用意图与参与众包的使用行为正相关，即发包方使用意图越强烈，其参与众包的行为越频繁。

具体问题测量项及理论依据如表 5-11 所示。

表 5-11　发包方使用意图、使用行为维量测量项和理论依据

维度	测量项	编号	理论依据
使用意图	1. 贵公司愿意使用众包平台推动创新	IN1	Venkatesh 和 Morris（2003） Davis（1989）
	2. 贵公司会优先考虑采取众包模式推进创新	IN2	
	3. 贵公司喜欢使用众包平台推进创新	IN3	
使用行为	1. 贵公司经常登录众包平台发布任务需求	BH1	
	2. 贵公司认为众包平台满足了自身的创新需求	BH2	

5.3 接包方和发包方参与度影响因素分析

5.3.1 研究方法

5.3.1.1 问卷设计

问卷调研分为两个阶段，即预调研与正式调研。在预调研阶段，主要以纸质问卷的形式，随机发放给 36 名用户进行问卷调查，根据预调研所得数据和用户反馈，对问卷题目的数量及问题提问方式进行调整。问卷量表采用了 Likert 7 级评分形式，例如：对接包方配合情况的测量如表 5－12 所示。其余问卷量表基本类似，因此，不再赘述。

表 5－12　接包方配合情况的测量

测量项	编号	非常不同意	不同意	比较不同意	说不清楚	比较同意	同意	非常同意
1. 具备足够的资源条件解决众包任务（硬件环境）	FC1	1	2	3	4	5	6	7
2. 平台的反馈渠道会影响我参与众包创新任务	FC2	1	2	3	4	5	6	7
3. 网站的使用体验效果是我使用众包平台的重要因素	FC3	1	2	3	4	5	6	7

5.3.1.2 问卷的发放与回收

正式调研阶段，主要采取网络调查法，在问卷调查平台“问卷星”发布问卷，然后在威客平台猪八戒网站、一品威客网站以现金悬赏的方式邀请接包方、发包方填写问卷。在众包网站上以发布任务的形式完成问卷调查，以确保调研对象的准确性及随机性。此外，为了保证问卷的有效性，设置每个威客账户只能填答 1 次问

卷，即每个人限填 1 份接包方或发包方问卷。调研周期为期 1 周，回收结果如表 5-13 所示。接包方问卷共回收 227 份，有效问卷 210 份；发包方问卷共回收 216 份，有效问卷 194 份。

表 5-13　　问卷回收及有效问卷状况　　（单位：份）

参与方	猪八戒网	一品威客网	剔除	总计	有效问卷数
接包方	126	84	17	227	210
发包方	142	52	22	216	194

5.3.2　研究步骤

本研究采用结构方程模型方法进行分析，结构方程模型（structural equation model，SEM）是基于变量的协方差矩阵分析变量间关系的统计方法，因此又称为协方差结构模型。本研究利用 SEM 进行分析的主要研究步骤如下：

步骤一：探索性因子分析。探索性因子分析是基于提出的理论模型，利用主成分分析法探究因子之间的结构关系，并进行 Kaiser-Meyer-Olkin 值检验（KMO 检验）和 Bartlett 球形度检验，当 Kaiser-Meyer-Olkin 值大于 0.6 时，说明该数据适合做因子分析。本研究将利用 SPSS 软件的主成分分析完成该工作。

步骤二：信度检验。信度反映了测量结果的一致性与稳定性程度。其中，一致性反映测量题目是否测度了相同内容；稳定性反映了对同一群受试者进行不同时间上的重复测量结果间的可靠系数。鉴于本研究并未进行问卷的重复发放，因此，采用内部一致性指标测量数据的信度，即克龙巴赫信度系数（Cronbach's Alpha）值大于 0.7，则表明通过信度检验。本研究将利用 SPSS 软件的可靠性分析完成信度检验工作。

步骤三：效度检验。本研究先后检验了区别效度、收敛效度及结构效度。其一，区别效度是指构面所代表的潜在特质与其他构面所代表的潜在特质间低度相关或显著性差异。利用 AMOS 软件进

行区别效度的检验，其方法如下：利用单群组生成两个模型，分别为未限制模型（潜在构面间不限制共变关系）和限制模型（潜在构面间的共变关系参数为1），对两模型进行卡方值差异比较。若卡方值差异大，且达到显著性水平（P<0.05），则表示两个模型存在显著区别；未限制模型的卡方值愈小，则表示潜在构面间的相关性愈低，说明区别效度越大。其二，收敛效度是指测量相同潜在特质的题项或测验会落在同一个因素构面上，且题项或测验间所得的测量值之间具有高度相关性。利用AMOS软件进行收敛效度的检验，其方法如下：检验各潜在构面测量模型的适配度。其三，结构效度是指如果问卷调查结果能够测量其理论特征，使调查结果与理论预期一致，则认为数据具有结构效度。结构效度的验证方法如下：首先，构建理论模型；然后，通过验证性因子分析的模型拟合情况对量表的结构效度进行测度。由此可见，数据的效度检验就转化为了结构方程模型评价中的模型拟合指数评价。本研究将使用AMOS软件完成结构效度分析工作。

步骤四：模型分析。模型分析是使用结构方程模型分析的主体部分，具体实现可分为初始模型构建、模型修正及模型解释三部分工作。第一，初始模型构建工作旨在依据理论模型将其转换为AMOS可描述的初始模型，以便进行后续的模型分析工作。第二，模型修正是在构建的初始模型与数据拟合较差的情况下进行的修正性工作，以使数据和模型适配。这里，可根据CR值及模型拟合指数来判定数据与模型是否适配，如适配度不理想，可采用修正指数进行模型修正。其中，CR值是一个Z统计量，使用参数估计值与其标准差之比，即用来考察模型结果中估计出的参数是否具有统计意义，对路径系数或载荷系数① 进行统计显著性检验，具体方法为：观测P值是否大于0.05；若大于0.05，则说明路径系数没有

① 潜变量与潜变量间的回归系数称为路径系数；潜变量与可测变量间的回归系数称为载荷系数。

通过显著性检验，应删除该路径。模型拟合指数则旨在考察理论结构模型与数据的拟合程度，AMOS 提供多种模型拟合指数，本研究将采用常用拟合指数，即 χ^2（自由度）、GFI、NFI、IFI、CFI、RMSEA、AIC 等，如表 5－14 所示。修正指数用于模型扩展，是指对于模型中某个受限制的参数，若容许自由估计（譬如在模型中添加某条路径），整个模型改良时将会减少的最小卡方值。第三，模型解释旨在揭示潜变量间的结构关系，这些关系通过路径系数予以体现，AMOS 软件提供了直接效应、间接效应及总效应结果的分析工具。直接效应旨在反映原因变量到结果变量的直接影响；间接效应旨在反映原因变量通过影响一个或多个中介变量，继而对结果变量产生的间接影响；总效应旨在反映原因变量到结果变量的总影响，即直接效应与间接效应之和，本研究模型解释部分将使用总效应。

表 5－14　拟合指数

指数名称		评价标准
绝对拟合指数	χ^2（卡方）	越小越好
	GFI	大于 0.9
	RMR	小于 0.05，越小越好
	SRMR	小于 0.05，越小越好
	RMSEA	小于 0.05，越小越好；0.05～0.08 间表示模型拟合尚可
相对拟合指数	NFI	大于 0.9，越接近 1 越好
	IFI	大于 0.9，越接近 1 越好
	CFI	大于 0.9，越接近 1 越好
信息指数	AIC	越小越好
	CAIC	越小越好

5.3.3 数据分析

5.3.3.1 接包方参与度分析

1. 探索性因子分析

KMO 检验和 Bartlett 球形度检验结果如表 5－15 所示。根据统计学家凯泽（Kaiser）给出的标准，KMO 值大于 0.5，说明适合进行因子分析；Bartlett 球形度检验给出的相伴概率为 0.000，小于显著性水平 0.05，拒绝接受 Bartlett 球形度检验的零假设，因此认为发包方参与度数据适合用于进行因子分析。

表 5－15　　接包方参与度数据探索性因子分析检验

KMO 检验和 Bartlett 球形度检验		
取样足够度的 Kaiser-Meyer-Olkin 度量（KMO 值）		0.911
Bartlett 球形度检验	近似卡方	3 867.707
	自由度（df）	276
	相伴概率（Sig.）	0.000

接下来使用 SPSS 软件进行探索性因子分析，通过主成分分析法提取各测量项的主成分，结果如表 5－16 及表 5－17 所示。

表 5－16　　接包方参与度数据解释总方差

成分	初始特征值			提取平方和载入			旋转平方和载入		
	合计	方差的百分比	累积百分比	合计	方差的百分比	累积百分比	合计	方差的百分比	累积百分比
1	9.820	40.918	40.918	9.820	40.918	40.918	4.734	19.727	19.727
2	2.239	9.328	50.246	2.239	9.328	50.246	3.671	15.296	35.023
3	1.831	7.631	57.877	1.831	7.631	57.877	3.529	14.702	49.725
4	1.581	6.588	64.465	1.581	6.588	64.465	2.828	11.785	61.511
5	1.080	4.501	68.966	1.080	4.501	68.966	1.789	7.456	68.966
6	0.768	3.200	72.166						

续前表

成分	初始特征值			提取平方和载入			旋转平方和载入		
	合计	方差的百分比	累积百分比	合计	方差的百分比	累积百分比	合计	方差的百分比	累积百分比
7	0.744	3.099	75.265						
8	0.657	2.738	78.004						
9	0.607	2.528	80.532						
10	0.571	2.379	82.910						
11	0.504	2.101	85.011						
12	0.468	1.951	86.963						
13	0.446	1.857	88.819						
14	0.426	1.776	90.595						
15	0.356	1.483	92.079						
16	0.308	1.285	93.364						
17	0.295	1.227	94.591						
18	0.250	1.040	95.631						
19	0.215	0.896	96.527						
20	0.198	0.827	97.354						
21	0.186	0.776	98.130						
22	0.174	0.724	98.854						
23	0.158	0.658	99.512						
24	0.117	0.488	100.000						

提取方法：主成分分析法。

表 5－17　简化后的接包方参与度数据解释总方差

成分	初始特征值			提取平方和载入			旋转平方和载入		
	合计	方差的百分比	累积百分比	合计	方差的百分比	累积百分比	合计	方差的百分比	累积百分比
1	9.820	40.918	40.918	9.820	40.918	40.918	4.734	19.727	19.727
2	2.239	9.328	50.246	2.239	9.328	50.246	3.671	15.296	35.023
3	1.831	7.631	57.877	1.831	7.631	57.877	3.529	14.702	49.725
4	1.581	6.588	64.465	1.581	6.588	64.465	2.828	11.785	61.511
5	1.080	4.501	68.966	1.080	4.501	68.966	1.789	7.456	68.966

根据解释总方差，接包方参与度数据共计 24 个测量项，共提取了 5 个主要成分，累计解释 68.966%，而具体各成分结果如表 5-18 及表 5-19 旋转成分矩阵所示。

表 5-18　　接包方参与度数据旋转成分矩阵

旋转成分矩阵[a]					
问题项	成分				
	1	2	3	4	5
PE1	0.315	0.103	0.184	0.562	0.370
PE2	0.252	0.296	−0.110	0.561	0.396
PE3	0.226	0.110	0.083	0.130	0.805
PE4	0.109	0.164	0.310	0.257	0.689
PE5	0.255	0.202	0.097	0.690	0.124
PE6	0.048	0.186	0.084	0.723	0.086
PE7	0.190	−0.038	0.286	0.787	0.014
EE1	0.838	0.217	0.046	0.284	0.009
EE2	0.837	0.174	0.115	0.240	0.056
EE3	0.826	0.103	0.178	0.142	0.226
EE4	0.700	0.037	0.168	0.102	0.359
SI1	0.285	0.029	0.611	0.050	0.194
SI2	0.233	0.190	0.822	0.140	0.050
SI3	0.112	0.152	0.800	0.209	0.050
SI4	0.015	0.091	0.794	0.005	0.140
SI5	0.154	0.230	0.735	0.139	0.008
FC1	0.601	0.345	0.294	0.140	0.065
FC2	0.662	0.386	0.234	0.110	0.089
FC3	0.576	0.528	0.184	0.077	0.149
IN1	0.506	0.573	0.159	0.302	0.052
IN2	0.371	0.675	0.243	0.211	0.082
IN3	0.327	0.687	0.238	0.216	0.181
BH1	0.155	0.849	0.073	0.140	−0.008
BH2	0.056	0.850	0.160	0.031	0.170

提取方法：主成分分析法。

旋转法：具有凯泽（Kaiser）标准化的正交旋转法。

a. 旋转在 6 次迭代后收敛。

表 5-19　　简化后的接包方参与度数据旋转成分矩阵

成分									
1		2		3		4		5	
EE1	0.838	IN2	0.675	SI1	0.611	PE1	0.562	PE3	0.805
EE2	0.837	IN3	0.687	SI2	0.822	PE2	0.602	PE4	0.689
EE3	0.826	BH1	0.849	SI3	0.800	PE5	0.690		
EE4	0.700	BH2	0.850	SI4	0.794	PE6	0.723		
FC1	0.601			SI5	0.735	PE7	0.787		
FC2	0.662								
FC3	0.576	FC3	0.528						
IN1	0.506	IN1	0.573						

由旋转成分矩阵得到的初始探索性因子分析结果可知，其一，绩效期望维度（即 PE1～PE7）中的 PE1、PE2、PE5～PE7 聚合于同一成分 4，而 PE3、PE4 聚合于成分 5。根据 PE1～PE7 设置的具体问题测量项含义可知：PE3、PE4 是根据工作适配度设置的测量项，因此将绩效期望拆分为两个维度，即绩效期望（PE1、PE2、PE5～PE7）与工作适配度（PE3、PE4）。其二，努力期望维度（EE1～EE4）与 FC1、FC2 共同聚合于同一成分 1，努力期望维度指付出的努力程度越低越能促进和增强其平台参与度。FC1（具备足够的条件和资源解决众包任务（硬件环境））、FC2（平台的反馈渠道会影响我参与众包创新任务）均是使用众包平台所具备的便利条件。越便利，付出的努力程度越低，因此，可将 FC1、FC2 合并归属至努力期望维度。其三，社群影响维度（SI1～SI5）因子分析结果与理论设定一致。其四，IN2、IN3、BH1、BH2 聚合于同一成分 2，其中，IN 表示使用意图，BH 表示使用行为，考虑到在现实生活中使用意图与使用行为存在正相关关系，因此，可将两者合并为使用行为维度，并用 UI 表示。其五，由于 FC3 和

IN1 在题项设计时定义域过宽，区别性不强，因此将其予以剔除。

根据以上调整，重新做探索性因子分析后，得到如表 5-20 所示的结果。

表 5-20　　接包方参与度调整数据旋转成分矩阵

成分									
1		2		3		4		5	
EE1	0.848	IN2	0.659	SI1	0.612	PE1	0.556	PE3	0.813
EE2	0.846	IN3	0.674	SI2	0.829	PE2	0.562	PE4	0.688
EE3	0.837	BH1	0.861	SI3	0.803	PE5	0.696		
EE4	0.714	BH2	0.865	SI4	0.790	PE6	0.724		
FC1	0.603			SI5	0.735	PE7	0.792		
FC2	0.653								

从调整后的最终结果观察，因子结构符合调整预期，即 PE1、PE2、PE5～PE7 聚合于同一成分，PE3、PE4 聚合于同一成分，EE1～EE4、FC1、FC2 聚合于同一成分，SI1～SI5 聚合于同一成分，IN2、IN3、BH1、BH2 聚合于同一成分，因此，调整后的新测量量表如表 5-21 所示。

表 5-21　　接包方参与度数据新测量量表

维度	编号	测量项
绩效期望	PE1	使用众包平台能够获得新知识
	PE2	使用众包平台是为了获得报酬
	PE3	解决众包任务可以充实业余时间
	PE4	解决众包任务获得的额外报酬相较于其他业余工作更高
	PE5	解决了众包任务，能够得到心理满足感
工作适配度	WP1	使用众包平台解决的众包任务与我所在工作领域相关
	WP2	使用众包平台与我的工作时间不冲突

续前表

维度	编号	测量项
努力期望	EE1	众包平台使用流程并不复杂
	EE2	认为众包平台是容易操作的
	EE3	需要很大的精力时间学习如何使用众包平台
	EE4	需要计算机专业相关知识学习如何使用众包平台
	EE5	具备足够的条件和资源解决众包任务（硬件环境）
	EE6	平台的反馈渠道会影响我参与众包创新任务
社群影响	SI1	使用众包平台是为了认识新的朋友
	SI2	同事/同学认为我应该使用众包平台
	SI3	朋友认为我应该使用众包平台
	SI4	我使用众包平台，是因为其他朋友使用
	SI5	朋友中，解决众包任务的比不解决众包任务的影响力更强
使用行为	UI1	业余时间，我会优先考虑众包平台解决众包问题
	UI2	我喜欢使用众包平台解决众包任务
	UI3	我经常登录众包网站浏览众包任务
	UI4	我经常接受众包任务

2. 信度检验

接包方参与度数据信度检验结果如表 5 - 22 所示。从检验结果观测，整体量表、绩效期望、努力期望及社群影响的 Cronbach's Alpha 值均大于 0.7，说明针对接包方调查回收的数据具有较高信度，问卷可靠性高，且各量表反映了相同特质。然而，工作适配度维度并未通过信度检验，究其现实原因在于：在众包模式中，平台通过集合各专业领域的群体智慧来解决问题，并未要求专业人士只能解决对应专业领域问题，换言之，未对问题专业适应性做出要求。例如：在创新中心 InnoCentive 平台上，一位物理学家可跨界解决化

学领域的问题。鉴于此，本研究将工作适配度量表予以剔除。

表 5-22　　接包方参与度数据信度检验

潜在变量	可靠性统计量	
	Cronbach's Alpha	项数
整体量表	0.923	22
绩效期望	0.809	5
工作适配度	0.644	2
努力期望	0.910	6
社群影响	0.854	5

3. 验证性因子分析

(1) 区别效度检验。

就区别效度检验而言，本研究将对“绩效期望—努力期望”构面、“绩效期望—社群影响”构面、“努力期望—社群影响”构面的区别效度分别予以了检验。

1)“绩效期望—努力期望”构面区别效度。

“绩效期望—努力期望”构面区别效度的假设模型如图 5-3 所示，两个潜在构面间的共变参数标签名称为 C。未限制模型不界定任何参数限制条件，限制模型中界定参数限制条件“C=1”，表示限制两个潜在变量间相关系数为 1。模型模拟运算，并给予修正参数修正后，均可收敛识别。

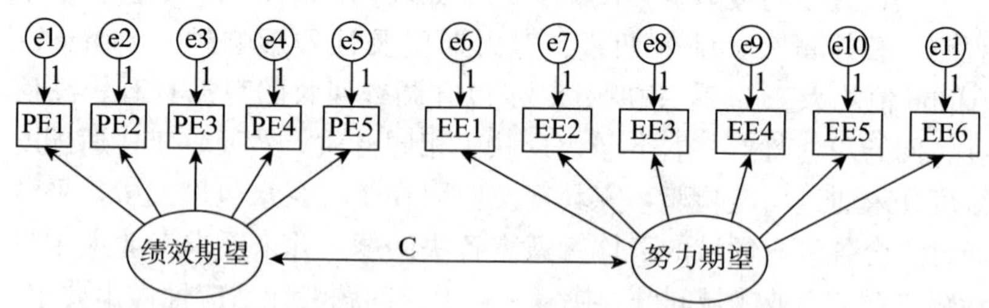

图 5-3　“绩效期望—努力期望”构面区别效度的假设模型

"绩效期望—努力期望"构面区别效度的未限制模型如图 5-4 所示。

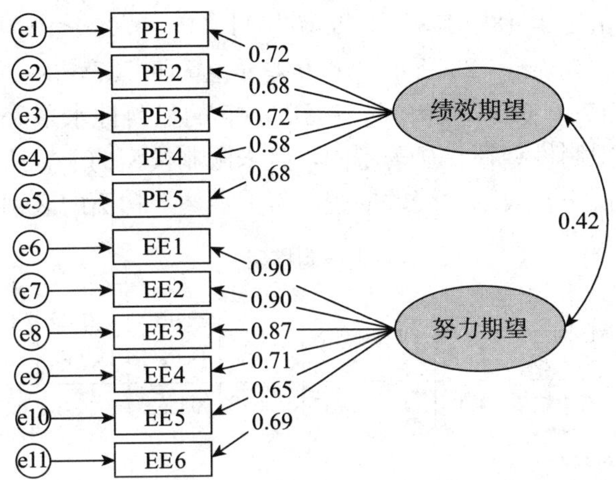

图 5-4　"绩效期望—努力期望"构面区别效度的未限制模型

"绩效期望—努力期望"构面区别效度的限制模型如图 5-5 所示。

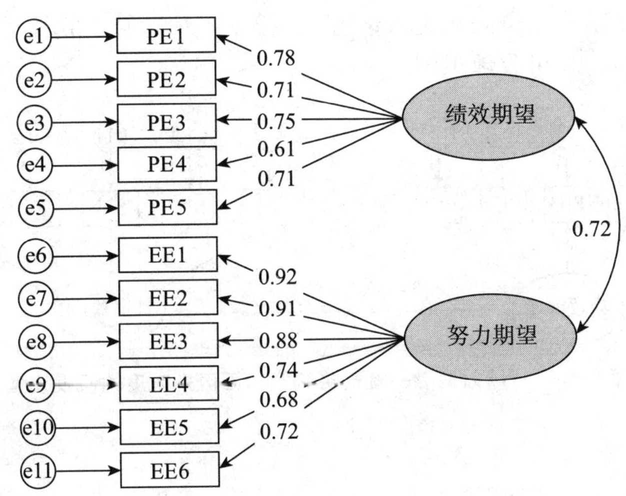

图 5-5　"绩效期望—努力期望"构面区别效度的限制模型

针对“绩效期望—努力期望”构面的区别效度检验发现，其未限制模型自由度为 178.094，卡方值为 43（P=0.000<0.05），限制模型自由度为 185.393，卡方值为 44（P=0.000<0.05）。嵌套模型比较，如表 5－23 所示，卡方差异值为 6.757，卡方差异值显著性检验 P=0.009 7<0.05，达到 0.05 的显著性水平。表示未限制模型与限制模型存在显著不同，且未限制模型的卡方值比限制模型的卡方值小，表示“绩效期望—努力期望”构面的区别效度佳。

表 5－23　　　　未限制模型

Model	DF	CMIN	P	NFI Delta-1	IFI Delta-2	RFI rho-1	TLI rho-2
“绩效期望—努力期望”构面	1	6.757	0.009 7	0.005	0.005	0.002	0.003

2）“绩效期望—社群影响”构面区别效度。

“绩效期望—社群影响”构面区别效度的假设模型如图 5－6 所示，两个潜在构面间的共变参数标签名称为 C。未限制模型不界定任何参数限制条件，限制模型中界定参数限制条件“C=1”，表示限制两个潜在变量间相关系数为 1。模型模拟运算，并给予修正参数修正后，均可收敛识别。

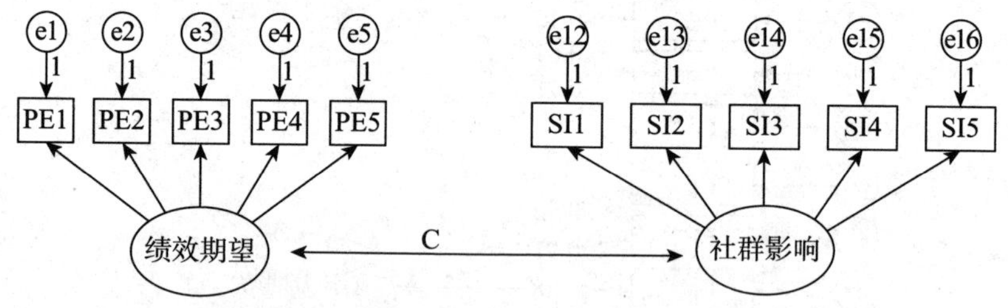

图 5－6　“绩效期望—社群影响”构面区别效度的假设模型

“绩效期望—社群影响”构面区别效度的未限制模型如图 5 - 7 所示。

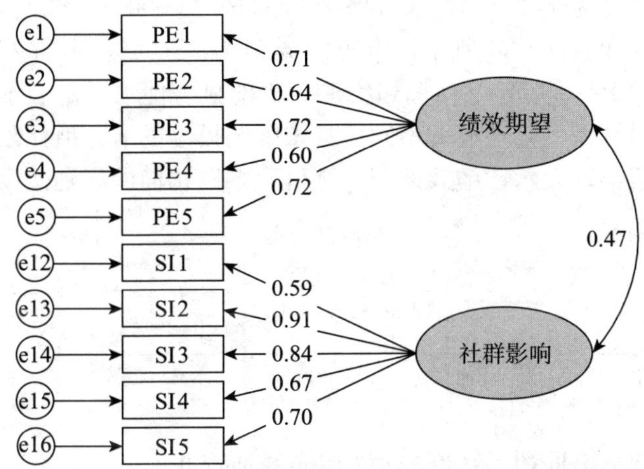

图 5 - 7　“绩效期望—社群影响”构面区别效度的未限制模型

“绩效期望—社群影响”构面区别效度的限制模型如图 5 - 8 所示。

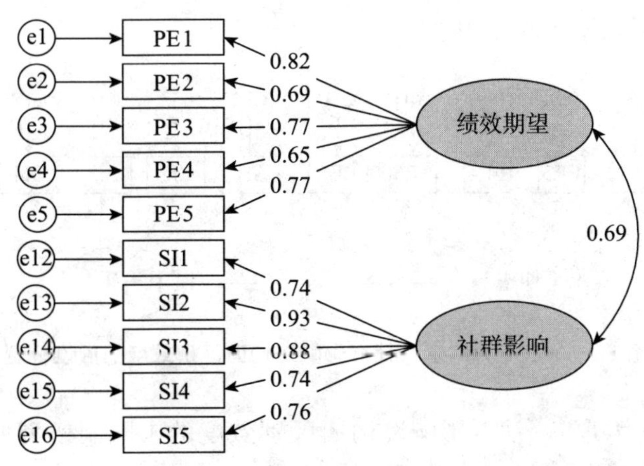

图 5 - 8　“绩效期望—社群影响”构面区别效度的限制模型

针对“绩效期望—社群影响”构面的区别效度检验发现，其未限制模型自由度为73.696，卡方值为34（P=0.000<0.05），限制模型自由度为111.242，卡方值为35（P=0.000<0.05）。嵌套模型比较，如表5-24所示，卡方差异值为37.546，卡方差异值显著性检验P=0.000<0.05，达到0.05的显著性水平。表示未限制模型与限制模型存在显著不同，且未限制模型的卡方值比限制模型的卡方值小，表示“绩效期望—社群影响”构面的区别效度佳。

表5-24　　　　未限制模型

Model	DF	CMIN	P	NFI Delta-1	IFI Delta-2	RFI rho-1	TLI rho-2
“绩效期望—社群影响”构面	1	37.546	0.000	0.036	0.037	0.044	0.046

3）“努力期望—社群影响”构面区别效度。

“努力期望—社群影响”构面区别效度的假设模型如图5-9所示，两个潜在构面间的共变参数标签名称为C。未限制模型不界定任何参数限制条件，限制模型中界定参数限制条件“C=1”，表示限制两个潜在变量间相关系数为1。模型模拟运算，并给予修正参数修正后，均可收敛识别。

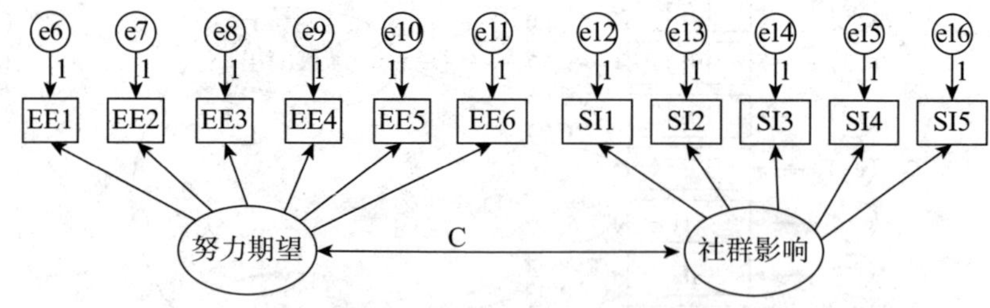

图5-9　“努力期望—社群影响”构面区别效度的假设模型

“努力期望—社群影响”构面区别效度的未限制模型如图5-10所示。

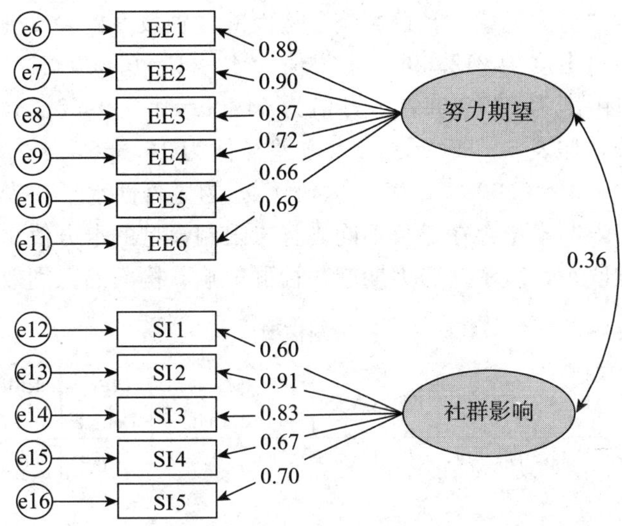

图 5-10　"努力期望—社群影响"构面区别效度的未限制模型

"努力期望—社群影响"构面区别效度的限制模型如图 5-11 所示。

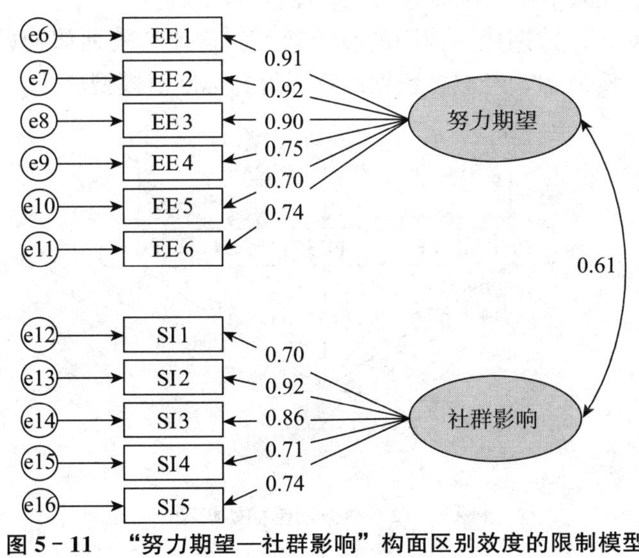

图 5-11　"努力期望—社群影响"构面区别效度的限制模型

针对“努力期望—社群影响”构面的区别效度检验发现，其未限制模型自由度为 212.696，卡方值为 43（P=0.000<0.05），限制模型自由度为 229.062，卡方值为 44（P=0.000<0.05）。嵌套模型比较，如表 5-25 所示，卡方差异值为 16.366，卡方差异值显著性检验 P=0.000<0.05，达到 0.05 的显著性水平。表示未限制模型与限制模型存在显著不同，且未限制模型的卡方值比限制模型的卡方值小，表示“努力期望—社群影响”构面的区别效度佳。

表 5-25　　　　未限制模型

Model	DF	CMIN	P	NFI Delta-1	IFI Delta-2	RFI rho-1	TLI rho-2
“努力期望—社群影响”构面	1	16.366	0.000	0.009	0.009	0.008	0.008

（2）收敛效度检验。

就收敛效度检验而言，本研究对“绩效期望”、“努力期望”及“社群影响”构面的收敛效度分别予以了检验。

1）“绩效期望”构面的收敛效度。

针对“绩效期望”构面的收敛效度，构建绩效期望初始模型，如图 5-12 所示，经拟合数据运算后得到标准值模型。

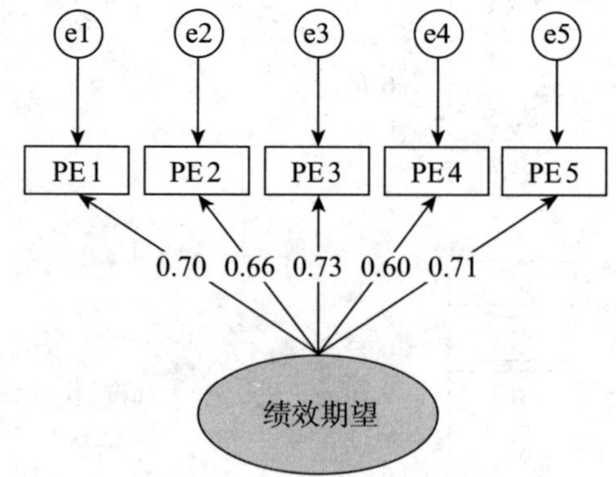

图 5-12　绩效期望初始模型

绩效期望初始模型拟合指数结果如表 5－26 所示。

表 5－26　　绩效期望初始模型拟合指数

拟合指数	卡方值	自由度	RMSEA	AGFI	卡方自由度比值	GFI
结果	12.429（P=0.029）	5	0.078	0.941	2.498	0.980

表 5－26 的数据显示，在绩效期望初始模型中，假定所有误差项间相互独立，5 个测量指标误差项间均不存在相关性，模型检验结果显示：5 个测量指标 λ 值的建构信度（construct reliability，C.R. 值）均大于 1.96，表示这些测量指标参数均达到 0.05 的显著水平，整体模型的自由度为 5，卡方自由度的比值为 2.498<3，AGFI 值为 0.941>0.9，GFI 值为 0.980>0.9，RMSEA 值为 0.078<0.08，所有指标都显示达到模型适配标准。因此，误差项间的相互独立的测量模型得到支持，同时说明绩效期望构面与数据契合，收敛效度佳。

2）“努力期望”构面的收敛效度。

针对“努力期望”构面的收敛效度，构建努力期望初始模型，如图 5－13 所示，经拟合数据运算后得到标准值模型。

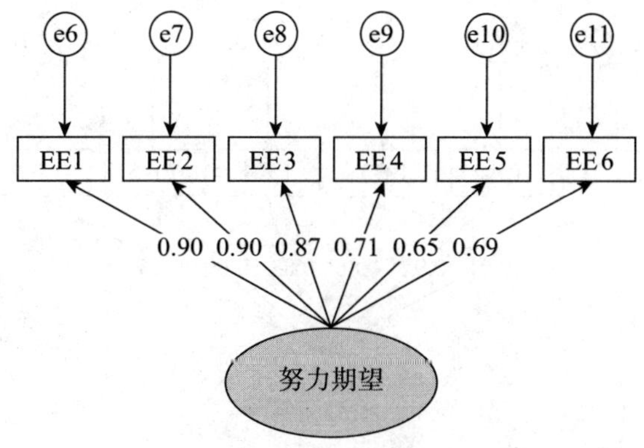

图 5－13　努力期望初始模型

努力期望初始模型拟合指数结果如表 5－27 所示。

表 5－27　　努力期望初始模型拟合指数

拟合指数	卡方值	自由度	RMSEA	AGFI	卡方自由度比值	GFI
结果	111.159（P=0.000）	6	0.215	0.709	12.395	0.875

表 5－27 的数据显示，在努力期望测量模型的初始模型中，假定所有误差项间相互独立，6 个测量指标误差项间均不存在相关性，模型检验结果显示：6 个测量指标 λ 值的 C.R. 值均大于 1.96，表示 6 个测量指标参数均达到 0.05 的显著水平，整体模型的自由度为 6，卡方自由度比值为 12.395>3，AGFI 值为 0.709<0.9，GFI 值为 0.875<0.9，RMSEA 值为 0.215>0.08，标准值模型及部分指标模型拟合指数结果未达到模型适配标准。因此，误差项间相互独立的测量模型无法得到支持，继而根据修正指数进行模型修订，e10、e11 间的修正指数（modification index，M.I. 值）较大，添加 e10、e11 之间的共变关系后进行模型修正，如图 5－14 所示。

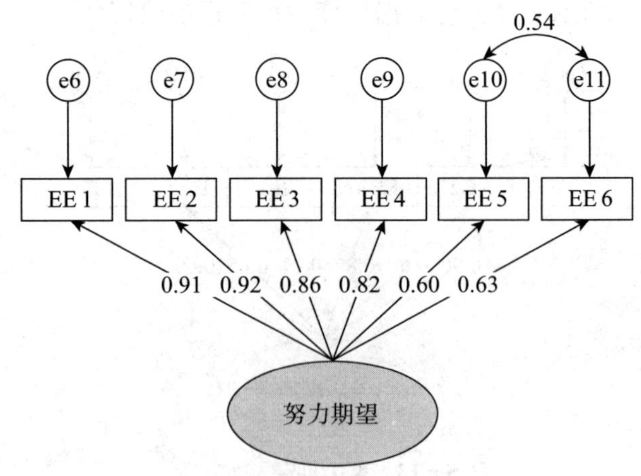

图 5－14　努力期望修正模型

努力期望修正模型拟合指数结果如表 5－28 所示。根据修正指数进行修正，结果显示没有修正指标值大于 4。假定所有误差项间相互独立，6 个测量指标误差项间均没有相关，模型检验结果显示：6 个测量指标 λ 值的 C. R. 值均大于 1.96，表示 6 个测量指标参数均达到 0.05 的显著水平，整体模型的自由度为 5，卡方自由度的比值为 1.396<3，AGFI 值为 0.963>0.9，GFI 值为 0.989>0.9，RMSEA 值为 0.04<0.08，所有指标都显示达到模型适配标准。即说明努力期望构面与数据契合，收敛效度佳。

表 5－28　　努力期望修正模型拟合指数

拟合指数	卡方值	自由度	RMSEA	AGFI	卡方自由度比值	GFI
结果	8.376（P=0.013）	5	0.04	0.963	1.396	0.989

3）“社群影响”构面的收敛效度。

针对“社群影响”构面的收敛效度，构建社群影响初始模型，如图 5－15 所示，经拟合数据运算后得到标准值模型。

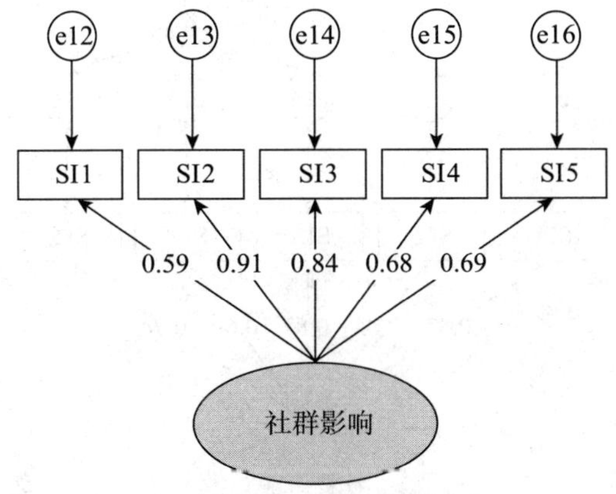

图 5－15　社群影响初始模型

社群影响初始模型拟合指数结果如表5-29所示。

表5-29　社群影响初始模型拟合指数

拟合指数	卡方值	自由度	RMSEA	AGFI	卡方自由度比值	GFI
结果	19.729（P=0.001）	5	0.109	0.915	3.946	0.972

表5-29的数据显示，在社群影响测量模型的初始模型中，假定所有误差项间相互独立，5个测量指标误差项间均不存在相关性，模型检验结果显示：5个测量指标λ值的C.R.值均大于1.96，表示5个测量指标参数均达到0.05的显著水平，整体模型的自由度为5，卡方自由度比值为3.946＞3，AGFI值为0.915＞0.9，GFI值为0.972＞0.9，RMSEA值为0.109＞0.08，标准值模型及部分指标模型拟合指数结果未达到模型适配标准。因此，误差项间相互独立的测量模型无法得到支持，继而根据修正指数进行模型修订，e14、e16间的M.I.值较大，添加e14、e16之间的共变关系后进行模型修正，如图5-16所示。

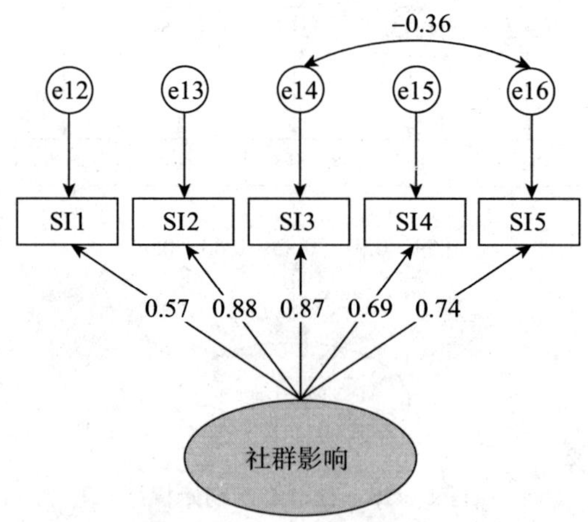

图5-16　社群影响修正模型

社群影响修正模型拟合指数结果如表 5－30 所示。根据修正指数进行修正，结果显示没有修正指标值大于 4。假定所有误差项间相互独立，5 个测量指标误差项间均没有相关，模型检验结果显示：5 个测量指标 λ 值的 C. R. 值均大于 1.96，表示 5 个测量指标参数均达到 0.05 的显著水平，整体模型的自由度为 4，卡方自由度比值为 2.171＜3，AGFI 值为 0.949＞0.9，GFI 值为 0.986＞0.9，RMSEA 值为 0.069＜0.08，所有指标显示达到模型适配标准。即说明社群影响构面与数据契合，收敛效度佳。

表 5－30　　　　　　社群影响修正模型拟合指数

拟合指数	卡方值	自由度	RMSEA	AGFI	卡方自由度比值	GFI
结果	8.683（P=0.023）	4	0.069	0.949	2.171	0.986

4. 模型分析

（1）初始模型。

根据上述分析构建初始结构模型，即绩效期望、努力期望、社群影响三个潜变量对使用行为的影响，同时增加了这三个潜变量间的共变关系，如图 5－17 所示。

本研究采用最大似然估计（maximum likelihood）进行模型运算，由于模型自动运行结果为非标准化的路径系数，因此，在属性分析（analysis properties）的输出（output）项中选择标准化估计（standardized estimates）项，则可输出测量模型的因子载荷标准化系数。接包方参与度关键影响因素初始模型系数路径估计结果，如表 5－31 所示。

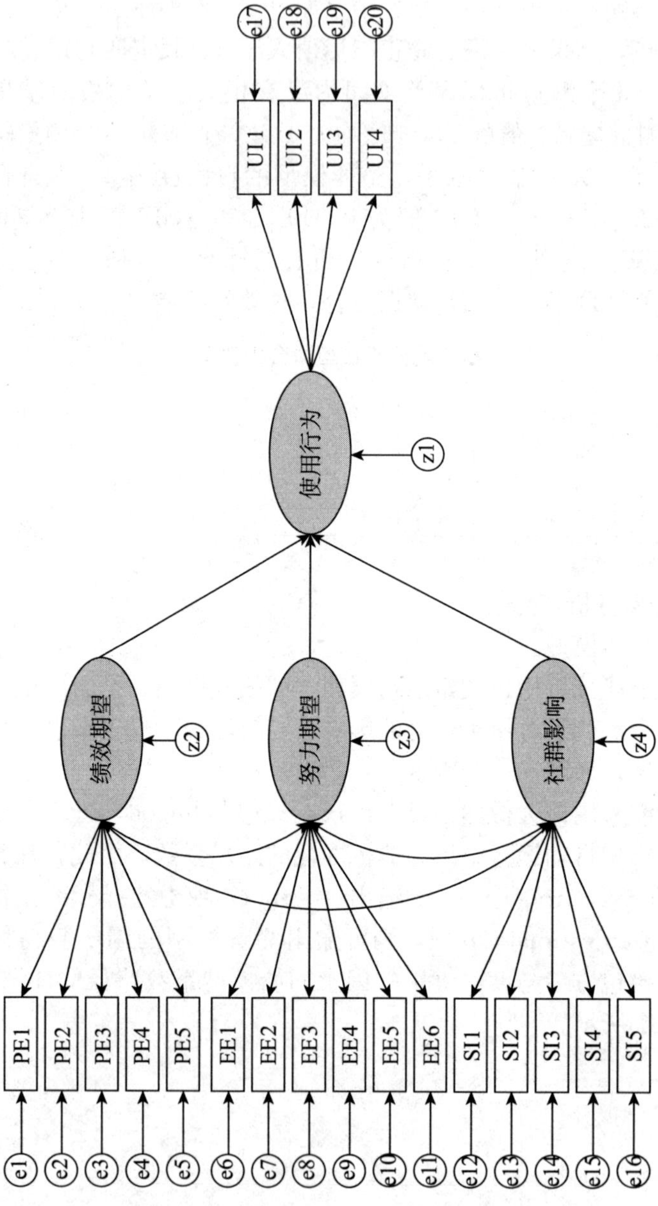

图5-17　接包方参与度关键影响因素初始模型

表 5 - 31　接包方参与度关键影响因素初始模型系数路径估计

影响关系			Estimate	S. E.	C. R.	P	Standardized Estimate
使用行为	←	绩效期望	0.303	0.109	2.772	0.006	0.237
使用行为	←	努力期望	0.309	0.068	4.573	***	0.364
使用行为	←	社群影响	0.301	0.085	3.525	***	0.243
PE1	←	绩效期望	1.000				0.725
PE2	←	绩效期望	0.897	0.094	9.525	***	0.677
PE3	←	绩效期望	0.990	0.098	10.088	***	0.721
PE4	←	绩效期望	0.880	0.106	8.263	***	0.582
PE5	←	绩效期望	1.000	0.104	9.589	***	0.682
EE1	←	努力期望	1.000				0.893
EE2	←	努力期望	0.899	0.043	20.818	***	0.898
EE3	←	努力期望	0.908	0.047	19.329	***	0.867
EE4	←	努力期望	0.757	0.055	13.642	***	0.715
EE5	←	努力期望	0.624	0.051	12.235	***	0.665
EE6	←	努力期望	0.686	0.052	13.285	***	0.703
SI1	←	社群影响	1.000				0.594
SI2	←	社群影响	1.319	0.130	10.177	***	0.906
SI3	←	社群影响	1.277	0.130	9.797	***	0.835
SI4	←	社群影响	1.224	0.144	8.498	***	0.672
SI5	←	社群影响	1.154	0.132	8.748	***	0.701
UI1	←	使用行为	1.000				0.855
UI2	←	使用行为	1.011	0.059	17.044	***	0.891
UI3	←	使用行为	0.942	0.076	12.378	***	0.705
UI4	←	使用行为	0.976	0.079	12.376	***	0.705

注：*、**、*** 分别表示 P 值在 0.10、0.05、0.01 的范围，以下同。

接包方参与度关键影响因素初始模型方差估计结果，如表 5－32 所示。

表 5－32　接包方参与度关键影响因素初始模型方差估计

影响关系	Estimate	S. E.	C. R.	P
绩效期望	0.701	0.115	6.095	***
努力期望	1.590	0.179	8.861	***
社群影响	0.745	0.151	4.918	***
z1	0.581	0.080	7.295	***
e1	0.632	0.073	8.704	***
e2	0.667	0.072	9.279	***
e3	0.632	0.072	8.755	***
e4	1.057	0.106	9.998	***
e5	0.808	0.088	9.228	***
e7	0.404	0.050	8.033	***
e8	0.308	0.039	7.860	***
e9	0.433	0.049	8.754	***
e10	0.872	0.085	10.301	***
e11	0.779	0.074	10.492	***
e12	0.766	0.074	10.354	***
e13	1.362	0.130	10.447	***
e14	0.282	0.051	5.522	***
e15	0.527	0.065	8.092	***
e16	1.352	0.134	10.105	***
e17	1.028	0.104	9.931	***
e18	0.421	0.056	7.559	***
e19	0.305	0.049	6.261	***
e20	1.027	0.104	9.889	***

根据表 5－31 的系数路径估计结果可以看出，C.R. 值均大于 1.6，且 P 值均小于 0.10，即所有因子载荷均通过显著性检验；根据表 5－32 的方差估计结果可以看出，P 值均小于 0.05，通过显著性检验。综上所述，从系数路径、方差估计结果观察，数据与接包方参与度关键影响因素初始模型具有一定的拟合度。

（2）模型修正。

在结构方程模型中，试图通过统计运算方法（如最大似然估计等）求出那些使样本方差协方差矩阵 S 与理论方差协方差矩阵 Σ 的差异最小的模型参数。换言之，如果理论模型结构相较于收集到的数据而言是合理的，那么样本方差协方差矩阵 S 与理论方差协方差矩阵 Σ 差别不大，即残差矩阵（$\Sigma - S$）各个元素接近于 0，则可认为模型拟合了数据。可以从模型复杂性、样本大小、相对性与绝对性等方面对理论模型进行度量。AMOS 提供了多种模型拟合指数供使用者选择。如果模型拟合不佳，则需要根据相关领域知识和模型修正指标进行模型调整及修正。

接包方参与度关键影响因素初始模型常用拟合指数计算结果如表 5－33 所示。

表 5－33　接包方参与度关键影响因素初始模型常用拟合指数计算结果

拟合指数	卡方值（自由度）	CFI	NFI	IFI	GFI	RMSEA	AIC
结果	548.357（164）	0.873	0.829	0.874	0.822	0.098	640.357

从表 5－33 中数据可发现，初始模型拟合指数的结果均没有达到标准，即目前模型与实际数据并不拟合，因此需要根据修正指数进行模型调整。本研究根据表 5－14 所示的拟合指数评价标准，对初始模型进行修正。根据修正指数，即残差项间 M.I. 值大的，增加两者之间的共变关系后，得到最终的修正模型如图 5－18 所示。

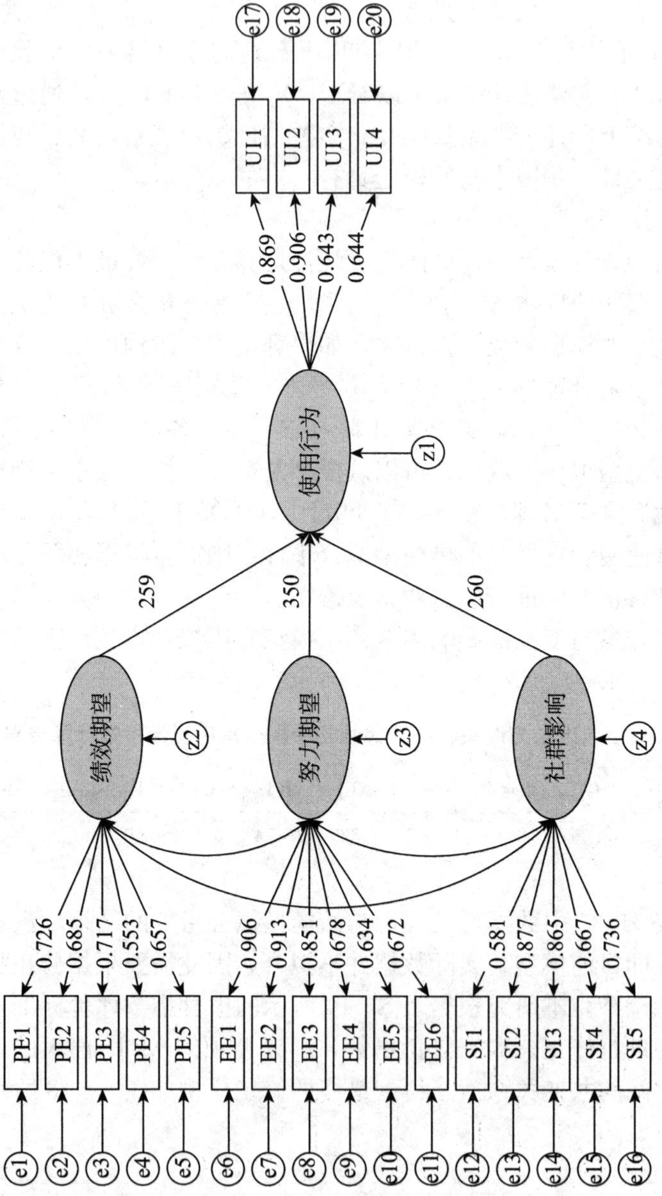

图5-18 接包方参与度关键影响因素修正模型

接包方参与度关键影响因素修正模型常用拟合指数计算结果如表 5 - 34 所示。

表 5 - 34　接包方参与度关键影响因素修正模型常用拟合指数计算结果

拟合指数	卡方值（自由度）	CFI	NFI	IFI	GFI	RMSEA	AIC
结果	282.429（154）	0.957	0.912	0.958	0.902	0.058	394.429

结合表 5 - 14 拟合指数的评价标准，可判断修正模型的拟合指数结果均已达到标准，即目前的模型与实际数据相契合，模型具备一定的拟合优度，即说明修正模型的结构效度佳。该修正模型的系数路径估计如表 5 - 35 所示。

表 5 - 35　接包方参与度关键影响因素修正模型系数路径估计

影响关系			Estimate	S. E.	C. R.	P	Standardized Estimate
使用行为	←	绩效期望	0.337	0.110	3.058	0.002	0.259
使用行为	←	努力期望	0.300	0.066	4.569	***	0.350
使用行为	←	社群影响	0.335	0.088	3.812	***	0.260
PE1	←	绩效期望	1.000				0.726
PE2	←	绩效期望	0.909	0.095	9.596	***	0.685
PE3	←	绩效期望	0.986	0.099	9.993	***	0.717
PE4	←	绩效期望	0.837	0.108	7.733	***	0.553
PE5	←	绩效期望	0.966	0.104	9.252	***	0.657
EE1	←	努力期望	1.000			0.906	
EE2	←	努力期望	0.912	0.040	22.551	***	0.913
EE3	←	努力期望	0.887	0.046	19.220	***	0.851
EE4	←	努力期望	0.713	0.056	12.684	***	0.678
EE5	←	努力期望	0.591	0.051	11.536	***	0.634
EE6	←	努力期望	0.653	0.052	12.602	***	0.672

续前表

影响关系			Estimate	S. E.	C. R.	P	Standardized Estimate
SI1	←	社群影响	1.000			0.581	
SI2	←	社群影响	1.305	0.132	9.904	***	0.877
SI3	←	社群影响	1.353	0.140	9.652	***	0.865
SI4	←	社群影响	1.220	0.145	8.410	***	0.667
SI5	←	社群影响	1.228	0.140	8.770	***	0.736
UI1	←	使用行为	1.000			0.869	
UI2	←	使用行为	1.012	0.059	17.110	***	0.906
UI3	←	使用行为	0.845	0.077	11.034	***	0.643
UI4	←	使用行为	0.877	0.079	11.050	***	0.644

接包方参与度关键影响因素修正模型方差估计如表 5－36 所示。

表 5－36　接包方参与度关键影响因素修正模型方差估计

影响关系	Estimate	S. E.	C. R.	P
绩效期望	0.697	0.114	6.144	***
努力期望	1.607	0.176	9.143	***
社群影响	0.712	0.148	4.821	***
z1	0.575	0.079	7.321	***
e1	0.625	0.073	8.541	***
e2	0.653	0.072	9.072	***
e3	0.640	0.074	8.662	***
e4	1.110	0.111	9.965	***
e5	0.855	0.092	9.295	***
e7	0.350	0.048	7.277	***

续前表

影响关系	Estimate	S. E.	C. R.	P
e8	0.267	0.038	6.973	***
e9	0.480	0.053	8.990	***
e10	0.960	0.093	10.375	***
e11	0.836	0.079	10.569	***
e12	0.829	0.079	10.454	***
e13	1.395	0.132	10.587	***
e14	0.365	0.054	6.807	***
e15	0.439	0.068	6.501	***
e16	1.325	0.129	10.284	***
e17	0.908	0.103	8.835	***
e18	0.383	0.057	6.676	***
e19	0.265	0.052	5.085	***
e20	1.198	0.117	10.219	***

（3）模型评价。

接包方参与度关键影响因素修正模型基本适配度检验结果、修正模型整体模型适配度检验结果、修正模型内在质量检验摘要表分别如表 5－37、表 5－38 及表 5－39 所示。

表 5－37　　接包方参与度关键影响因素修正模型基本适配度检验结果

评价项目	检验结果数据	模型适配判断
是否没有负的误差变量	均为正数	是
因素负荷量是否介于 0.5～0.95 之间	0.581～0.913	是
是否没有很大的标准误	0.038～0.176	是

表 5-38　接包方参与度关键影响因素修正模型整体模型适配度检验结果

评价项目	适配的标准或临界值	检验结果数据	适配判断
绝对适配度			**是**
χ^2	越小越好	282.429	是
RMSEA	小于 0.05，越小越好；0.05～0.08 间表示模型拟合尚可	0.058	是
GFI	大于 0.9	0.902	是
相对适配度			**是**
NFI	大于 0.9	0.912	是
IFI	大于 0.9	0.958	是
CFI	大于 0.9	0.957	是
简约适配度			**是**
卡方自由度比值	小于 2	1.834	是
AIC	理论模型小于独立模型，小于饱和模型	394.429<420 394.429<3 249.379	是
CIIC	理论模型小于独立模型，小于饱和模型	646.955<1 366.972 646.955<3 339.567	是

表 5-39　接包方参与度关键影响因素修正模型内在质量检验摘要表

评价项目	检验结果数据	模型适配判断
所估计的参数均达到显著性水平	P 值均小于 0.05	是
标准化残差的绝对值小于 2.58	最大值为 1.395	是
修正指标小于 4.0	存在修正指标大于 4.0	否

根据表 5-37 显示的接包方参与度关键影响因素修正模型基本适配度指标判断，所有指标均已达到检验标准，说明基本适配指标

良好，没有违反模型的辨认规则。根据表 5－38 显示的接包方参与度关键影响因素修正模型整体模型适配度指标判断，整体模型在绝对适配度、相对适配度以及简约适配度方面均已达到可接受标准，说明理论与实际数据契合，模型的外在质量佳，未违反模型的收敛效度。根据表 5－39 显示的接包方参与度关键影响因素修正模型内在质量检验摘要判断，在模型的内在质量检验方面，尽管其中一项未达标，即存在修正指标大于 4.0，表明测量误差间并非独立相关，但考虑到网络众包机制这一新兴事物本身的现实发展属性及信息系统领域的特殊性（Gefen，Straub，Boudreau，2000），总体来看接包主体参与行为影响因素修正模型的内在质量较理想。

（4）模型解释。

从模型的检验结果观察，理论模型对应的假设 Ha1、Ha2、Ha3 均得到实际数据的支持，即接包主体的绩效期望、努力期望与社群影响对其众包参与行为存在积极影响，而假设 Ha4 及 Ha5 并未成立，即配合情况对接包主体的众包参与行为的影响，以及众包使用意图对使用行为的影响并不显著。

接包方参与度关键影响因素修正模型解释如表 5－40 所示，根据修正模型的总效应结果发现，从社群影响、努力期望、绩效期望三个潜变量对接包主体众包参与行为影响分析观察，绩效期望每提升 1 个单位，接包主体参与众包的行为增强 0.259 个单位；努力期望每提升 1 个单位，接包主体参与众包的行为增强 0.350 个单位；社群影响每提升 1 个单位，接包主体参与众包的行为增强 0.260 个单位。总体而言，对接包方参与众包行为影响因素中，努力期望对接包主体使用行为的影响最为显著，即接包主体参与众包活动过程中，使用众包的进入门槛越低，在掌握使用方法上付出的努力程度越小，其参与度越高；绩效期望与社群影响对接包主体使用行为的影响基本相当。在绩效期望构面上，获得新知识、充实业余时间、获得报酬、得到心理满足感等测量变量对其影响最大。这说明，对于接包主体而言，能够从参与众包行为中获得新知识，且与工作时

间并不冲突的情况下充实业余时间、获得报酬及获得心理满足感是影响接包主体参与行为的主要原因。在努力期望构面上，众包平台使用流程并不复杂，且容易操作（及容易获得相关的信息支持），最能增强接包主体的参与活跃度。在社群影响构面上，周围的同事/同学，或者朋友等对接包主体而言具有一定影响的人群，对其参与众包行为的影响最大。

表 5-40　　接包方参与度关键影响因素修正模型解释

	社群影响	努力期望	绩效期望	使用行为
使用行为	**0.260**	**0.350**	**0.259**	0.000
UI4	0.167	0.225	0.167	0.644
UI3	0.167	0.225	0.166	0.643
UI2	0.235	0.317	0.235	0.906
UI1	0.226	0.304	0.225	0.869
SI5	0.736	0.000	0.000	0.000
SI4	0.667	0.000	0.000	0.000
SI3	**0.865**	0.000	0.000	0.000
SI2	**0.877**	0.000	0.000	0.000
SI1	0.581	0.000	0.000	0.000
EE6	0.000	0.672	0.000	0.000
EE5	0.000	0.634	0.000	0.000
EE4	0.000	0.678	0.000	0.000
EE3	0.000	0.851	0.000	0.000
EE2	0.000	**0.913**	0.000	0.000
EE1	0.000	**0.906**	0.000	0.000
PE5	0.000	0.000	**0.657**	0.000
PE4	0.000	0.000	0.553	0.000
PE3	0.000	0.000	**0.717**	0.000
PE2	0.000	0.000	**0.685**	0.000
PE1	0.000	0.000	**0.726**	0.000

然而，Ha4 所对应的配合情况对使用行为意图的积极影响这一假设并未得到实证数据的支持，这主要由以下原因导致：其一，现实众包活动中，许多接包主体期望通过参与众包所获得的收益主要体现在锻炼自身能力、寻求职业发展机会，以及学到新知识或新技能，在这种潜意识的引导下，易将兴趣作为参与并解决众包问题的首要驱动因素，继而无暇顾及众包平台在信息技术及平台建设方面的支持情况，更多关注的则是众包任务的设计机制，如任务的难度、表述的清晰度、任务所涉及的专业知识综合度等。其二，也有许多接包主体在决定并实际参与众包任务时，最为注重的是参与众包后为自身所带来的实际经济收益，而对平台所能提供的反馈渠道及使用体验等辅助性功能的需求并不强烈。其三，就众包网站平台而言，由于其操作流程较为简洁，信息沟通渠道与其他平台类网站基本类似，换言之，其平台建设基本趋于标准化，所以因平台的反馈机制、技术支持、使用体验等因素，对接包参与主体产生的差异化影响程度并不明显。其四，本研究所选取的样本均为实际接包主体，其对众包平台的操作流程等机制均较为了解，对于众包参与频次较高的接包主体样本而言，对整个平台的各项功能堪称熟知，由于这种操作和使用上的适应性，继而引致其对平台的建设情况基本接受的结论，这在一定程度上也使得本研究假设中的配合情况基本失效。

另外，Ha5 所对应的众包使用意图对使用行为的积极影响这一假设在众包参与行为领域也未得到实际数据的支持。与此同时，从探索性因子分析的结论不难发现，使用意图与使用行为最终被聚合到了一个因子构面，说明使用意图与使用行为是密切相关的两个变量。导致这一现象的主要原因在于：其一，许多研究者已经通过实验研究、案例分析及调查研究等方法得出众包问题解答者的实际使用行为与使用意图存在显著正相关关系的结论（侯文华和郑海超 2012；张媛，2011；Battistella and Nonino，2013），因此，使用意图与使用行为之间的关系已是公认和不争的事实。其二，基于这

一事实，本研究在样本的选取上均以实际众包网络平台上的接包主体为调研对象，这些接包主体不仅熟知众包这一事物，并已通过身体力行的方式不断参与众包活动和使用众包创新模式，因此，于他们而言，使用行为已与使用意愿难以分割。

5.3.3.2 发包方参与度分析

本研究基于UTAUT提出了发包方参与度关键影响因素分析的初始模型，数据获取主要来源于猪八戒网及一品威客网的发包方样本。由于本研究中的发包方主要针对企业主体，因此，其中也包括通过企业走访调研获取到的部分数据，但由于企业对众包创新模式的应用程度仍具有一定局限性，引致问卷回收结果并不理想，继而导致测量模型的质量检验结果亦非十分理想，因此，本部分研究拟放宽条件，即模型只要满足结构效度的检验条件即可利用结构方程模型予以分析解释（吴明隆，2010）。

1. 探索性因子分析

KMO检验和Bartlett球形度检验结果如表5－41所示。根据统计学家凯泽（Kaiser）给出的标准，KMO值大于0.5，说明适合进行因子分析；Bartlett球形度检验给出的相伴概率为0.000，小于显著性水平0.05，拒绝接受Bartlett球形度检验的零假设，因此认为发包方参与度数据适合于进行因子分析。

表5－41　　　发包方参与度数据探索性因子分析检验

KMO检验和Bartlett球形度检验		
取样足够度的Kaiser-Meyer-Olkin度量（KMO值）		0.927
Bartlett球形度检验	近似卡方	4 189.140
	自由度（df）	300
	相伴概率（Sig.）	0.000

本研究将继续使用SPSS软件进行探索性因子分析，使用主成分分析法提取各测量项对应成分，结果如表5－42及表5－43所示。

表 5-42　　发包方参与度数据解释总方差

成分	初始特征值			提取平方和载入			旋转平方和载入		
	合计	方差的百分比	累积百分比	合计	方差的百分比	累积百分比	合计	方差的百分比	累积百分比
1	11.884	47.538	47.538	11.884	47.538	47.538	5.538	22.152	22.152
2	2.523	10.091	57.629	2.523	10.091	57.629	4.529	18.116	40.268
3	1.273	5.094	62.723	1.273	5.094	62.723	3.402	13.609	53.877
4	1.010	4.039	66.762	1.010	4.039	66.762	3.221	12.885	66.762
5	0.949	3.798	70.560						
6	0.799	3.194	73.754						
7	0.661	2.644	76.399						
8	0.626	2.504	78.902						
9	0.544	2.178	81.080						
10	0.534	2.135	83.215						
11	0.489	1.956	85.171						
12	0.450	1.801	86.972						
13	0.395	1.581	88.553						
14	0.382	1.528	90.081						
15	0.330	1.319	91.400						
16	0.322	1.286	92.686						
17	0.295	1.179	93.865						
18	0.280	1.118	94.984						
19	0.226	0.904	95.887						
20	0.222	0.888	96.775						
21	0.199	0.797	97.572						
22	0.166	0.662	98.234						
23	0.164	0.655	98.889						
24	0.150	0.600	99.489						
25	0.128	0.511	100.000						

提取方法：主成分分析法。

表 5-43　　简化后的发包方参与度数据解释总方差

成分	初始特征值			提取平方和载入			旋转平方和载入		
	合计	方差的百分比	累积百分比	合计	方差的百分比	累积百分比	合计	方差的百分比	累积百分比
1	11.884	47.538	47.538	11.884	47.538	47.538	5.538	22.152	22.152
2	2.523	10.091	57.629	2.523	10.091	57.629	4.529	18.116	40.268
3	1.273	5.094	62.723	1.273	5.094	62.723	3.402	13.609	53.877
4	1.010	4.039	66.762	1.010	4.039	66.762	3.221	12.885	66.762

根据解释总方差，发包方参与度数据共计 25 个测量项，共提取了 4 个主要成分，累计解释 66.762%，而具体各成分结果如表 5-44 旋转成分矩阵所示。

表 5-44　　发包方参与度数据旋转成分矩阵

旋转成分矩阵[a]				
问题项	成分			
	1	2	3	4
PE1	0.754	0.076	0.308	0.125
PE2	0.723	0.116	0.172	0.243
PE3	0.665	0.170	0.251	0.125
PE4	0.763	0.174	0.221	0.119
PE5	0.725	0.178	0.076	0.284
PE6	0.739	0.135	0.054	0.196
PE7	0.692	0.166	0.250	0.029
PE8	0.760	0.197	0.149	0.021
PE9	0.652	0.295	0.043	0.285
EE1	0.288	0.288	0.741	0.251
EE2	0.252	0.159	0.776	0.285

续前表

旋转成分矩阵[a]				
问题项	成分			
	1	2	3	4
EE3	0.217	0.160	0.744	0.117
SI1	0.165	0.800	0.182	0.180
SI2	0.172	0.805	0.236	0.222
SI3	0.223	0.766	0.079	0.198
SI4	0.271	0.723	0.160	0.303
FC1	0.259	0.495	0.485	0.327
FC2	0.247	0.435	0.535	0.323
FC3	0.293	0.517	0.464	0.169
FC4	0.161	0.553	0.424	0.244
IN1	0.221	0.395	0.342	0.548
IN2	0.144	0.556	0.203	0.561
IN3	0.313	0.275	0.185	0.747
BH1	0.225	0.290	0.236	0.756
BH2	0.198	0.290	0.283	0.706

提取方法：主成分分析法。

旋转法：具有凯泽（Kaiser）标准化的正交旋转法。

a. 旋转在 5 次迭代后收敛。

由旋转成分矩阵得到的初始探索性因子分析结果可知，绩效期望维度 PE1～PE9 聚合于成分 1，社交影响维度 SI1～SI4 聚合于成分 2，努力期望维度 EE1～EE3 聚合于成分 3，主成分分析结果和理论解释相一致。IN1～IN3、BH1、BH2 聚合于同一成分 4，其中 IN 表示使用意图，BH 表示使用行为。在现实生活中，使用意图与使用行为存在正相关关系，因此，可将其合并为使用行为维度，并用 UI 表示。另外，由于 IN2 所反映的“贵公司会优先考虑采取众包模式推进创新”并没有严格的区别效度，因此考虑将其予

以剔除。同理，首先，从数据上观察，“配合情况”对应的问题项FC1～FC4也违反了区别效度。其次，从现实情况出发，一方面，随着企业对创新需求的增加，内部封闭式创新并不能满足企业的需求，开放式创新已成大势所趋，因此，企业在创新政策上均倾向于支持开放式的创新模式；另一方面，由于企业在众包平台发布众包任务的初衷也是利用大众智慧解决企业内部技术难题，诸多实例已佐证了该模式降低了企业的创新研发成本，且发包操作流程简捷高效，也不需要较高的、额外的信息技术硬软件配套投入，因此，投入成本、信息技术硬软件资源等条件并不会成为削弱企业参与众包活动频率即参与度的影响因素。基于数据及实际情况两方面的考虑，剔除“配合情况”对应的问题项FC1～FC4。结合上述分析，重新进行探索性因子分析后，得到发包方参与度数据旋转成分矩阵结果，如表5-45及表5-46所示。

表5-45　　发包方参与度数据旋转成分矩阵

旋转成分矩阵[a]				
问题项	成分			
	1	2	3	4
PE1	0.762	0.043	0.174	0.267
PE2	0.714	0.100	0.295	0.145
PE3	0.671	0.146	0.165	0.218
PE4	0.770	0.171	0.120	0.213
PE5	0.731	0.149	0.322	0.014
PE6	0.727	0.154	0.186	0.067
PE7	0.700	0.160	0.014	0.266
PE8	0.770	0.194	0.008	0.144
PE9	0.659	0.303	0.251	0.038
EE1	0.296	0.298	0.275	0.749
EE2	0.261	0.150	0.326	0.765
EE3	0.205	0.205	0.123	0.814

续前表

旋转成分矩阵[a]				
问题项	成分			
	1	2	3	4
SI1	0.158	0.838	0.170	0.232
SI2	0.172	0.821	0.225	0.266
SI3	0.226	0.746	0.258	0.049
SI4	0.265	0.745	0.319	0.169
IN1	0.244	0.382	0.510	0.342
IN3	0.309	0.267	0.750	0.171
BH1	0.220	0.294	0.782	0.200
BH2	0.184	0.299	0.746	0.261
提取方法：主成分分析法。 旋转法：具有凯泽（Kaiser）标准化的正交旋转法。				
a. 旋转在 6 次迭代后收敛。				

表 5-46　　简化后的发包方参与度数据旋转成分矩阵

成分							
1		2		3		4	
PE1	0.762	EE1	0.749	SI1	0.838	IN1	0.510
PE2	0.714	EE2	0.765	SI2	0.821	IN3	0.750
PE3	0.671	EE3	0.814	SI3	0.746	BH1	0.782
PE4	0.770			SI4	0.745	BH2	0.746
PE5	0.731						
PE6	0.727						
PE7	0.700						
PE8	0.770						
PE9	0.659						

经上述调整后发现，因子结构符合调整预期，即PE1～PE9聚合于同一成分，EE1～EE3聚合于同一成分，SI1～SI4聚合于同一成分，IN1、IN3、BH1、BH2聚合于同一成分将其对应至“使用行为”层面（UI1、UI2、UI3、UI4），因此，调整后的测量量表如表5-47所示。

表5-47　　　　发包方参与度数据新测量量表

维度	编号	测量项
绩效期望	PE1	1. 使用众包平台能够推进产品创新
	PE2	2. 使用众包平台能够满足消费者个性化的需求
	PE3	3. 使用众包平台能够缩短创新研究的时间周期
	PE4	4. 相比传统创新方式而言，更容易推进创新
	PE5	5. 相比传统创新方式而言，可以加快推进创新
	PE6	6. 使用众包平台能够接收到自己想要的创意
	PE7	7. 使用众包模式创新可以降低创新研发成本
	PE8	8. 发现自身没有意识到的产品管理问题
	PE9	9. 使用众包平台提高了企业品牌声誉
努力期望	EE1	1. 众包平台使用流程复杂
	EE2	2. 在公司内部需要投入很多精力来增强员工的信息意识
	EE3	3. 需要投入很多时间、精力来储备人才
社群影响	SI1	1. 组织领导认为应该使用众包平台
	SI2	2. 组织绝大多数员工认为应该使用众包平台
	SI3	3. 使用众包平台是因为其他公司使用
	SI4	4. 在行业中，使用众包平台的公司影响力更大
使用行为	UI1	1. 贵公司愿意使用众包平台推动创新
	UI2	2. 贵公司喜欢使用众包平台推进创新
	UI3	3. 贵公司经常登录众包平台发布任务需求
	UI4	4. 贵公司认为众包平台满足了自身的创新需求

2. 信度检验

发包方参与度数据信度检验结果如表 5-48 所示。从检验结果观测，整体量表、绩效期望、努力期望、社群影响的 Cronbach's Alpha 值均大于 0.7，说明针对发包方调查回收的数据具有较高信度，问卷可靠性高，且各个量表反映了相同的特质。

表 5-48　　发包方参与度数据信度检验

潜在变量	可靠性统计量	
	Cronbach's Alpha	项数
整体量表	0.941	20
绩效期望	0.916	9
努力期望	0.867	3
社群影响	0.894	5

3. 模型分析

(1) 初始模型。

根据如上对模型的调整利用 AMOS 软件构建初始模型，如图 5-19 所示，即发包方绩效期望、努力期望、社群影响三个潜在变量对使用行为的影响，同时增加了三个潜变量之间的共变关系。

本研究采用最大似然估计（maximum likelihood）进行模型运算，模型自动运行结果为非标准化的路径系数，在属性分析(analysis properties)的输出（output）项中选择标准化估计（standardized estimates）项后，输出测量模型的因子载荷标准化系数，并得到初始模型的运行结果，如表 5-49 及表 5-50 所示。

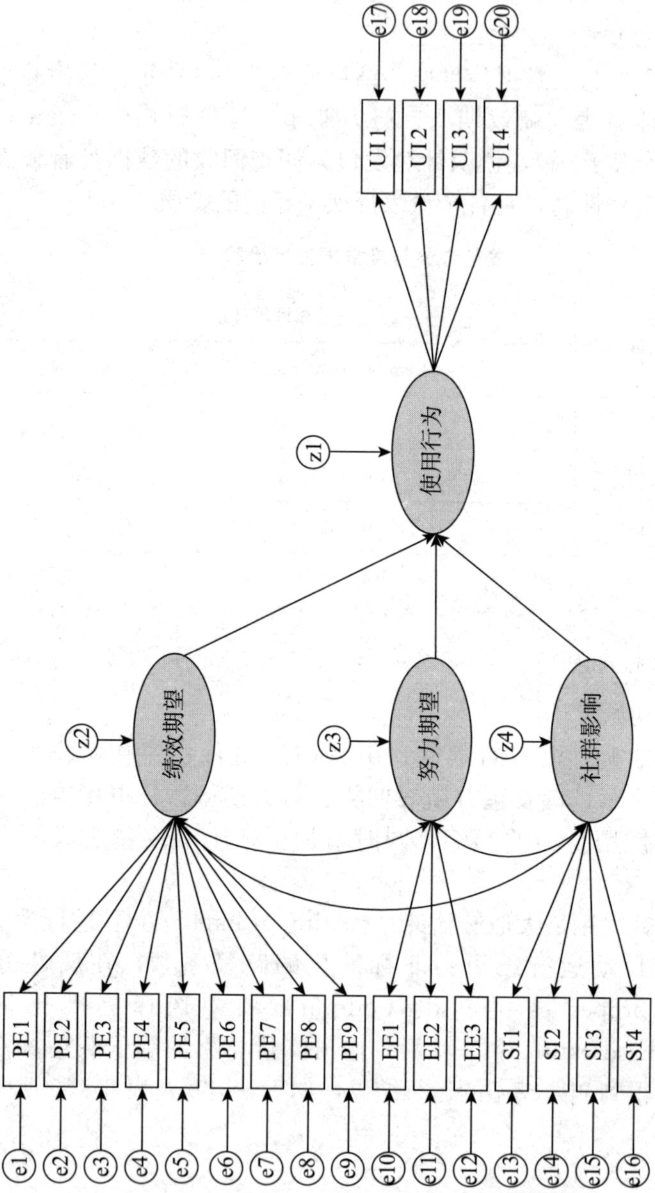

图 5-19　发包方参与度关键影响因素初始模型

表 5-49　发包方参与度关键影响因素初始模型系数路径估计

影响关系			Estimate	S. E.	C. R.	P	Standardized Estimate
使用行为	←	绩效期望	0.233	0.080	2.929	0.003	0.202
使用行为	←	努力期望	0.300	0.073	4.083	***	0.328
使用行为	←	社群影响	0.452	0.079	5.757	***	0.422
PE1	←	绩效期望	1.000				0.792
PE2	←	绩效期望	0.914	0.074	12.435	***	0.758
PE3	←	绩效期望	0.874	0.077	11.362	***	0.705
PE4	←	绩效期望	0.875	0.066	13.360	***	0.801
PE5	←	绩效期望	0.839	0.067	12.453	***	0.759
PE6	←	绩效期望	0.768	0.066	11.635	***	0.718
PE7	←	绩效期望	0.765	0.068	11.219	***	0.697
PE8	←	绩效期望	0.845	0.070	12.052	***	0.739
PE9	←	绩效期望	0.790	0.070	11.336	***	0.703
EE3	←	努力期望	0.751	0.056	13.309	***	0.752
EE2	←	努力期望	0.854	0.056	15.390	***	0.833
EE1	←	努力期望	1.000				0.892
SI1	←	社群影响	1.000				0.863
SI2	←	社群影响	0.977	0.055	17.629	***	0.892
SI3	←	社群影响	0.885	0.068	12.951	***	0.733
SI4	←	社群影响	0.948	0.061	15.460	***	0.821
UI1	←	使用行为	1.000				0.833
UI2	←	使用行为	0.840	0.061	13.867	***	0.805
UI3	←	使用行为	0.754	0.061	12.398	***	0.741
UI4	←	使用行为	0.915	0.067	13.649	***	0.796

表 5-50　发包方参与度关键影响因素初始模型方差估计

	Estimate	S. E.	C. R.	P
绩效期望	1.162	0.165	7.041	***
社群影响	1.353	0.169	7.995	***
努力期望	1.859	0.226	8.230	***
z1	0.502	0.084	5.951	***
e1	0.689	0.075	9.200	***
e2	0.720	0.076	9.503	***
e3	0.901	0.092	9.826	***
e4	0.496	0.054	9.103	***
e5	0.603	0.064	9.496	***
e6	0.643	0.066	9.754	***

续前表

	Estimate	S. E.	C. R.	P
e7	0.719	0.073	9.861	***
e8	0.690	0.072	9.632	***
e10	0.477	0.086	5.579	***
e12	0.804	0.089	9.005	***
e13	0.463	0.060	7.732	***
e14	0.333	0.049	6.792	***
e15	0.915	0.096	9.564	***
e16	0.588	0.068	8.632	***
e17	0.688	0.087	7.884	***
e18	0.594	0.071	8.404	***
e9	0.741	0.075	9.832	***
e11	0.598	0.079	7.578	***
e19	0.723	0.079	9.196	***
e20	0.752	0.088	8.552	***

根据表 5－49 系数路径估计的初步结果可以看出，C. R. 值均大于 1.6，且 P 值均小于 0.05，即所有因子载荷均通过显著性检验。表 5－50 方差估计结果中的 P 值也均小于 0.05，通过显著性检验。从系数路径及方差估计的结果观察，说明数据与发包方参与度关键影响因素初始模型具有一定的拟合度。

（2）模型修正。

发包方参与度关键影响因素初始模型常用拟合指数计算结果如表 5－51 所示。

表 5－51　发包方参与度关键影响因素初始模型常用拟合指数计算结果

拟合指数	卡方值（自由度）	CFI	NFI	IFI	GFI	RMSEA	AIC
结果	380.424（164）	0.928	0.881	0.929	0.076	0.073	472.424

结合表 5－14 所示的拟合指数评价标准，初始模型的拟合指数结果中 NFI 值没有达到检验标准，即目前模型与实际数据并未较好拟合，因此，需要根据修正指数对模型进行修正。根据修正指数，即残差项间 M. I. 值较大者，增加两者之间的共变关系，据此得到最终的修正模型，如图 5－20 所示。

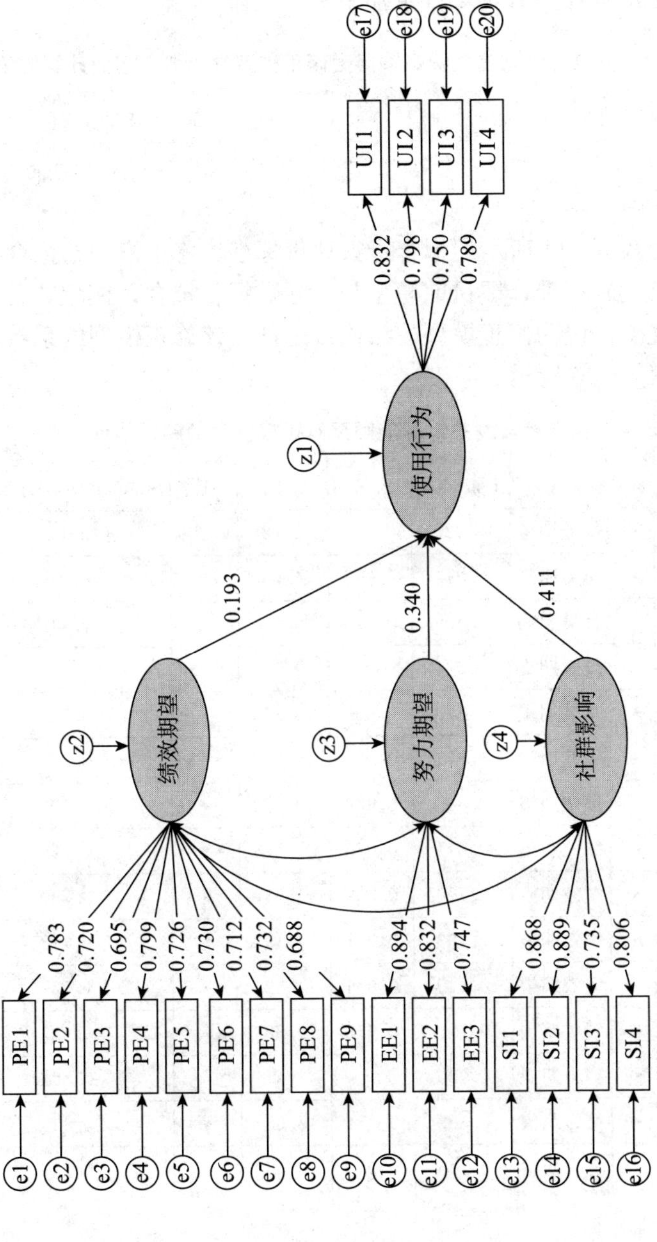

图 5-20　发包方参与度关键影响因素修正模型

修正模型的拟合指数结果如表 5 - 52 所示。

表 5 - 52　发包方参与度关键影响因素修正模型常用拟合指数计算结果

拟合指数	卡方值（自由度）	CFI	NFI	IFI	GFI	RMSEA	AIC
结果	249.238（155）	0.969	0.922	0.969	0.902	0.052	359.238

结合表 5 - 14 所示的拟合指数评价标准，修正模型的拟合指数结果均已达到标准，即目前模型与实际数据相拟合，模型具备一定的拟合优度，说明修正模型的结构效度佳。该修正模型的系数路径估计如表 5 - 53 所示。

表 5 - 53　发包方参与度关键影响因素修正模型系数路径估计

影响关系			Estimate	S. E.	C. R.	P	Standardized Estimate
使用行为	←	绩效期望	0.226	0.083	2.727	0.006	0.193
使用行为	←	努力期望	0.310	0.076	4.065	***	0.340
使用行为	←	社群影响	0.439	0.079	5.560	***	0.411
PE1	←	绩效期望	1.000			0.783	
PE2	←	绩效期望	0.879	0.062	14.245	***	0.720
PE3	←	绩效期望	0.874	0.080	10.867	***	0.695
PE4	←	绩效期望	0.885	0.069	12.772	***	0.799
PE5	←	绩效期望	0.811	0.070	11.516	***	0.726
PE6	←	绩效期望	0.796	0.069	11.557	***	0.730
PE7	←	绩效期望	0.793	0.071	11.192	***	0.712
PE8	←	绩效期望	0.849	0.074	11.521	***	0.732
PE9	←	绩效期望	0.776	0.078	9.892	***	0.688
EE1	←	努力期望	1.000				0.894
EE2	←	努力期望	0.852	0.054	15.638	***	0.832
EE3	←	努力期望	0.746	0.056	13.358	***	0.747

续前表

影响关系			Estimate	S. E.	C. R.	P	Standardized Estimate
SI1	←	社群影响	1.000				0.868
SI2	←	社群影响	0.961	0.058	15.463	***	0.889
SI3	←	社群影响	0.853	0.068	13.472	***	0.735
SI4	←	社群影响	0.917	0.060	15.362	***	0.806
UI1	←	使用行为	1.000				0.832
UI2	←	使用行为	0.833	0.061	13.693	***	0.798
UI3	←	使用行为	0.764	0.061	12.601	***	0.750
UI4	←	使用行为	0.902	0.066	13.671	***	0.789

发包方参与度关键影响因素修正模型方差估计如表 5－54 所示。

表 5－54　发包方参与度关键影响因素修正模型方差估计

	Estimate	S. E.	C. R.	P
绩效期望	1.130	0.165	6.836	***
社群影响	1.355	0.167	8.092	***
努力期望	1.857	0.223	8.330	***
z1	0.508	0.084	6.035	***
e1	0.713	0.081	8.824	***
e2	0.811	0.086	9.434	***
e3	0.925	0.095	9.693	***
e4	0.502	0.058	8.681	***
e5	0.666	0.070	9.449	***
e6	0.629	0.066	9.459	***
e7	0.689	0.072	9.602	***

续前表

	Estimate	S. E.	C. R.	P
e8	0.706	0.075	9.359	***
e9	0.758	0.079	9.583	***
e10	0.468	0.083	5.630	***
e11	0.599	0.077	7.733	***
e12	0.819	0.089	9.187	***
e13	0.446	0.058	7.637	***
e14	0.325	0.048	6.778	***
e15	0.930	0.097	9.638	***
e16	0.615	0.069	8.904	***
e17	0.690	0.087	7.918	***
e18	0.614	0.072	8.538	***
e19	0.701	0.077	9.120	***
e20	0.768	0.089	8.639	***

(3) 模型评价。

发包方参与度关键影响因素修正模型基本适配度检验结果、修正模型整体模型适配度检验结果、修正模型内在质量检验摘要表，如表 5-55、表 5-56 及表 5-57 所示。

表 5-55　发包方参与度关键影响因素修正模型基本适配度检验结果

评价项目	检验结果数据	模型适配判断
是否没有负的误差变量	均为正数	是
因素负荷量是否介于 0.5～0.95 之间	0.688～0.895	是
是否没有很大的标准误	0.058～0.223	是

表 5 - 56　　发包方参与度关键影响因素修正模型整体模型适配度

评价项目	适配的标准或临界值	检验结果数据	模型适配判断
绝对适配度			**是**
χ^2	越小越好	249.238	是
RMSEA	小于 0.05，越小越好；0.05～0.08 间表示模型拟合尚可	0.053	是
GFI	大于 0.9	0.902	是
相对适配度			**是**
NFI	大于 0.9	0.922	是
IFI	大于 0.9	0.969	是
CFI	大于 0.9	0.939	是
简约适配度			**是**
卡方自由度比值	小于 2	1.608	是
AIC	理论模型小于独立模型，小于饱和模型	359.238<420 394.429<3 233.110	是
CIIC	理论模型小于独立模型，小于饱和模型	370.344<462.404 370.344<3 237.148	是

表 5 - 57　发包方参与度关键影响因素修正模型内在质量检验摘要表

评价项目	检验结果数据	模型适配判断
所估计的参数均达到显著性水平	P 值均小于 0.05	是
标准化残差的绝对值小于 2.58	最大值为 1.857	是
修正指标小于 4.0	存在修正指标大于 4.0	否

根据表 5 - 55 显示的发包方参与度关键影响因素修正模型基本适配度指标判断，发现所有指标均已达到检验标准，说明基本适配

指标良好，没有违反模型的辨认规则。根据表5-56显示的发包方参与度关键影响因素修正模型整体模型适配度指标判断，整体模型在绝对适配度、相对适配度以及简约适配度方面均已达到可接受标准，说明理论与实际数据契合，模型的外在质量佳，没有违反模型的收敛效度。根据表5-57显示的发包方参与度关键影响因素修正模型内在质量检验摘要表判断，在模型的内在质量检验方面，尽管其中一项未达到标准，即存在修正指标大于4.0的情况，即表明测量误差间并非独立相关，但考虑到网络众包机制这一新兴事物本身的现实发展属性及信息系统领域的特殊性（Gefen，Straub，Boudreau，2000），总体来看发包方参与度影响因素修正模型的内在质量较理想。

（4）模型解释。

发包方参与度关键影响因素修正模型解释如表5-58所示，根据表5-58修正模型的总效应结果，从绩效期望、努力期望、社群影响三个潜变量对参与者使用行为影响方面可以看出，绩效期望每提升1个单位，发包方参与众包的行为增强0.193个单位；努力期望每提升1个单位，发包方参与众包的行为增强0.340个单位；社群影响每提升1个单位，发包方参与众包的行为增强0.411个单位。总体而言，对发包方参与众包行为的影响因素中，社群影响对发包方使用行为的影响最大，即行业内使用众包模式的普及程度及企业内领导及员工对众包模式的支持程度对发包方是否采用众包模式影响较大，若行业内采用众包模式的企业较多且影响较大，组织内领导及员工对众包模式均表现出较大的支持力度，则其参与度越高。努力期望对发包方参与度的影响略弱于社群影响，即发包方采用众包模式时，如在使用众包、人才储备以及增强员工信息意识方面所付出的努力越少，越能促进其有效参与众包。绩效期望对发包方参与度的影响最弱，本研究之样本数据来源于我国发包方，目前我国众包行业处于起步期，其对企业创新的推动作用尚未显现出明显效果，众包平台与企业的合作关系较弱，因此，目前绩效驱动发

包方参与众包创新活动的影响较弱。在绩效期望构面上，PE1～PE9 九个测量项对该潜变量的影响相当，即推进创新、降低研发成本、满足消费者个性化需求、提高产品质量、发现公司产品问题等因素对发包方参与行为活跃度的影响基本相当，没有较强的区分度。在努力期望构面上，众包平台使用流程简单且容易操作这一特征能有效增强发包方的活跃度，此外，企业在增强员工信息意识方面所付出的努力越少，越能较有效地增强发包方众包行为的活跃度。在社群影响方面，公司领导及员工对众包创新活动的认同度与支持度越高，发包方企业参与众包创新活动就越积极。而在行业中，若使用众包创新模式的企业影响力较大，则同样也将促进其参与众包创新活动。

表 5－58　　发包方参与度关键影响因素修正模型解释

	绩效期望	努力期望	社群影响	使用行为
使用行为	**0.193**	**0.340**	**0.411**	0.000
UI4	0.152	0.268	0.324	0.789
UI3	0.145	0.255	0.308	0.750
UI2	0.154	0.271	0.328	0.798
UI1	0.161	0.283	0.342	0.832
SI4	0.000	0.000	**0.806**	0.000
SI3	0.000	0.000	0.727	0.000
SI2	0.000	0.000	**0.895**	0.000
SI1	0.000	0.000	**0.867**	0.000
EE3	0.000	**0.747**	0.000	0.000
EE2	0.000	**0.832**	0.000	0.000
EE1	0.000	**0.894**	0.000	0.000
PE9	**0.688**	0.000	0.000	0.000
PE8	**0.732**	0.000	0.000	0.000

续前表

	绩效期望	努力期望	社群影响	使用行为
PE7	**0.712**	0.000	0.000	0.000
PE6	**0.730**	0.000	0.000	0.000
PE5	**0.726**	0.000	0.000	0.000
PE4	**0.799**	0.000	0.000	0.000
PE3	**0.695**	0.000	0.000	0.000
PE2	**0.720**	0.000	0.000	0.000
PE1	**0.783**	0.000	0.000	0.000

5.4 本章小结

本章借鉴 Venkatesh 和 Morris（2003）提出的技术采纳与整合理论 UTAUT 模型，从绩效期望、努力期望、社群影响、配合情况四个维度出发，结合参与者动机领域的文献研究结论：即接包方的心理需求、激励机制、新知习得性与社交愿景等接包动因，以及发包方利用大众智慧、降低生产成本、利用技术进步和专门知识、激励生产者参与、提高适应个性化需求灵活度、减少信息不对称、提高产品质量、利用大众传播等发包动因，从这些维度出发设计问题项，并给予各问题项有力的理论支撑。针对问卷发放回收之有效数据，通过探索性因子分析、验证性因子分析及结构方程模型分析，研究影响参与者参与度的关键因素，全面回答了“影响网民群体自觉自愿参与到众包创新任务中的关键影响因素是什么?”这一研究问题，并为第 6 章众包创新激励机制的设计与改进工作提供依据。

第6章 基于网络众包机制的企业创新模式激励机制研究

6.1 引言

尽管众包作为新兴的商务模式，为企业、大众之间提供了沟通的平台，在二者互动过程中碰撞出新的火花，推动了企业的创新步伐，然而，如何进一步提高其对企业创新的推动作用，已成为学术界及实业界密切关注的问题。因此，需要针对不同的商务模式设置合理的激励机制，继而有效且全方位地提升参与者的活跃度。目前，主要存在三种类别的商务模式，即用户自发型、中介平台型以及企业自发型众包，其中，企业自发型众包又可进一步细分为两类，即企业自营论坛型与自行设计竞赛悬赏任务型。基于网络社区众包创新模式案例分析的研究结论可知：用户自发型、企业自营论坛型众包均是接包方自觉自愿分享内容，获得新知的同时得到

一定的心理满足感及社区归属感；中介平台型、企业自发型众包目前所采用的激励机制，则以现金激励为主。Kavaliova 等（2016）使用自我决定理论诠释了企业激励潜在用户参与众包的途径。本研究针对不同商务模式，分析内部激励、内部化的外部激励和外部激励共同影响参与主体行为的过程，并根据分析结果对现有激励机制提出改进建议，以提升各类众包模式参与者的活跃度，继而激发更大的创新力量。

6.2 激励机制

本研究通过文献梳理及案例研究工作，对现有众包创新模式的激励机制进行整理和分类后，得到如表 6－1 所示的激励机制分类汇总。

表 6－1 众包创新模式的激励机制分类

<table>
<tr><th colspan="3">激励机制类型</th><th>来源依据</th></tr>
<tr><td colspan="2" rowspan="3">自我激励机制</td><td>心理需求</td><td>① 张鹏和鲁若愚（2012）
② iStockphoto 案例分析
③ Second Life 案例分析</td></tr>
<tr><td>新知习得性需求</td><td>① Duolingo 案例分析
② 维基百科案例分析</td></tr>
<tr><td>社交愿景</td><td>① 大众点评网案例分析
② Kiva 案例分析
③ 魅族 Flyme 软件中心案例分析</td></tr>
<tr><td rowspan="4">货币激励机制</td><td>直接货币激励</td><td>现金激励</td><td>① 魏拴成和邬适融（2010）
② InnoCentive 案例分析</td></tr>
<tr><td rowspan="3">间接货币激励</td><td>股份或股权激励</td><td>① 魏拴成（2010）
② 价值中国网案例分析</td></tr>
<tr><td>积分激励</td><td>课后答案网案例分析（上传资料获得积分，利用获得的积分下载需要的资料）</td></tr>
<tr><td>红利激励</td><td>中搜案例分析</td></tr>
</table>

续前表

激励机制类型		来源依据
非货币激励机制	最后的赢家	Vator 案例分析
	产品	① 张鹏和鲁若愚（2012） ② Threadless 案例分析
	产权	中搜案例分析（坚持实名制，在搜索结果页面显示作者名字）
	发明	InventorHaus Inc. 案例分析

现有众包平台所采用的激励机制主要有两种类型：货币激励机制与非货币激励机制。其中应用最为广泛的是由发包方提供的货币激励机制，绝大多数问题解决型的众包竞赛都采用悬赏奖金的方式吸引参与者解决问题。货币激励又分为直接货币激励和间接货币激励（如“中搜”的分红机制）。非货币激励机制主要应用于一些产品类众包竞赛中，如 Vator、Threadless 等，通过评选出最后的赢家将参与者的设计投入生产等方式激发用户更高的参与热情。在非货币激励机制中有一种特殊的激励类型，它源自接包方自身的激励，本研究称其为自我激励。由于本研究激励机制设计部分将虚拟社区分为关系型虚拟社区（relational virtual community，RVC）和交易型虚拟社区（transactional virtual community，TVC）两种，分别研究两种众包创新模式的激励机制，而自我激励在 RVC 型众包创新模式中占主导地位，故将自我激励机制作为一种单独的激励机制划为一类，而非将其归属于非货币激励机制中。

6.2.1 自我激励

6.2.1.1 概述

根据相关文献研究，除外在的激励机制之外，参与者自身的心理需求、新知习得性需求与社交愿景是影响其参与众包的关键因

素。其一，就心理需求层面而言，参与者希望自己的某项技能得到认可或是单纯地在工作之余获得乐趣等方面的满足，如在 iStockphoto 中不需要高级设备与专业技能就能展示自己得意的摄影作品。其二，就新知习得性需求层面而言，参与者希望通过众包创新平台获得某方面的知识或技能，而这种获取新知识的渠道与传统学习方式相比通常更加便捷且成本低廉，如免费语言学习应用 Duolingo 就提供了这种便利。其三，就社交愿景层面而言，具有相同需求或兴趣的人聚集在一起，共享资源、分享所得，如小额贷款机构 Kiva 一直致力于向发展中国家的创业者提供小额贷款。以自我激励为主导激励机制的众包虚拟社区主要是用户自发或企业自营的社区或论坛，企业或社区负责人的主要职责是建立、维系及引导社区的运营和发展。

6.2.1.2 案例

美国林登公司旗下实验室开发的 3D 大型网络游戏 Second Life (secondlife.com) 于 2003 年定位为复制人类现实社会全貌的虚拟社区。起初玩家们除了一个强大的脚本工具以外一无所有，但凭借自己的想象力，他们可以用脚本工具建造一幢幢大厦、创造自己的寓所；只要你能想象到的生活，都可以在游戏中实现。Second Life 最大的魅力在于，不仅让玩家还原了真实的商业社会和现实生活，还能从中赚钱。由于 Second Life 承认游戏中居民们的创意具有自主知识产权，因此，一系列交易便由此应运而生。如现实生活一样，林登公司对 Second Life 里土地的发放和林登币的流通实施管制，以防止游戏房价下跌、林登币通货膨胀。玩家们通过出售创意、产品、服务、土地等方式进行交易，获得收益。IBM、亚马逊、耐克、可口可乐、宝洁等公司纷纷进驻 Second Life，购买地产，继而在游戏场景中开展虚拟与现实相结合的品牌营销活动。林登公司鼓励玩家一边兴致盎然地玩游戏，一边完成游戏建设，极大满足了人们爱玩的天性，而基于海量玩家所产生的广告效应及其与现实商品对应的虚拟交易也使林登公司收益颇丰。

维基百科（en. wikipedia. org）用开放模式聚集着全世界的智慧。2005 年英国伦敦交通系统爆炸案发生后，媒体蜂拥而至争相报道，不料最早报道这一事件的却是维基百科。一名维基爱好者第一时间在维基百科上写下爆炸案的发生情况，几分钟后，其他社区成员开始补充内容并纠正她的拼写，几个小时后便有成百上千的人加入了讨论。这些报道内容比当时任何一条新闻所提供的信息都要丰富且全面。维基百科上千千万万维基爱好者的工作都没有报酬，但这种人人参与知识创造与积累的运作模式却推动了一种非凡的网络文化现象，使人类公开和非公开的知识得以保留与传承，极大鼓舞了人们追求完美及希望被认同的天性。

Duolingo（www. duolingo. com）是一个于 2012 年 6 月 19 日上线的语言免费学习平台，向任何想要添加新语种的人开放其教学系统，允许母语使用者或语言爱好者创建课程，Duolingo 会利用自己的算法确保这些信息符合其标准。Duolingo 免费提供了包括英语、西班牙语和法语等在内的六种语言课程，虽然 Duolingo 不向用户收取一分钱，然而已有数千人自愿向该公司捐助资金和内容。Duolingo 还通过出售精准翻译来实现获益，由语言学习用户把需要翻译的资料当作素材加以练习，这种维基百科式的合作使翻译质量优于依赖算法的传统机器翻译。这一完全免费的方式不仅迎合了大众推广母语及语言爱好者发挥其潜能的愿望，也为众多语言学习者提供了便捷的学习渠道。

大众点评（www. dianping. com）帮助用户寻找所在位置附近的餐饮、娱乐、商户、酒店等，用户可以参考之前消费者的评价辅助其做出决策，同时贡献自己的评价以供后续的消费者参考。类似地，在淘宝、京东商城等网站购物时所分享的晒单或评价信息也具有同种效应，这也促使我们在使用他人信息与资源的同时，分享着自己的信息与资源。

魅族 Flyme 软件中心（app. meizu. com）凭借有力的审核机制、相对完善的付费体系创造了一个良好的生态环境，不仅赢得了

过亿的下载量，更赢得了众多开发者的拥护。魅族工作人员积极的协作态度激励众多开发者专为魅族开发应用，专注于魅族平台而非各种平台的兼容性问题，使得众多应用都更加成熟完善。同其他Android应用平台一样，魅族的应用分为付费应用和免费应用两类，但开发者为了保证用户体验的优越性，不为免费应用做广告。而魅族为了鼓励用户购买付费软件，继而鼓励开发者继续开发做出了诸多努力，例如送出大量的软件消费券、在下载总量过亿时送出万元消费大奖。这种对大生态环境的重视让开发者深感欣慰，相对成熟的付费体系也让开发者从利润中获得有效且持续的激励。同时，魅族软件中心支持用户向开发者进行捐赠，虽然这部分捐赠为开发者带来的收入占比并不大，但开发者因此而受到的鼓励却对维系开发者忠诚度起到了不容小觑的作用，众多开发者纷纷表示：对于这部分用户给予的支持深表感激。当然，如今魅族手机销量较小，其Flyme软件中心的影响力也因此较小，但不可否认其早期的创新性。

Kiva（www.kiva.org）是一家非营利小额贷款机构，致力于向发展中国家的创业者提供小额贷款，实现消除贫穷的目标。Kiva不鼓励恩人关系，而是倡导合作伙伴关系，借贷双方之间相互尊重。Kiva实行所有信息透明化的运作模式，吸引普通民众提供资金。这种类似于银行业务的慈善事业给所有参与者以温暖的体验，与此同时，Kiva公布的数据显示，其平台上借款人的违约率极低。

6.2.2 货币激励

6.2.2.1 概述

货币激励机制分为直接货币激励（即传统意义的现金激励）和间接货币激励（如股份制分红等）两种类型。国内外典型的、有影响力的众包网站大多采用直接货币激励以吸引参与者，这说明直接货币奖励对参与者的激励作用是有效的、显著的、普遍的。除了传统的现金激励外，还有一些众包虚拟社区采用形式多样的间接货币

激励机制，或是二者相结合的方式，其激励效果也很显著。

6.2.2.2　直接货币激励

最早实施众包的创新平台 InnoCentive（innocentive. com）是典型的实行直接货币激励机制的网络社区。在 InnoCentive 平台，“seekers”张贴挑战，每项挑战都包括详细说明、相关要求、截止日期以及为最佳解决方案提供的奖励金额。

这种采用传统货币奖励机制的众包平台实例不胜枚举，例如：中国目前最大的众包虚拟社区猪八戒网（www. zhubajie. com）在首页上展示了大量的任务信息，每个任务前面都标注着任务奖励金额，页面实时更新成交信息。此外，猪八戒网特有的应用——“PK 台”，针对图片类作品发起投票并进行比较，用户对其认为优秀的中标作品投猪蹄（猪八戒网计算积分数值的方式），投票人数多的一方即为获胜方。

任务中国（www. taskcn. com）也实行直接货币奖励机制，其首页导航菜单下方悬挂着一个“威客动态”，在交易动态中可以看到除了发布或已成交的任务外，还有雇主向威客发出的工作邀请。

K68 创意平台（www. k68. cn）、一品威客网（www. epweike. com）、威客中国（www. vikecn. com）等类似的中国威客网站都采用相似的现金激励机制。在网站首页发布网站指数，每日更新交易额、需求总量、人才总量等信息。项目有效时间截止后若仍无满意作品，可由网站启动成果保障措施进行协调，直到发布者获得满意作品或成果为止。

WeDeliver（www. wedeliver. us）旨在为本地商圈的中小私营业主提供 B2B 服务，利用本地社区资源，使居住在某一社区范围内的人成为快递的核心基础，以实现同城同日快递服务。私营业主按每笔订单支付快递费用，该费用包含在消费者的商品费用内，按 7∶3 的比例分配给投递员和 WeDeliver 平台。优厚的时薪，自由的上班时间成就了一个形式灵活且看起来“挺划算”的工作。

6.2.2.3　间接货币激励

价值中国网（www.chinavalue.net）自2005年起，将网站50%的股份赠送给网站全体注册用户，用户按照发表文章数量、访问量等“论功行权”，动态分配。2008年，各位股东根据所持价值中国网的股票获得分红。

中搜（即中国搜索，www.zhongsou.com）采取与所有知识贡献者共享收益的激励机制，把自己和知识贡献者视为一体。首先，词条页面的制作者可以根据该页面的点击量与中搜一起参与广告分成；其次，同时采取直接付费方式激励更多冷门领域的权威人士参与第三代搜索机制的建设。

6.2.3　非货币激励

6.2.3.1　概述

是否具备一个活跃而忠诚的社区是众包成功与否的关键。众包并不是免费的午餐，尽管大众可能并不那么看重金钱，但是应当给予他们应有的尊重，以诚相待，使其不至于产生受骗或被利用的感觉。同时，随着消费者主权意识的不断增强，他们不再满足于被动接受企业传递的信息，信息对称成为众多消费者一致的追求，其不仅期望参与产品的设计、生产、营销等环节，而且还期待获得拥有专利的自主研发产品。

6.2.3.2　案例

我们熟知的百度百科（baike.baidu.com）采取按贡献排名的积分激励机制：一方面，根据创建词条数量、编辑词条质量评选百科之星；另一方面，依据贡献词条数量和质量制作每周贡献榜。

Vator（www.vator.tv）是旨在为企业提供相互交流并寻找解决问题途径的平台。Vator除使用传统的货币激励机制外，同时实行“最后赢家”的激励方式。Vator首页上最醒目的Vator新闻（Vator News）区域着力展示最新的赢家消息——“Jukedeck wins Vator Splash London!”（Jukedeck赢得项目）。评委们对在项目中

脱颖而出的企业进行投票，以决出最后的赢家，同时展出亚军企业及其他优秀“solver”的信息。

Owela（owela. fi）旨在为未来产品和服务提供开放式创新空间。用户可以将自己的想法、正在进行的项目发布到项目区，并通过小组讨论、概念评估和专家测试组等途径免费测试新产品或新服务。

InventorHaus（inventorhaus. com）旨在为用户提供展示自己发明创造的机会，并帮助用户销售其发明，以获得真实的市场反馈。

中搜平台拥有大批高校在校生等知识贡献者，该平台坚持制作者实名制及制作者名字直接显示于搜索结果页面的机制，以使知识贡献者在第三代搜索词条页面的贡献经历有助于其今后进入社会寻找工作机会。

“杰克兄弟”的 Threadless（www. threadless. com）每星期都会收到上千份来自世界各地业余“粉丝”或专业艺术家的设计，然后将这些设计展示在网站上供用户评价，4～6 件得分最高的 T 恤设计将会进入批量生产备选名单，根据收到的订单多少再决定是否量产。网站甚至不需要广告或市场推广预算，设计者们为了得到更多的投票而去说服亲朋好友，为网站进行了免费宣传。此外，如果消费者上传一张本人穿 Threadless 的 T 恤的照片，就可以获得一定的购买信用奖励，推荐朋友一起购买，奖励则会翻倍。由此构造出多方共赢的局面：设计者发挥自己的创意，得分最高者可以获得奖牌和现金奖励，以及将名字印在每件 T 恤上的权利；大大提升了消费者的忠诚度及满意度；“杰克兄弟”稳赚不赔，并且拥有所有设计的知识产权。

6.3　马斯洛需求层次理论及博弈论理论

“社会人”假设人并不是孤立存在的，其有社会性需求，人与人之间的关系和组织的归属感比经济报酬更能激励人的行为。马斯洛需求层次理论是在该假设基础上建立的，即人的需求是有层次的，从生理需求、安全需求、社交需求、尊重需求到自我实现需求，层次逐级升高（如图 6-1 所示)。用户自发或企业自营论坛型众包是接包方自觉自愿参与生产贡献内容的一种行为，是用户在众包虚拟社区中归属感的一种体现，在虚拟社区中满足了自身社交需求、尊重需求以及自我实现需求，即在分享内容的同时与其他接包方实现互动，贡献的内容得到他人的尊重与认可，自我价值得以体现。因此，激励这类接包方实现更高的参与度，逐渐培养并提升其在众包虚拟社区中的归属感至关重要。本研究利用 Mole 等(1999) 的虚拟社区六边形理论，即影响用户社区归属感的六要素模型，设置合理的激励机制。

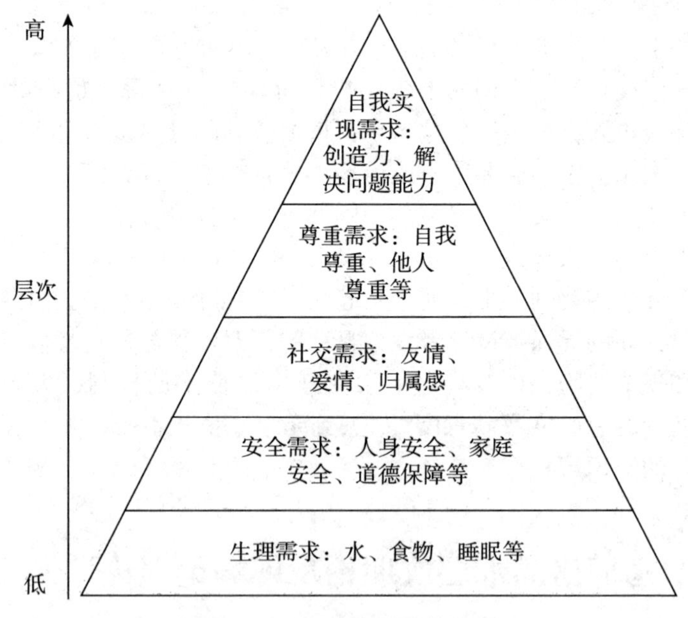

图 6-1　马斯洛需求层次分析图

博弈论——平台与参与者之间的完全信息动态博弈。对平台的持续发展来说，用户的活跃度至关重要，因此平台希望在提供一定质量服务的同时获得参与者更高的活跃度，即平台希望以最低的成本获得更高的收益；而对作为平台的使用者用户来说，其希望自己在平台保持一定活跃度的同时能够得到更好的平台服务。因此，平台与参与者之间存在利益博弈关系。假设平台与参与者之间的支付函数、效用函数为共同知识，即完全信息；而实际中参与者是在观察到平台提供的服务质量后才决定其平台参与活跃度的，活动间存在先后顺序，因此，属于动态博弈关系。本研究利用完全信息动态博弈中的斯坦克伯格（Stackelberg）模型分析平台、参与者之间的博弈关系，以从博弈均衡解中确定平台提升参与者活跃度的激励机制。

接包方与发包方之间存在委托代理关系。对于发包方而言，无论在中介平台发布任务还是自行设计竞赛悬赏任务，接包方在接受任务的同时与其建立了委托代理关系，即隐藏行动的道德风险模型，因此，本研究采用委托代理模型分析发包方对接包方的激励设置。

6.4　激励机制设计

6.4.1　基于马斯洛需求层次理论的激励机制

随着生活水平的提高，大众的追求已不仅限于简单的物质满足，人们在现实生活中的社交、尊重、自我实现等方面的需求日渐提高，即满足自身作为一个“社会人”的社会性需求已不容小觑。依据马斯洛需求层次理论，社会人的需求是具有层次的，并将不断追求更高层次的需求。随着生活水平蒸蒸日上，物质基本实现富足，我国人民生活平稳且在人身安全、家庭安全上均具有一定保障，继而正在逐步追求更高层次的需求。维基百科模式的成功、小米论坛的高活跃度，都源自用户自觉自愿地贡献和生产内容。用户

的这些行为并没有金钱物质层面的激励因素，而是用户在参与众包虚拟社区中得到归属感满足的驱动力下自觉自愿参与其中的，满足了用户自身交友及自我价值得到认可的需求，同时用户也获得了他人的尊重及自我成就感的满足。与此同时，一个有能力的个体在参与众包工作时，其工作特征越能更好满足其不同层面的心理需求，就越能对其持续性参与产生积极影响。因此，针对用户自发或企业自营论坛型的众包激励机制设计，应以满足接包方更高层次需求为出发点，根据白楠（2013）的文章，Mole 等（1999）提出了影响用户归属感六要素的虚拟社区六边形理论，本研究将以该理论为基础设计合理的激励机制。

Mole 等提出虚拟社区六边形（如图 6－2 所示），指出对社区品牌的认同归属感是虚拟社区的核心，以此中心延展构成虚拟社区六要素，即精确定制的内容、对社区品牌的认同、对其他志同道合

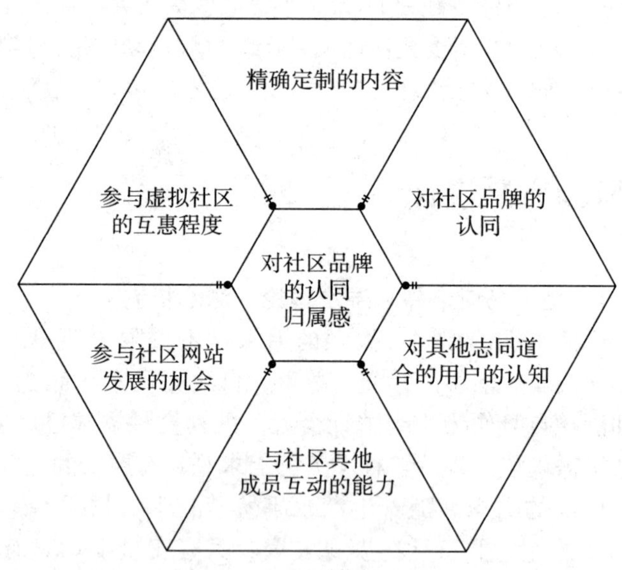

图 6－2　虚拟社区六边形

的用户的认知、与社区其他成员互动的能力、参与社区网站发展的机会以及参与虚拟社区的互惠程度。其中，精确定制的内容是指针对用户需要和兴趣提供内容；对社区品牌的认同是指用户对社区品牌和管理者的认同；对其他志同道合的用户的认知是指在社区中有一批具备相似特征的用户，而用户也了解其他用户具有与他相似的特征；与社区其他成员互动的能力反映了成员间交流沟通的情况，最直接的方法是通过聊天室、公告板等机制予以实现；参与社区网站发展的机会是指社区用户参与和提供内容给社区的可能性；参与虚拟社区的互惠程度是指会影响成员的个体利益和虚拟社区的整体利益。

综上所述，根据社区六边形理论，可以从社区内容建设、社区沟通机制建设以及社区参与机制三个方面设置激励机制，增强接包方的社区归属感。

1. 社区内容建设

依据虚拟社区六边形理论，精确定制的内容以及对社区品牌的认同可以增强接包方在众包虚拟社区的归属感，因此，建设众包社区，如小米论坛，就应树立社区品牌文化，同时能够为用户提供定制化内容。对于众包社区的接包方来讲，定制化的内容是能够根据其需求或兴趣推荐对应的众包任务，如在维基百科中，如果接包方对经济类内容感兴趣，则可为其定期推荐经济相关内容或是提供经济类的众包任务。而要做到精准个性化推荐，准确把握接包方的需求，需要充分了解接包方的行为，除了对接包方提供文化、历史、娱乐等标签订阅类服务，还应从接包方上网浏览习惯中挖掘其内容偏好，因此，需要拥有强大的数据库，并提升数据挖掘能力，精准把握接包方的内容需求，培养其在众包社区的黏性。然而，社区品牌文化建设是一项长期工程，从树立品牌到品牌认同需要社区坚持自己的品牌文化，并在社区内容建设及管理模式上体现品牌的理念。然而，品牌还应具有区分度，并能体现自身的特色，如维基百科提供自由的分享内容、InnoCentive 网站提倡推动科技创新等，

只有这样，社区内容建设才能具有更大价值。

2. 社区沟通机制建设

在社区中能够结交到与自己志同道合的用户以及用户之间能够良好互动，会增强用户的归属感，这是用户社交需求的体现。因此，在众包社区建设中，要注意沟通机制的建设。其一，众包本身属于多主体参与的合作式创新，它是一种基于外部资源、利用外部网络的合作创新活动，不仅可以有效促进创新范围的扩大、创新速度的提升，而且还能有利于创新质量的提高。其二，从社会学角度来看，企业与顾客、顾客与顾客通过有效互动实现“互相促进”。就“顾客—顾客”的互动而言，基于虚拟社区六边形中的“对其他志同道合用户的认知”这一要素，在众包虚拟社区中，接包方间的相似特征体现在其更愿意解决同类众包任务方面。由此，不难看出，一方面，用户之间会产生不可避免的竞争意识，如果某个具有最好预期的参与者发现他人作品的过人之处后，会产生自己作品不如人的担忧，受此激励，进而思考如何进一步完善自己的作品；另一方面，受到良好的归属感驱动，参与者愿意共同营造社区氛围，如维基百科千千万万维基爱好者的工作都没有报酬，但这种人人参与知识创造与积累的运作模式推动了一种非凡的网络文化现象，使人类公开和非公开的知识都得以保留和传承，极大鼓舞了人们追求完美以及希望被认同的天性。因此，在众包社区建设中，注重沟通机制的建设，例如，组建参与者网络、完善用户贡献系统等，有助于激励参与者利用自己的资源和能力进行创新。具体的沟通渠道体现在建立交流室或成立按照众包任务类型划分的论坛分区等方面，以方便志同道合的接包方间进行交流，并增强彼此间的互动性。

3. 社区参与机制建设

能够参与社区网站的发展建设工作并与社区实现共赢，使用户得到了尊重需求与自我实现需求的满足。Howe 于 2008 年在 *Crowdsourcing*: *Why the Power of the Crowd Is Driving the Future of Business* 一书中便提出：成功的众包需要满足马斯洛需求

层次理论最顶层的需求，即自我实现需求。在诸如维基百科、魅族 Flyme 社区这样的众包平台中，大众可能不那么看重金钱，但是应给予他们应有的尊重，以诚相待，使他们不至于产生受欺骗或被利用的感觉。以魅族 Flyme 软件中心为例，魅族凭借其有力的审核机制、相对完善的付费体系创造了一个良好的生态环境，不仅赢得了过亿的下载量，更赢得了众多开发者的拥护。魅族工作人员积极的协作态度激励了众多开发者愿意专注于魅族平台，专为魅族开发应用，继而使众多应用更加成熟和完善。众包创新模式是利用大众智慧的开放式创新方式，也是大众满足自我实现需求的一种途径。与此同时，众包社区在建设过程中，其一，应重视接包方参与发展的机会。即重视众包任务的属性，提供丰富多样且难度系数逐级攀升的任务，使接包方接受的任务具有一定挑战性，并通过完成任务的方式得到自我价值的体现，继而获得心理满足感。其二，应重视健全和完善任务解决方案的审核及评价机制。接包方解决任务后，若能得到其他人的反馈及认可，更能增强其心理满足感，与此同时能更好地激励其参与众包创新的积极性，因此建立合理有效的评价或反馈机制，能让接包方更直接地感知到自己能力得到认可的程度。

综上所述，依据虚拟社区六边形理论，众包平台企业可考虑从社区内容、沟通机制以及参与机制进行建设，培养其强烈的归属感，继而激励其持续参与众包创新活动，最终实现参与者与平台的共赢。

6.4.2　平台与参与者之间的斯坦克伯格（Stackelberg）模型

众包，即企业将内部无法解决的问题依托于大众智慧予以解决。众包将发包方、接包方、中介平台集为一体，接包方是解决众包任务的个体，发包方是发布众包任务的企业或个人。众包中介平台为了持久长远发展，应该提供给参与者（接包方与发包方）高质量的服务，以维持和激发其在平台更高的活跃度，因此，中介平台

与参与者之间存在博弈关系。一方面，平台希望以尽可能低的成本为参与者提供尽可能高质量的服务而获得参与者更高的活跃度；另一方面，参与者在平台保持一定活跃度的情况下，希望平台提供更高质量的服务。假设平台、参与者之间的支付函数是共同知识，即完全信息，而平台提供一定质量服务的情况下，参与者根据其提供的服务质量决定自身在平台的活跃度，平台、参与者活动有先后顺序，因此采用完全信息动态博弈模型。本研究采用完全信息博弈关系中最经典的斯坦克伯格（Stackelberg）模型对其予以分析，即平台作为领导者（leader），参与者作为跟随者（follower）。

泽尔腾通过对完全信息动态博弈的分析，提出了“子博弈精炼纳什均衡”的概念，它要求任何参与人在任何时间、地点的决策都是最优的，决策者应该随机应变，而不是固守前谋，由此推导出子博弈的概念。当参与人的战略在每一个子博弈中都构成纳什均衡时，则形成“子博弈精炼纳什均衡”。换言之，组成“子博弈精炼纳什均衡”的战略必须在每一个子博弈中都是最优的，即 Stackelberg 模型存在子博弈精炼纳什均衡解。

对于扩展式博弈的策略组合 $S^* = (S1^*, \cdots, Si^*, \cdots, Sn^*)$，如果它是原博弈的纳什均衡，它在每一个子博弈上也都构成纳什均衡，则它是一个子博弈精炼纳什均衡。

1. 平台与发包方之间的（Stackelberg）模型

根据发包方关键影响因素的分析可知，绩效期望、努力期望以及社群影响均对发包方参与众包创新行为存在影响，其中社群影响最为显著，即行业内状况以及企业领导员工的支持度对其影响最大。发包方在平台的活跃度至关重要，若发包方的平台活跃度高，说明平台的众包任务数量多且质量高，能够吸引更多的接包方参与其中，从而为平台带来更大收益。发包方需设置合理的激励机制激发发包方更大的活跃度，即提供发包方更好的服务。在影响发包方的关键因素中，平台可控因素包括绩效期望与业务流程优化。发包方利用众包模式推广创新，有一定的绩效驱动因素，如推进创新、

节省研发成本、满足消费者个性化需求等，而能否得到期望的绩效，取决于该平台所聚集的接包方的数量及能力。此外，平台业务流程是否简捷高效，对发包方参与众包活动的影响很大。因此，对于发包方来讲，平台提供的服务质量水平用投入的成本 c 来衡量，而 c 与网站建设、聚集的接包方数量及能力有关。具体的模型变量解释如表 6－2 所示。

表 6－2　　平台、发包方间 Stackelberg 模型变量解释

变量名	变量解释
c	平台投入成本，衡量平台服务质量，与网站建设、接包方数量、能力等相关
$f(\theta)$	活跃度，$f'(\theta)>0$，$f''(\theta)<0$，取值范围 [0，1]
$\theta(t, m)$	活跃度参数函数，$\theta'(t)>0$，$\theta''(t)<0$，$\theta'(m)>0$，$\theta''(m)<0$；其中，参数 t 表示发包数量，m 表示悬赏金额
u_i	单个发包方的效用
u_0	平台效用
λ，k_i，m_i	系统参数，用以转化系统统一单位

本研究在考虑平台与发包方之间博弈关系时，将发包方作为整体予以考虑，即平台与发包方为一对一关系；发包方在众包平台的活跃度为 $f(\theta)$，$f'(\theta)>0$，$f''(\theta)<0$，其取值范围为 [0，1]。其中 θ 可以由发包方在平台发布的众包任务数量及悬赏金额予以衡量，换言之，θ 随其在平台发布的众包任务数量及悬赏金额的增加而增长，但增长额度逐渐减少，即 θ 是发包数量 t 与悬赏金额 m 的严格递增凹函数，即 $\theta(t, m)$，$\theta'(t)>0$，$\theta''(t)<0$，$\theta'(m)>0$，$\theta''(m)<0$。

发包方效用公式为：

$$u_i=m_i\log(1+c)\log(1+\theta_i)-k_i\theta_i \tag{6-1}$$

其中 log（1＋c）表示参与者的效用随平台所提供的服务质量水平增加而递增，但增长的额度逐渐减小，log（1＋θ_i）表示参与者的效用（收益）也会随其自身活跃度的增强而增加，但增加额度逐渐减少，即：

$$\frac{\partial^2 u_i}{\partial \theta_i^2}=-\frac{m_i \log(1+c)}{(1+\theta_i)^2}<0 \tag{6-2}$$

符合边际收益递减。$k_i\theta_i$ 表示参与者为维持一定活跃度而付出的成本，m_i和 k_i表示转化系数，表示将效用转化为统一单位，即用金钱来衡量。

平台的效用公式为 $u_0=\lambda\log$（1＋θ_i）$-c$，其中 log 函数表示平台效用随参与者活跃度的增强而增加，但增加的额度均逐渐减少，即符合边际收益递减的特点。此外，λ 表示转化系数，用以将效用转化为统一单位，即用金钱来衡量。此外，随着平台提供的服务水平的提升，其边际收益递减，即：

$$u''_0=-\frac{\lambda\log(1+c)+\lambda}{[(1+c)\log(1+c)]^2}<0 \tag{6-3}$$

该模型为 Stackelberg 模型，即存在子博弈纳什均衡解，具体如下。

在模型中，发包方作为后行动者，观察到平台所提供的服务质量水平后，用以决定自身在平台上的活跃度，即效用最大化。对于发包方效用最大化，即令

$$\frac{\partial u_i}{\partial \theta_i}=\frac{m_i\log(1+c)}{1+\theta_i}-k_i=0$$

解得：

$$\theta_i=\frac{m_i\log(1+c)}{k_i}-1 \tag{6-4}$$

表示发包方观察到平台的服务质量后，以此 $\theta_i=\dfrac{m_i\log(1+c)}{k_i}-1$ 决定自身在平台的活跃度。

平台作为先行动者会预测到发包方根据 $\theta_i=\dfrac{m_i\log(1+c)}{k_i}-1$ 决定自身的活跃度，因此，其效用最大化时，即 $u_0'=0$ 时，

$$u_0=\lambda\log(m_i\log(1+c))-\lambda\log k_i-c \tag{6-5}$$

$$u_0'=\frac{\lambda}{(1+c)\log(1+c)}-1 \tag{6-6}$$

令

$$u_0'=\frac{\lambda}{(1+c)\log(1+c)}-1=0$$

解得

$$(1+c)^{(1+c)}=e^{\lambda}$$

存在最优解 c^*，即此模型的均衡解为

$$\left(c^*,\frac{m_i\log(1+c^*)}{k_i}-1\right)$$

2. 平台与接包方之间的 Stackelberg 模型

根据接包方参与度影响因素研究发现，绩效期望、努力期望以及社群影响均对其参与度存在显著影响，其中努力期望对其参与行为的影响作用最为显著，即平台业务流程简单易学、学习如何使用众包平台所付出的努力较少以及平台有高效的反馈渠道，均能有效促进接包方积极参与众包创新活动，即平台应积极投入网站建设，尽力使其成为简单高效且易于使用的中介平台。此外，绩效期望与社群影响对接包方参与众包行为的影响程度相当，即接包方在参与众包创新行为中，能够获取一定的报酬、心理满足感、新知识及新朋友等，而这些是通过解决众包任务以及参与众包社区活动所获得

的，因此，众包平台为了激发接包方的活跃度，应注重社区建设，并提升发包方发布任务的质量。综上所述，对于接包方而言，平台提供的服务质量水平用投入成本 c 来衡量，而 c 与网站建设、社区建设、众包任务的数量以及质量相关。具体的模型变量解释如表 6－3 所示。

表 6－3　　平台、接包方间 Stackelberg 模型变量解释

变量名	变量解释
c	衡量平台服务质量，与网站建设、社区建设、众包任务属性等相关
ρ_i	接包方解决的任务量，用于衡量接包方活跃度
$g(\rho)$	活跃度，$g'(\rho)>0$，$g''(\rho)<0$，取值范围为 [0，1]
v_i	接包方的效用
u_0	平台的效用
μ	系统参数，用于转化系统统一单位
h_i	系统参数，用于转化系统统一单位
k_i	系统参数，用于转化系统统一单位

本研究在考虑平台与接包方之间博弈关系时，将接包方作为一个整体来考虑，即平台与发包方为一对一关系；接包方在众包平台的活跃度为 $g(\rho)$，$g'(\rho)>0$，$g''(\rho)<0$，其取值范围为 [0，1]。衡量接包方的活跃度 ρ，与其在众包平台的任务量有关，即接包方的活跃度随其在平台解决的众包任务量增加而增强，但增长额度逐渐减少，即接包方活跃度 ρ 是解决众包任务数量 x 严格的递增凹函数，即 $\rho'(x)>0$，$\rho''(x)<0$。

接包方效用公式为：

$$v_i=h_i\log(1+c)\log(1+\rho_i)-e_i\rho_i \qquad (6-7)$$

其中，$\log(1+c)$ 表示参与者的效用随平台所提供的服务质量水平增加而递增，但增长的额度逐渐减小，$\log(1+\rho_i)$ 表示参与者

的效用（收益）也会随着自身活跃度的增强而增加，但增加额度逐渐减少，即：

$$\frac{\partial^2 v_i}{\partial \rho_i^2}=-\frac{h_i\log(1+c)}{(1+\rho_i)^2}<0 \tag{6-8}$$

符合边际收益递减。$e_i\rho_i$ 表示参与者维持一定活跃度而付出的成本，e_i 和 h_i 表示转化系数，表示将效用转化为统一单位，即用金钱来衡量。

平台效用公式 $u_0=\mu\log(1+\rho_i)-c$，其表示含义同上，在此不再赘述。

平台与接包方之间的博弈同为 Stackelberg 模型，求解过程与发包方平台博弈求解过程类似，因此，可以求解出接包方的最优活跃度为：

$$\rho_i=\frac{h_i\log(1+c)}{e_i}-1 \tag{6-9}$$

而平台最优服务成本为 $(1+c)^{(1+c)}=e^{\mu}$，存在最优解 c^*，则此模型的均衡解为：

$$\left(c^*,\frac{h_i\log(1+c^*)}{e_i}-1\right) \tag{6-10}$$

综上所述，根据平台与参与者之间的 Stackelberg 模型分析，最终均得出均衡解。对于接包方与发包方，其活跃度依据平台所提供的服务质量水平进行选择，即发包方为：

$$\theta_i=\frac{m_i\log(1+c)}{k_i}-1 \tag{6-11}$$

接包方为：

$$\rho_i=\frac{h_i\log(1+c)}{e_i}-1 \tag{6-12}$$

两类参与者均表明其活跃度随平台所提供的服务质量水平的提升而增强，同时平台应按照最优解 c^* 投入成本，以提升其服务质量。

对发包方而言，众包平台应在网站建设、接包方数量和能力等方面加大投入，以提升平台服务质量。其一，在网站建设方面，平台应优化业务流程，为发包方提供简捷高效的方式发布众包任务。其二，在接包方数量和能力方面，平台应在网站建设、社区建设以及任务属性细化等方面加大投入，以增强接包方的忠诚度，培养接包方的网站黏性，继而提升平台服务质量。

对接包方而言，其一，简捷高效的业务流程，以及在众包社区中结识志同道合的朋友至关重要。因此，众包平台需加大其在网站建设、社区建设上的投入。其二，接包方的绩效期望与解决的任务属性相关。因此，众包平台应积极与发包方建立合作伙伴关系，不断丰富发包任务类型，并逐步提升众包任务难度，使之与能力不同的接包方需求相匹配。

对众包平台而言，能否确定合理的服务成本 c^* 至关重要，而 c^* 又与效用转化系数（系数参数）相关，因此，如何合理预测效用转化系数就成为重中之重，此时，平台需要通过挖掘参与者活跃度、所得收入、接包方参与众包的行为偏好、能力、需求等多维度数据，进行科学有效的数据分析与决策，以预测参与者所得收入与其平台活跃度之间的关系，并合理预估效用转化系数，继而确定 c^* 的最优值。

6.4.3　接包方、发包方间非对称信息最优合同模型

发包方期望最大化地利用群体智慧，然而，群体智慧的高低不仅取决于参与解决众包任务的接包方总体数量，更取决于接包方解决问题时所付出的努力程度，因此，发包方需设置合理的激励机制，以激发接包方的努力程度。基于国内外经典案例分析可知，目前发包方一般采取现金激励形式，且以固定现金制为主。接包方在

委托关系建立之后，将选择其行动方式，即可选择“工作努力”或“工作不努力”，然而，发包方无法观察到接包方行动时的实际状态，只能观察到其行动结果，因此，本研究将采用隐藏行动的道德风险模型——非对称信息的最优合同模型探究发包方设置合理激励机制的方式，以激励接包方选择对发包方最有利的行动。具体的模型变量解释如表 6－4 所示。

表 6－4　接包方、发包方间的非对称信息最优合同模型变量解释

变量名	变量解释	
a	努力程度	aH，表示工作努力
		aL，表示工作不努力
θ	外生变量，表示自然状态	
$x(a, \theta)$	可观测结果	
$\pi(a, \theta)$	货币收入	
$F(\theta)$，$f(\theta)$	分布函数，分布密度	$F_H(\theta)$，$f_H(\theta)$，接包方工作努力时状态
		$F_L(\theta)$，$f_L(\theta)$，接包方工作不努力时状态
$s(x)$	激励机制	
$v(\pi-s(x))$	发包方效用，$v'>0$，$v''\leqslant 0$	
$u(s(\pi))-c(a)$	接包方效用，$u'>0$，$u''\leqslant 0$，$c'>0$，$c''>0$	

该模型包括三个假设。其一，发包方无法观测到接包方工作时的努力水平 a——a 有两种取值可能，即 aH（表示工作努力）以及 aL（表示工作不努力）——只能观察到产出 π。θ 表示外生随机变量，其不受发包方与接包方所控制，Θ 是 θ 的取值范围，$F(\theta)$，$f(\theta)$分别是 θ 在定义域上的分布函数，分布密度，其中 $F_H(\theta)$，$f_H(\theta)$，表示接包方工作努力时的分布函数，分布密度；$F_L(\theta)$，$f_L(\theta)$ 表示接包方工作不努力时的分布函数，分布密度。同时假设工作努力时获得高利润的概率大于工作不努力时获得高利率的概率，即 $F_H(\pi)<F_L(\pi)$。当接包方选择行动 a 后，外生变量 θ 实

现；a 和 θ 共同决定一个可观察结果 $x(a, \theta)$ 和一个货币收入 $\pi(a, \theta)$。其中，假设给定 θ，接包方越努力，其产出越高，但边际产出率递减，即 $\pi(a, \theta)$ 是 a 的严格递增凹函数。即，发包方需根据所观察到的产出 x 设置一个合理的现金激励机制 $s(x)$，激励接包方按照自己的意愿选择行动。

其二，假设发包方效用为 $v(\pi-s(x))$，其中 $v'>0$，$v''\leqslant 0$，接包方效用为 $u(s(\pi))-c(a)$，$c'>0$，$c''>0$，c 表示工作努力的成本，且假设工作努力的成本比工作不努力的成本高，即 $c(H)>c(L)$。由以上假设可知，发包方和接包方都是风险中立或风险规避型参与者，努力的边际负效用是递增的。因此，接包方和发包方之间的利益冲突表现为：发包方希望接包方多努力，而接包方希望自己少努力。由此可知，发包方需设定合理的激励，以使接包方按照自己的意愿选择努力程度。

其三，假设以上分布函数 $F(\theta)$、产出（可观测结果）$x(a, \theta)$ 和货币收入 $\pi(a, \theta)$ 以及效用函数 $v(\pi-s(x))$、$u(s(\pi))-c(a)$ 都是共同知识。

就发包方而言，接包方付出的努力越多，其得到的产出就越大，因此，发包方希望接包方积极勤奋工作，此时，选择 $a=H$，即在 $a=H$ 时，选择 $s(\pi)$ 以最大化自己的效用。然而，发包方将面对两个来自接包方的约束，其一，参与约束 IR。表示接包方参与解决众包任务所得的期望效用不能低于不参与众包任务时所得到的最大效用 $\bar{u}$。其二，激励相容约束 IC。表示接包方选择工作努力所得到的期望效用不能低于其工作不努力时所能得到的期望效用。具体表示如下：

$$\max \int v(\pi - s(\pi)) f_H(\pi) d\pi$$

$$\text{s.t. (IR)} \quad \int u(s(\pi)) f_H(\pi) d\pi - c(H) \geqslant \bar{u}$$

$$\text{(IC)} \quad \int u(s(\pi)) f_H(\pi) d\pi - c(H) \geqslant$$

$$\int u(s(\pi))f_L(\pi)d\pi - c(L)$$

莫里斯-霍姆斯特条件：

$$\frac{v'(\pi - s(\pi))}{u'(s(\pi))} = \lambda + \mu\left(1 - \frac{f_L}{f_H}\right) \tag{6-13}$$

对 π 求导，解得：

$$-v''\left(1 - \frac{ds}{d\pi}\right) + \left[\lambda + \mu\left(1 - \frac{f_L}{f_H}\right)\right]u''\frac{ds}{d\pi} = 0$$

$$\frac{ds}{d\pi} = \frac{v''}{\left[\lambda + \mu\left(1 - \frac{f_L}{f_H}\right)\right]u'' + v''} \tag{6-14}$$

$$s = \alpha + \beta\pi, \quad \beta = \frac{v''}{v'' + \left[\lambda + \mu\left(1 - \frac{f_L}{f_H}\right)\right]} \tag{6-15}$$

令 $\mu = 0$ 时，有 $s_\lambda(\pi)$，即发包方在发布任务时设置的悬赏金额，以此为标准上下调整接包方所得报酬。在实际中 $\mu > 0$，因此，存在如下关系：

$$s(\pi) \leqslant s_\lambda(\pi), \text{如果 } f_L(\pi) \geqslant f_H(\pi)$$

$$s(\pi) > s_\lambda(\pi), \text{如果 } f_L(\pi) < f_H(\pi)$$

对于既定产出 π，如果在接包方不努力（$a = L$）的概率大于努力（$a = H$）的概率，则接包方在该产出下的收入所得应向下调整，反之接包方工作努力（$a = H$）的概率大于其工作不努力（$a = L$）的概率，则将其所得的奖金报酬向上调整。即发包方可在观测产出 π 后，推断出接包方选择工作不努力与工作努力的概率大小，用以决定接包方所得的悬赏金额或报酬。

综上，不难发现，发包方期望接包方能够在解决众包任务时付出更大的努力。然而，固定的现金激励机制虽然可以激励发包方参与解决众包问题，但由于众包任务解决方案的优劣主要取决于接包

方付出的努力程度，因此，为了最大限度地激发接包方付出努力，发包方需设置灵活的现金激励制度。即在设定一个悬赏报酬标准的基础上，根据接包方的努力程度上下调整最终的报酬大小。

然而，在现实情况下，发包方并不能观察到接包方工作时的状态，只能得到接包方的工作产出成果，继而引致发包方评定接包方工作努力程度的主观性。因此，为了客观评价接包方的工作状态，需引入合理的评审机制以及合理的监督机制。

其一，合理的评审机制。评审机制是对接包方资历能力的评估审核。首先，建立接包方资历资料库，可以让发包方对接包方的能力进行初步评估。资料库的内容包含接包方的学历、工作经历等方面的背景介绍，以及最关键的其成功解决众包任务的资历状况等信息。而资料库的建立需要众包平台及接包方的配合，接包方资料的真实性，需平台建立严谨的审核机制予以检验，以确保其提供的背景资料真实有效，能够为发包方提供合理可信的评估标准。其次，设置接包方能力级别。众包平台可提供具有不同难度系数的众包模拟任务，能够解决较高难度系数任务的接包方，其能力级别就更高。例如，解决创新类任务时，可提供模拟化的需发挥接包方创新力的游戏，在可以初步考核接包方解决问题能力的同时，进一步培养接包方对众包平台的使用黏性。

其二，合理的监督机制。由于评审机制只是对接包方能力的初步评估，而非对其能力的完全论断，因此，能够观察其在解决众包任务过程中的工作状态则成为获得其工作努力程度的最佳评判标准。有鉴于此，本研究认为还需引入合理的监督机制。设置安全保密的监督平台，即接包方从接受解决众包任务开始到其提交任务解决方案的全过程，均处于该监督平台中，在该平台下，接包方解决工作所用的线上时长可以被完整记录下来，同时摄像头可以随机抓拍其工作时的状态，这些均可作为发包方评定其工作努力程度的参考依据。然而，监督机制的引入，会涉及接包方个人隐私信息泄露等问题，这不仅是平台建设时所应考量的信息技术安全保障问题，

更是社会道德问题。因此，接包方、发包方以及众包平台需签订涉及彼此权利义务的知情同意书及合同，对监督平台能够抓取的接包方资料和资料的加密、保存及使用等行为予以约束，以保障众包参与各方的合法权益。

综上所述，依据非对称信息的最优合同模型，发包方需设置灵活非固定的现金激励制度，以激励接包方付出最大努力解决众包任务，即依据接包方的努力程度灵活调整悬赏报酬的大小，同时辅以合理的评审机制和监督机制，以确保评审接包方努力程度的客观公正性。

6.5　本章小结

本章针对用户自发型、中介平台型以及企业自发型众包创新模式，依据第五章的研究结论，即影响众包社区用户自觉自愿参与众包任务的关键因素，基于大量激励机制的研究成果，对现有众包网络平台的激励机制提出改善措施。首先，利用博弈论模型分析激励机制的可行性；其次，利用完全信息动态博弈模型分析众包平台激励接包方参与众包任务的博弈关系、众包平台激励发包方参与众包任务的博弈关系，利用委托代理理论中的非对称信息最优激励合同模型分析发包方与接包方之间的博弈关系；最后，基于上述分析得到最终分析结果，以提升网络众包创新模式参与者的活跃度，并激发更大的全民创新力量，继而全面揭开了“如何设计切实可行的经济激励机制及非金钱激励机制，引导大规模网民自组织、无意识地参与到企业网络众包创新任务中来呢?”这一研究问题的答案，为后续中关村中小企业参与众包任务、推进技术创新提供切实可行的建议奠定了坚实的基础。

第7章 推动基于网络众包机制的企业创新模式发展的政策建议

7.1 引言

技术创新对企业至关重要，对不会创新的企业而言，等待它的将只有死亡。2008 年的金融危机对我国经济增长方式转型产生了重要警示，同时也使更多中小企业愈加关注增强自身创新能力的革新方式。中小企业原来一直所固守的封闭式创新方式，已不能满足其面对的激烈竞争格局和消费者日益增强的个性化需求，因此，转变创新方式便成为其生存发展的必经之路。基于网络社区的众包机制是企业进行开放式创新的一种新模式，该模式有助于企业延伸组织边界、利用大众智慧解决内部技术难题、科学高效低成本地实现技术创新。

7.2　基于网络社区众包创新模式推进中小企业创新的政策建议

本研究从发包方自然属性、社会属性、众包创新三个维度进行了问卷调查，并结合问卷调查结果，对十一家中关村中小企业的管理人员进行了电话访谈。其结果显示，目前我国采用众包模式的发包方企业在自然属性上呈现出比较明显的集中性趋势，即表现为对创新需求较大的行业使用众包模式的占比比较大，具体为中小企业、民营企业、未上市企业以及处于发展阶段的企业。这些企业共性的问题主要在于资源有限与人才匮乏，因此，低成本地获得大众智慧的众包模式得到了这些企业的青睐。在企业利益相关者重要程度的调查中，大多企业将顾客利益放在第一位，因此，能够获得顾客真实需求或创意的众包模式必定会受到企业的重视。目前发包方企业对创新非常重视且认同大众智慧对创新具有的实质推动作用，并普遍面临着人才及创新手段匮乏等方面的技术创新瓶颈，因此，来源于不同背景、聚集各式各样思维模式的众包平台可以为企业进行开放式创新并聚合大众智慧解决企业内部技术创新问题提供有力支持。有鉴于此，不难发现，中小企业应合理有效地利用众包机制推进创新，基于上述研究，本研究对中关村园区中小企业利用基于网络社区众包机制推进商业模式的变革、大众群体的精准定位以及合理激励机制的设计三个方面提出了相关政策建议。

7.2.1　科学合理地运用众包商业模式

目前众包商业模式主要分为用户自发型、中介平台型、企业自发型三种商业模式。其中用户自发型，如维基百科，是以用户自主自愿贡献内容为主，并依托内容吸引广告获得盈利。中介平台型，主要为接包方、发包方提供一个沟通平台，平台收取一定比例佣金获利，如 InnoCentive、猪八戒网。企业自发型众包存在两种类型：

其一，企业自行设计悬赏任务竞赛，有针对性地解决企业内部问题。其二，企业自行运营论坛，以获取用户的真实需求或创意，继而推进自身产品的创新。三类商业模式均极为重视用户创造内容所带来的商业价值，充分利用大众智慧，并将其转化为切实生产力。然而，就对中小企业创新影响视角而言，中介平台型中的佼佼者 InnoCentive 与企业自发型模式对企业创新具有革新性影响，而其他中介平台型众包网站更适合企业用于解决一般性的问题。因此，中小企业利用众包机制推进创新时，应结合自身情况和具体需求，合理地选择与运用适宜的商业模式。例如：若企业面临的是一般性问题，可以借助中介平台，并从其提供的产品便利性，聚集的接包方总量，对客户及合作伙伴关系的重视程度，以及市场层面、技术层面、管理层面上刚性能力柔性能力等方面，合理选择适宜解决企业自身问题的众包平台。若企业需要解决产品或技术上的创新难题，充分有效地利用大众智慧，可以借助 InnoCentive 这种聚集专业性人才较多的中介平台；或利用企业自发型众包模式，设置具有足够诱惑力的现金激励机制；或通过自行设计悬赏任务；或在维系社区用户活跃度的基础上听取用户的真实声音。总而言之，中关村园区中小企业应根据自身需求和有待解决的发包任务与问题选择科学、有效且适宜的众包模式，既要避免故步自封，同时也要避免盲目跟风。

7.2.2 大众群体的精准定位

中小企业在合理运用众包机制推进创新的同时，应能有效识别不同类型的大众接包群体，根据大众群体的特征来完善任务属性，实现接包群体与发包任务的匹配，以期更加有效地推进创新。

根据前期调查及研究发现，目前我国众包平台上聚集的接包方的自然属性可以概括为：不存在明显的性别差异性，大多处于 20 岁至 30 岁的年龄段，大部分接受过大专以上的教育，职业以及工作单位性质分布广泛，且大部分月收入在 6 000 元以下。其社会属

性方面，社会资本禀赋一般，在财富、权力、声望三方面并不存在明显优势，且占据有利战略地位获取并控制社会资源的接包方人数占比较小；从行动目的来看，参与众包主要以增加收入、增加心理满足感、提升生活满意度为目的；其利用社会资本获取信息的能力较强，但对其他人的影响力一般；社会信用状况良好；容易得到情感支持，而在资源要求上得到认可的不确定性较强。从以上接包方的自然属性与社会属性状况观察，接包方属于伴随互联网成长的年轻人群体，其对互联网黏性较大，众包机制也是“工作 3.0 模式”的表现，即同步实现工作虚拟化与远程化。接包方群体职业分布广泛，可确保思维的发散性，且基本上均接受了良好教育，可以满足中小企业集思广益的需求，大多数接包方个体的社会信用状况良好，是可以信赖的群体。但是大多仍属于低收入群体，并没有较强的社会资本，在财富、权力、声望三方面并不突出，资源获取能力较弱。因此，中关村园区的中小企业应充分认识到接包方群体的上述自然属性与社会属性方面呈现的主要特征，在设计发包任务时，使任务属性与群体属性及需求相匹配。例如：企业在选择发包任务时，将一项大型任务或难题尽可能地分解为多项小规模任务，这些任务最好能在接包方不需要较强的社会资本且依据其自身能力便可解决的范畴以内，同时解决发包任务的获益也应满足其增加收入或获得心理满足感等方面的需求。

7.2.3　设计合理的激励机制

根据众包平台参与者的多样化需求以及影响参与者的关键因素研究，从企业自营论坛、中介平台对参与者以及发包方对接包方三个角度提出设计激励机制的建议。

1. 企业自营论坛

第一，就重视用户真实需求视角而言，企业自营论坛是企业通过社区建设，增强用户社区活跃度，继而了解用户真实需求，推进自身产品创新的场所和渠道。第二，就参与者归属感视角而言，这

一众包模式的关键在于提升用户的社区归属感。依据社会人假设以及马斯洛需求层次理论可知：人具有非物质性需求，需求呈现层次性，并逐渐向高层次需求转移。而基于社区的众包模式，更能满足用户的高层次需求，应注重在社区内容、社区沟通机制、社区参与机制等方面的建设工作。具体表现如：树立品牌，精准个性化内容的推荐，为具有相似特征的接包方建立方便快捷的沟通渠道，提升参与者互动性的同时增强其归属感。第三，就众包任务设计而言，众包的核心概念是“用户创造内容”，企业自营论坛要想提升和增强用户的参与感，就必须在参与机制建设中重视接包方的需求，为其提供更具挑战性的任务，同时对其任务解决方案能够提供及时的认可或反馈。因此，只有从上述用户需求、社区归属感及任务设计方面着手，全面营造参与者良好的社区氛围，培养其强烈的归属感，才能激励其持续参与众包创新活动，继而实现参与者与平台的共赢。

2. 中介平台

一方面，中介平台参与者之间的高度互动性有利于推动中小企业的技术创新；另一方面，参与者的参与度也影响着中介平台的持续发展。因此，中介平台应设置合理的激励机制激发参与者的平台活跃度及参与积极性。结合上述关键影响因素以及中介平台与参与者之间的Stackelberg模型分析可知，一方面，平台应围绕在平台网站建设、提高接包方数量和能力等方面的投入来平衡和提高其提供给发包方的服务质量；另一方面，从提供简捷高效的业务流程、增强社区建设、完善任务属性等方面来提高其提供给接包方的服务质量。这些服务质量的提高，需平台投入一定的成本，该成本应参考Stackelberg模型的均衡解予以确定，与此同时，由于该成本与效用转化系数（系统参数）有关，因此，平台需加强数据库建设，以合理预估该转化系数（系统参数），进而在实现平台提供稳定服务质量的同时，确保平台持续提升其参与者的活跃度水平。

3. 企业对接包方的激励机制

发包方给予接包方最直接的激励机制就是现金报酬。目前，众包的现金激励机制以固定式为主。然而，由于接包方在接受众包任务并与发包方企业建立起委托代理关系后，发包方并不能有效观察到接包方工作的努力程度，只能看到其工作产出。因此，依据非对称信息的最优激励合同模型，发包方若想激发接包方在工作时付出最大的努力，需设置灵活的现金激励机制，即在设定标准报酬的基础上，依据其努力程度灵活调整实际报酬水平。与此同时，为了协助发包企业实现对接包方努力程度的客观评价，众包平台还应考虑引入合理的评审机制和合理的监督机制。其一，众包平台应设置合理的评审机制。评审机制旨在对接包方提供的背景资料和资历信息给予客观公正的审核。根据这些资料初步判定其任务解决能力，并提供不同难度的模拟化任务，以进一步核实接包方的任务解决能力。其二，众包平台应设置有效的监督机制。引入监督机制后，平台可以获取接包方的工作时长信息，并不定期地通过摄像抓取接包方的工作状态图片信息，以便为发包方对接包方的努力程度予以客观公正的评价提供参考依据。而为了保护接包方的个人隐私信息，双方需签订具有法律效力的合同文书，以防接包方隐私泄露，并确保双方的共同利益。

7.3　本章小结

本章基于前述章节的研究结论，分别从众包创新模式的科学合理运用、网民创新群体的精准定位策略以及合理激励机制的设计体系等方面，对企业科学高效地利用基于网络众包机制实现颠覆式企业创新模式变革提出具体政策建议，并全面揭开了“企业应如何有效利用网络众包创新模式实现突破性技术创新和持续高速发展?”这一研究问题的答案。

第8章

总结与展望

8.1 引言

中小企业自主创新能力的提升，是实现科技强国的坚实基础，同时也是国家创新体系和区域创新体系的重要支撑，更是带动国家经济持续健康发展的原动力（肖峰、韩凤晶和张晓天，2013），而目前我国中小企业规模小、资金力量相对薄弱，经营品种较少，技术总体水平较低，要想在激烈的竞争中处于不败之地，需要确定适合自身发展的企业技术创新模式。众包以网络社区为载体，蕴含着携手用户（如消费者、顾客、上下游合作伙伴等）协同创新的理念，以开放模式推进中小企业技术创新的步伐。

本研究从众包商业模式、众包参与者特征、参与度影响因素及众包激励机制视角，提出了中小企

业利用基于网络社区众包创新模式推进企业技术创新的政策建议，即要选择科学合理的众包商业模式，在有效识别接包方特征的基础上，有针对性地发布众包任务，并配以灵活的激励机制。

8.2　研究回顾

为帮助中关村园区中小企业在商业实践中更好地探索适合自身发展的企业技术创新模式，本研究梳理并回答了以下问题：其一，针对具体的中小企业而言，在众多不同的企业技术创新模式中，采纳何种网络众包模式更为科学合理？选用哪类众包平台进行企业技术创新更加有效？其二，相对于传统创新活动的参与者而言，企业网络众包创新活动的参与者在自然属性及社会属性等方面有何不同之处？其三，哪些关键因素影响着网民群体对企业网络众包创新活动的参与程度？其四，经济激励机制与非经济激励机制怎样结合，才能更有效地引导大规模网民自觉自愿地参与企业网络众包创新活动呢？其五，中小企业应如何有效利用网络众包创新模式，以实现弯道超车，取得突破性技术创新和持续高速发展呢？

8.3　研究限制

然而，本研究也具有一定的局限性，主要体现在如下四个方面：

第一，受取样限制的影响。其一，本研究在预调研过程中选取了中央财经大学 MBA 项目中进一步接受教育的学员的数据。有些学者认为，这样收集数据容易产生偏差（bias），会导致最后数据结果的误差增加。也有学者认为，这样做可能会导致数据的“自选择”（self-choice）问题，即使得仅仅愿意并且能够回答问题的被调

查者参加调查，而其他的被调查者被排除在外，这样容易导致数据的代表性不够。但从实际样本的个体统计资料来看，这些样本的分布还是比较分散的，没有出现样本太过集中于某一特征的情况，实际上大大减少了研究的偏差。Tsui（2003）认为，这样做也控制住了外来的系统误差。其二，调研数据的局限性。本研究在涉及众包参与者特征及参与度关键影响因素研究的正式调研及问卷发放过程中，主要以网络调研的方式进行，对调研者真实情况并不了解，有可能影响问卷的有效性。其三，本研究将众包平台分为用户自发型、中介平台型以及企业自发型三类，而问卷主要发放在应用普及程度最高的中介平台型的众包平台，并未对所有众包平台上的参与者进行调研，调查结果在普适性方面可能存在一定局限。为了弥补这一局限性，本研究从 96 家了解众包概念的中关村园区企业中选取了 11 家采纳过众包模式的中小企业，对其管理人员进行了电话访谈和面对面访谈。从访谈结果来看，绝大部分企业实施众包创新确实以中介平台型众包模式为主。其四，少量问卷存在数据不完整的现象。对于存在较大面积数据缺失的问卷，本研究予以直接剔除；但对于数据缺失较少或认定为随机缺失的问卷，本研究采用了均值插补方法。这一处理方式也可能导致部分测量误差的存在。总体而言，本研究认为这几部分误差并不影响研究结论的有效性。

第二，在借鉴国外相关研究成果的基础上，结合研究目标，对接包主体的参与意愿及参与行为研究的问题项进行本土化处理后，确定用于探索性因子分析的调查问卷；然后基于第一轮样本展开主成分分析，个别测量项存在交叉负载或载荷较小等现象，进而对此类测量项予以删除；之后重新进行检验，检验取舍的标准以 KMO 值大于 0.5 为准。在经过探索性因子分析后，发现观测变量间存在共性因素，较适合进行因子分析，并采用最大方差旋转法，最终确定各维度的主成分。在这一分析过程中，可能存在问题项不够全面及本土化处理存在偏差的现象，但本研究已尽力将这种偏差降至最低。

第三，激励机制设计研究方面的局限。在众包平台与众包参与者之间的博弈关系研究工作中，设置了较严格的前提假设，并忽略了参与者之间的非合作博弈，简化了模型，虽然结果具有一定的经济意义，但可能与现实情况存在一定的偏差，未来将进一步通过实验研究法，给出不同情境下的激励机制设计效果的实证研究成果，以弥补可能存在的局限。

第四，虽然本研究突破了企业众包创新模式很难准确描述的局限，并通过实证研究对众包创新模式的参与度影响因素等理论模型的有效性、科学性及合理性进行了检验，但理论模型仍有待进一步完善，以便针对不同行业、不同规模的企业展开更细致的研究工作，从而更准确地描述出不同特质的企业利用众包平台推进创新步伐的具体政策建议。

今后的研究将在此研究基础上，逐步提高调研数据的有效性，优化激励机制的模型，根据实践检验的政策建议逐步完善本研究成果，完善众包及企业创新等相关理论。

8.4　研究展望

尽管本研究全面回答了上述五大问题，并取得了相应的研究成果，然而本研究的研究视角在以下几个方面还有待进一步拓展。

第一，扩展调研范围。考虑针对国内外代表性网络众包平台和各行业企业进行调查，并可根据实际需要采用配额方式探求不同类型企业中实施众包创新的差异化程度及具体差别。

第二，细化研究粒度。就众包创新模式而言，企业整体创新模式的划分维度是否存在比本研究所采纳的分析单元更具共性、维度更细致的视角，比如企业部门、项目团队等，为更加全面准确地揭开基于网络众包机制的企业创新模式演化“黑箱”的变化机制及影响机理，未来研究拟细化分析单元。另外，在区分企业规模和众包

平台规模的基础上，将继续深入开展企业众包创新模式的理论和后续跟踪实证研究，设计更为客观全面的测度指标，提高数据收集的全面性，更加细致和客观地分析企业众包创新模式的革命性影响，以提高研究结论的普适性。

第三，扩展理论模型。企业在众包任务设计过程中，需要考虑到任务的可行性、多样性、复杂性（Brabham，2008）、可拆分性（Franzoni，2014）、描述清晰度、隐含性、灵活度等因素。这些因素都将对众包任务参与度产生影响。因此，任务特征可能会作为调节变量增强或削弱参与度及激励机制的激励效果。针对本研究已提出的众包参与度影响因素，未来将考虑从众包任务特征视角继续对理论模型进行扩展研究。

第四，延伸研究思路。其一，通过获取纵向时间序列数据进一步对企业众包创新模式的演化趋势展开动态的定量实证研究，深入探究企业众包创新活动在不同演化时点上对提升企业竞争力产生的作用；其二，将企业众包创新能力与企业绩效之间的关系同步纳入研究范围，分析通过企业众包创新能力对企业绩效的影响关系。

8.5 众包理念的延伸应用

众包理念在各领域的扩展应用已衍生出各种不同的商业形式。例如：互联网社会领域中的公众参与及群治机制、互联网金融领域的众筹与 P2P 模式、互联网教育领域中的虚拟学习社区的知识共享机制等，这些领域体现了众包的思想，同时也是众包理念的延伸应用。

在互联网社会领域，围绕公共事务的公众参与及群治机制的形成，可借助众包理念。一方面，通过引导使公众正确地了解和参与公共事务，科学理性地发表公众事务相关言论；另一方面，通过对舆论传播风险规律的正确预判，加快公共事务治理模式的数据化、

信息化、智慧化改革，形成改善互联网虚拟社会秩序、促进互联网社会与现实社会良性互动的多元化途径，同时培育商业企业、网络媒体、公众网民等社会主体的社会责任，为各类社会主体形成利益表达和诉求回应机制提供崭新的思路。

在互联网金融领域，基于众包理念的扩展应用，产生了跨越时间和空间距离边界的多元化互联网金融创新服务，如众筹、P2P 网络借贷等，既能满足健康金融市场创新服务的客观需求（周小川，2013），同时也有效破解了中国民间资本多、投资难，小微企业多、融资难的“两多两难”问题，并有效实现了“普惠金融”。因此，众包理念对于建设健康金融市场、实现普惠金融具有重要意义。

在互联网教育领域，众包理念在协同学习模式及知识共享机制形成过程中也起着不可小觑的作用。一方面，在众包学习模式中，专家和学习者的边界变得模糊，学习者话语权的提升、学习者之间的高频互动、学习者和专家学者之间的高效沟通等因素，引导形成了知识传播、分享、协同创新的良好合作氛围。另一方面，伴随着众包式学习模式——“人人既是师者，同时也是学习者”的广泛普及，市场上应运而生了大量网络教学平台、免费视频公开课及知识付费产品等，这些平台及相关产品的出现为推动学习者形成终身学习习惯和国家建设学习型社会起到了重要作用。

众包理念已成为众所周知的概念，伴随着其向不同领域的延伸应用，必将推动各领域开放式创新型服务或产品的不断迭代和推陈出新。

参考文献

[1] A Kittur, E H Chi, B Suh. Crowdsourcing User Studies with Mechanical Turk [C]. Proceeding of the Acm Sigchi Conference Human Factors in Computing Systems, Florence, Italy, April 2008.

[2] A Faggiani, E Gregori, L Lenzini, V Luconi and A Vecchio. Smartphone-Based Crowdsourcing for Network Monitoring: Opportunities, Challenges, and a Case Study [J]. Ieee Communications Magazine, 2014, 52 (1): 106－113.

[3] Acosta M, Zaveri A, Simperl E, Kontokostas D, Auer S, Lehmann J. Crowdsourcing Linked Data Quality Assessment [M] //Alani H et al. (Eds). The Semantic Web-Iswc 2013. Lecture Notes in Computer Science, Vol 8219. Berlin, Heidelberg: Springer, 2013.

[4] Adler P R, Christopher J A. Internet Community Primer Overview and Business Opportunities [ED/OL]. (2012-10-08) [2015-11-30]. Internet Community Primer, 1998, http: //www. digiplaces. com/pages/primer _ 00 _ toc. html.

[5] Adrian Slywotzky. Value Migration [M]. Boston: Harvard Business School Press, 1996.

[6] Aitamurto T, Landemore H, Galli J S. Unmasking the Crowd: Participants' motivation Factors, Expectations, and Prof ile in A Crowdsourced Law Reform [J]. Information Communication & Society, 2016 (8): 1-22.

[7] Aitamurto T. Motivation Factors in Crowdsourced Journalism: Social Impact, Social Change, and Peer Learning [J]. Social Science Electronic Publishing, 2015, 9 (1): 123-145.

[8] Alderfer, Clayton P. An Empirical Test of A New theory of Human Needs [J]. Organizational Behavior and Human Performance. 1969, 4 (2): 142-175.

[9] Alessia D'andrea, Fernando Ferri, Patrizia Grifoni, et al. Approaches, Tools and Applications for Sentiment Analysis Implementation [J]. International Journal of Computer Applications, 2015, 125 (3): 26-33.

[10] Alexandros Efentakis, Nikos Grivas, Dieter Pfoser, Yannis Vassiliou. Crowdsourcing Turning-Restrictions from Map-Matched Trajectories [J]. Information Systems, 2017 (64): 221-236.

[11] Alfred D Chandler Jr, Takashi Hikino. Scale and Scope: the Dynamics of Industrial Capitalism [M]. Cambridge, Ma: Belknap Press of Harvard University, 1990.

[12] Amy B M Tsui. Understanding Expertise in Teaching: Case Studies of Second Language Teachers [M]. Cambridge: Cambridge University Press, 2003.

[13] Amy H Hennington, B D Janz. Information Systems and Healthcare Xvi: Physician Adoption of Electronic Medical Records: Applying the Utaut Model in a Healthcare Context [J].

Communication of the Association for Information Systems, 2007, 19 (1): 60－80.

[14] Andreas M Kaplan, Michael Haenlein. Users of the World, Unite! the Challenges and Opportunities of Online Community [J]. Business Horizons, 2010 (53): 59－68.

[15] Anhai Doan, Raghu Ramakrishnan, Alon Y Halevy. Crowdsourcing Systems on the World-Wide Web [J]. Communications of the Acm, 2011, 51 (4): 86－96.

[16] Aniket Kittur, Ed H Chi, Bongwon Suh. Crowdsourcing User Studies with Mechanical Turk [C]. Chi'08: Proceedings of the Sigchi Conference on Human Factors in Computing Systems, Florence, Italy, 2008, https: //doi. org/10. 1145/1357054. 1357127.

[17] Anjali S Bal, Kelly Weidner, Richard Hanna, Adam J Mills. Crowdsourcing and Brand Control [J]. Business Horizons, 2017 (60): 219－228.

[18] Armstrong A, Hagel J. the Real Value of Online Communities [M] // Eric L Lesser, Michael A Fontaine, Jason A Slusher. Knowledge and Communities. Elsevier, 2000: 85－95.

[19] Arthur Armstrong, JohnHagel. the Real Value of On-Line Communities [J]. Strategic Management of Intellectual Capital, 1998, 74 (3): 63－71.

[20] Battistella C, Nonino F. Exploring the Impact of Motivations on the Attraction of Innovation Roles in Open Innovation Web-Based Platforms [J]. Production Planning & Control, 2013, 24 (2－3): 226－245.

[21] Bayus B L. Crowdsourcing New Product Ideas Over Time: An Analysis of the Dell Ideastorm Community [J]. Management Science, 2013, 59 (1): 226－244.

[22] Beberg A L, Pande V S. Thalweg: A Framework for-Programming 1,000 Machines with 1,000 Cores [C]. Ieee International Symposium on Parallel & Distributed Processing. Ieee, 2009.

[23] Bititci Umit, Martinez Veronica. The Value Matrix and Its Evolution [C]. 8th International Annual Conference of the European Operations Management Association, Bath, 2001.

[24] Blohm I, Leimeister J M, Krcmar H. Crowdsourcing: How to Benefit from (to) Many Great Ideas [J]. Mis Q. Exec. 2013, 12 (4): 199 - 211.

[25] Blohm I. 12-Managing Open-Innovation Communities: The Development of an Open-InnovationCommunity Scorecard [J]. Open Innovation in the Food & Beverage Industry, 2013: 215 -234.

[26] Bloodgood J. Crowdsourcing: Useful for Problem Solving, But Whatabout Value Capture? [J]. Academy of Management Review, 2013, 38 (3): 455 - 457.

[27] Bogers M, West J. ManagingDistributed Innovation: Strategic Utilization of Open and User Innovation [J]. Creativity and Innovation Management, 2012, 21 (1): 61 - 75.

[28] Bogers, M, A Afuah, et al. Users as Innovators: A Review, Critique, and Future Research Directions [J]. Journal of Management, 2010, 36 (4): 857 - 875.

[29] Brabham D C. Crowdsourcing as a Model for Problem Solving an Introduction and Cases [J]. The International Journal of Research Into New Media Technologies, 2008, 14 (1): 75 - 90.

[30] Brabham D C. Moving the Crowd at Threadless: Motivations for Participation in a Crowdsourcing Application [J]. Information, Communication & Society, 2010, 13 (8): 1122 - 1145.

[31] Brian G Smith. Socially Distributing Public Relations: Twitter, Haiti, and Interactivity in Online Community [J]. Public Relations Review, 2010 (36): 329－335.

[32] Briscoe E, Appling S, Schlosser J. Technology Futures from Passive Crowdsourcing [J]. Ieee Transactions on Computational Social Systems, 2016, 3 (1): 23－31.

[33] Brita Schemmann, Andrea M Herrmann, Maryse M H Chappin. Crowdsourcing Ideas: Involving Ordinary Users in the Ideation Phase of New Product Development [J]. Research Policy, 2016 (45): 1145－1154.

[34] Britton C J, Level A V, Gardner M A. Crowdsourcing: Divide the Work and Share the Success [J]. Library Hi Tech News, 2013, 30 (4): 1－5.

[35] Burger J D, Doughty E, Khare R, et al. Hybrid Curation of Gene-Mutation Relations Combining Automated Extraction and Crowdsourcing [J]. Database the Journal of Biological Databases & Curation, 2014: 3946－3959.

[36] C Eickhof f, A De Vries. How Crowdsourcable Is Your Task? [C]. Proceedings of the Acmwsdm Workshop on Crowdsourcing for Search and Data Mining, Hong Kong, China, 2011.

[37] C B Jackson, C Østerlund, G Mugar, et al. Motivations for Sustained Participation in Crowdsourcing: Case Studies of Citizen Science on the Role of Talk [J]. 2015 48th Hawaii International Conference on System Sciences, Kauai, Hi, Usa, 2015: 1624－1634, Doi: 10. 1109/Hicss. 2015. 196.

[38] Carver C. Building a Virtual Community for a Tele-Learning Environment [J]. Communications Magazine, Ieee, 1999, 37 (3): 114－118.

[39] Chandler D, Chandler Alfred D Jr, Chandler P A, et al.

Strategy and Structure [J]. Rev. Adm. Empres, 1962, 9 (2): 53 - 66.

[40] Chandler D, A Kapelner. Breaking Monotony with Meaning: Motivation in Crowdsourcing Markets [J]. Journal of Economic Behavior & Organization, 2013, 90 (6): 123 - 133.

[41] Chen Kay-Yut, et al. Predicting the Future [J]. Information Systems Frontiers, 2003, 5 (1): 47 - 61.

[42] Chesbrough H, Schwartz K. Innovating Business Models with Co-Development Partnerships [J]. Research Technology Management, 2007, 50 (1): 55 - 59.

[43] Chesbrough H. Open Innovation: the New Imperative for Creating and Prof iting from Technology [M]. Boston: Harvard Business School Press, 2003.

[44] Christian Terwiesch. Innovation Tournaments: Creating Exceptional Opportunities for Innovation [J]. Journal of Product Innovation Management, 2009, 52 (5): 69 - 70.

[45] Chrysaida-Aliki Papadopoulou, Maria Giaoutzi. Crowdsourcing and Living Labs in Support of Smart Cities' Development [J]. International Journal of E-Planning Research, 2017, 6 (2): 221-236.

[46] Corney J, C Torres-Sanchez, et al. Putting the Crowd to Work in a Knowledge-Based Factory [J]. Advanced Engineering Informatics, 2010, 24 (3): 243 - 250.

[47] Curran, Feeney, Schaler, et al. the Management of Crowdsourcing in Business Processes [C]. Ifip/Ieee International Symposium on Integrated Network Management Workshops. Ieee, 2009.

[48] Damien L Crone, Lisa A Williams. Crowdsourcing Participants for Psychological Research in Australia: A Test of Mi-

croworkers [J]. Australian Journal of Psychology, 2017 (69): 39-47.

[49] Daniel Z Sui, Sarah Elwood, Michael F Goodchild. Crowdsourcing Geographic Knowledge [M]. Berlin, Heidelberg: Springer, 2013.

[50] Dave Yates, Scott Paquette. Emergency Knowledge Management and Online Community Technologies: A Case Study of the 2010 Haitian Earthquake [J]. International Journal of Information Management, 2011 (31): 6-13.

[51] Davis F D. Pereeived Usefulness Perceived Ease of Use and User Acceptance of Information Teehnology [J]. Mis Quarterly, 1989, 13 (3): 319-340.

[52] Dejun Yang, Guoliang Xue, Xi Fang, Jian Tang. Crowdsourcing to Smartphones: Incentive Mechanism Design for Mobile Phonesensing [C]. Acm International Conference on Mobile Computing and Networking. 2012, August 22-26.

[53] Dion Hoe-Lian Goh, Ei Pa Pa Pe-Than, Chei Sian Lee. Perceptions of Virtual Reward Systems in Crowdsourcing Games [J]. Computers in Human Behavior, 2017 (70): 365-374.

[54] Dobscha, Susan. Book Review: The New Influencers: A Marketer's Guide to the New Online Community [J]. International Journal of Advertising, 2007, 26 (4): 567-569.

[55] Edward Glaeser, Andrew Hillis, Scott Duke Kominers, and Michael Luca. Crowdsourcing City Government: Using Tournaments to Improve Inspection Accuracy [J]. American Economic Review: Papers and Proceedings, 2016 (5): 114-118.

[56] Enrique Estellés-Arolas, Fernando González-Ladrón-De-Guevara. Towards an Integrated Crowdsourcing Definition [J]. Journal of Information Science, 2012, 38 (2): 189-200.

[57] Fan J, Lu M, Ooi B C, et al. A Hybrid Machine-Crowdsourcing System for Matching Web Tables [C]. Ieee International Conference on Data Engineering. Ieee Computer Society, 2014.

[58] Feng Z, Zhu Y, Zhang Q, Ni Lm, Vasilakos A V. Trac: Truthful Auction for Location-Aware Collaborative Sensing in Mobile Crowdsourcing [C]. Infocom, 2014 Proceedings Ieee, 2014: 1231-1239.

[59] Ferrary M, Granovetter M. the Role of Venture Capital Firms in Silicon Valley's Complex Innovation Network [J]. Economy & Society, 2009, 38 (2): 326-359.

[60] Fishbein B K. Germany, Garbage, and the Green Dot: Challenging the Throwaway Society [R]. United States, 1994.

[61] Florian Alt, Alireza Sahami Shirazi. Location-Based Crowdsourcing: Extending Crowdsourcing to the Real World [C]. Proceedings of the 6th Nordic Conference on Human-Computer Interaction, 2010.

[62] Follett R, Strezov V. An Analysis of Citizen Science Based Research: Usage and Publication Patterns [J]. Plos One, 2015, 10 (11): E0143687. https: //doi. org/10. 1371/Journal. Pone. 0143687.

[63] Franzoni C, Sauermann H. Crowd Science: The Organization of Scientific Research in Open Collaborative Projects [J]. Research Policy, 2013, 43 (1): 1-20.

[64] Fred N Kerlinger, Howard B Lee. Foundations of Behavioral Research [M]. Kansas Ave, Marceline: Wadsworth Publishing, 1999.

[65] Frederic P Miller, Agnes F Vandome, John Mcbrewster. Crowdsourcing [M]. Saarbrücken, Germany: Alphascript Pub-

lishing, 2011.

[66] G Kazai, J Kamps, M Koolen, N Milic-Frayling. Crowdsourcing for Book Search Evaluation: Impact of Hit Design on Comparative System Ranking [C]. Proceedings of the Acm Sigir Conference on Research and Development in Information, Beijing, China, 2011.

[67] Ganti R K, Ye F, Lei H. Mobile Crowdsensing: Current State and Future Challenges [J]. Ieee Commun Mag, 2011, 49 (11): 32-39.

[68] Gassenheimer J B, Siguaw J A, Hunter G L. Exploring Motivations and the Capacity for Business Crowdsourcing [J]. Ams Review, 2013, 3 (4): 205-216.

[69] Gordon B Schmidt, William M Jettinghof f. Using Amazon Mechanical Turk and Other Compensated Crowdsourcing Sites [J]. Business Horizons, 2016 (59): 391-400.

[70] Gruhl D, Guha R, Kumar R, Novak J, Tomkins A. the Predictive Power of Online Chatter [C]. Proceedings of the Eleventh Acm Sigkdd Conference on Knowledge Discovery and Data Mining, Chicago, Usa, 2005.

[71] Gupta D K, Sharma V. Exploring Crowdsourcing: A Viable Solution Towards Achieving Rapid and Qualitative Tasks [J]. Library Hi Tech News, 2013, 30 (2): 14-20.

[72] Hagel J. Net Gain: Expanding Markets Through Virtual Communities [J]. Journal of Interactive Marketing, 1999, 13 (1): 55-65.

[73] Hammon L, Hippner H. Crowdsourcing [J]. Business & Information Systems Engineering, 2012, 4 (3): 163-166.

[74] Hanfa Xing, Yuan Meng, Dongyang Hou, Jie Song, Haibin Xu. Employing Crowdsourced Geographic Information to

Classify Land Cover with Spatial Clustering and Topic Model [J]. Remote Sens, 2017, 602 (9): 1-20.

[75] Hautz J, Hutter K, Fuller J, et al. How to Establish an Online Innovation Community? the Role of Users and their Innovative Content [C]. Hawaii International Conference on System Sciences, 2010: 1-11.

[76] Henry De Vos, Carla Verwijs. Business Advantage of Community Knowledge [J]. Encyclopedia of Virtual Communities & Technologies, 2006.

[77] Hossain M. A Review ofLiterature on Open Innovation in Small and Medium-Sized Enterprises-Sized Enterprises [J]. Journal of Global Entrepreneurship Research, 2015 (5/6): 1-12.

[78] Hossain M. Users' Motivation to Participate in Online Crowdsourcing Platforms [C]. Proceedings of International Conference on Innovation Management and Technology Research. Ieee, 2012.

[79] Howe J. The Rise of Crowdsourcing [J]. Wired Magazine, 2006, 14 (6): 1-4.

[80] Howe J. Crowdsourcing: Why the Power of the Crowd Is Driving the Future of Business [M]. New York: Crown Publishing Group, 2008.

[81] Hua (Jonathan) Ye, Atreyi Kankanhalli. Solvers' Participation in Crowdsourcing Platforms: Examining the Impacts of Trust, and Benefit and Cost Factors [J]. Journal of Strategic Information Systems, 2017 (2): 1-17.

[82] Huberman B A. Crowdsourcing and Attention [J]. Computer, 2008, 41 (11): 103-105.

[83] Huberman B A, D M Romero, et al. Crowdsourcing, Attention and Productivity [J]. Journal of Information Science,

2009，35（6）：758－765.

［84］Ioanna Iacovides，Charlene Jennett，Cassandra Cornish-Trestrail. Do Games Attract or Sustain Engagement in Citizen Science?：A Study of Volunteer Motivations. Doi：10. 1145/2468356. 2468553

［85］J Le，A Edmonds，V Hester，L Biewald. Ensuring Quality in Crowdsourced Search Relevance Evaluation：the Effects of Training Question Distribution［C］. Proceedings of the Sigir 2010 Workshop on Crowdsourcing for Search Evaluation，Cse2010，Geneva，Switzerland，2010.

［86］Jacob Whitehill，Margo Seltzer. A Crowdsourcing Approach to Collecting Tutorial Videos—Toward Personalized Learning-At-Scale［C］. Proceedings of the Fourth（2017）Acm Conference on Learning @ Scale，2017. https：//doi. org/10. 1145/3051457. 3053973.

［87］Jan H Kietzmann，Kristopher Hermkens，Ian P Mccarthy，Bruno S Silvestre. Online Community? Get Serious! Understanding the Functional Building Blocks of Online Community［J］. Business Horizons，2011（54）：241—251.

［88］João Porto De Albuquerque，Benjamin Herfort，Melanie Eckle. the Tasks of the Crowd：A Typology of Tasks in Geographic Information Crowdsourcing and a Case Study in Humanitarian Mapping［J］. Remote Sens，2016，859（8）：1－22.

［89］Johansson D，Braunerhjelm P. The Determinants of Spatial Concentration：the Manufacturing and Service Sectors in an International Perspective［J］. Industry and Innovation，2003，10（1）：41－63.

［90］John Prpić，James Melton，Araz Taeihagh，et al. Moocs and Crowdsourcing：Massive Courses and Massive Resources［J］.

First monday, 2015, 20 (12), https://ink. library. smu. edu. sg/soss _ research/1857.

[91] John Prpića, Prashant P. Shuklab et al. How to Work a Crowd: Developing Crowd Capital Through Crowdsourcing [J] Business Horizons, 2015, 58 (1): 77-85.

[92] Jorge Goncalves, Simo Hosio, Jakob Rogstadius. Motivating Participation and Improving Quality of Contribution in Ubiquitous Crowdsourcing [J]. Computer Networks, 2015 (7): 34-48.

[93] Juong-Sik Lee, Baik Hoh. Dynamic Pricing Incentive for Participatory Sensing [J]. Pervasive and Mobile Computing, 2010 (6): 693-708.

[94] Jurairat Phuttharak, Seng W Loke. Mobile Crowdsourcing in Peer-to-Peer Opportunistic Networks Energy Usage and Response Analysis [J]. Journal of Network and Computer Applications, 2016 (66): 137-150.

[95] K Stol, B Fitzgerald. Two's Company, Three's a Crowd: A Case Study of Crowdsourcing Sof tware Development [C]. 36th International Conference on Sof tware Engineering, Hyderabad, India. 2014.

[96] Kakoli Bandyopadhay, Katherine A Fraeeastoro. The Effect of Culture on User Acceptance of Information Technology [J]. Communication of the Association for Information Systems, 2007 (19): 522-543.

[97] Kanhere S S. Participatory Sensing: Crowdsourcing Data from Mobile Smartphones in Urban Spaces [J]. Distributed Computing and Internet Technology, Berlin, Heidelberg: Springer, 2011 (7753): 19-26.

[98] Karampinas D, Triantafillou P. Crowdsourcing Taxono-

mies [C]. International Conference on the Semantic Web: Research & Applications. 2012.

[99] Khasraghi H J, Aghaie A. Crowdsourcing Contests: Understanding the Effect of Competitors' Participation History on their Performance [J]. Behaviour & Information Technology, 2014, 33 (10-12): 1383-1395.

[100] Kim A J. Community Building on the Web [M]. BerkeleyCa: Peachpit Press, 2000.

[101] Kittur Aniket. Crowdsourcing, Collaboration and Creativity [J]. Xrds Crossroads the Acm Magazine for Students, 2010, 17 (2): 22-26.

[102] Klang M, Olsson S. Commercializing Online Communities: From Communities to Commerce [C]. Proceedings of the 2nd International Conference Iec, Manchester, United Kingdom, 1999.

[103] Koh J, Kim Y G. Knowledge Sharing in Virtual Communities: An E-Business Perspective [J]. Expert Systems with Applications, 2004, 26 (2): 155-166.

[104] Kollock P. Design Principles for Online Communities [J]. Ieee Computer Society Digital Library, 1997, 69 (4): 152.

[105] Konstantinos Trohidis, Grigorios Tsoumakas, George Kalliris, et al. Multi-Label Classification of Music Into Emotions. [J]. Eurasip Journal on Audio Speech & Music Processing, 2008 (1): 325-330.

[106] Krishnamurthy S. A Managerial Overview of Open Source Sof tware [J]. Business Horizons, 2003, 46 (5): 47-56.

[107] Kumar Yadav, Rakesh, Minj, et al. Effect of a Warm up Protocol with Different Intensities on Selected PerformanceVariables [J]. Indian Streams Research Journal, 2014.

[108] Lakhani K R, Garvin D A, Lonstein E. Topcoder (A):

Developing Software Through Crowdsourcing [R]. Harvard Business School Case 610 - 032, 2010. (Revised May 2012.)

[109] Lakhani K R, Panetta J A. The Principles of Distributed Innovation [J]. Innovations Technology Governance Globalization, 2007, 2 (3): 97 - 112.

[110] Lakhani K R, Jeppesen L B, Lohse P A, et al. The Value of Openess in Scientific Problem Solving [R]. Division of Research, Harvard Business School, 2007.

[111] Lee J, Seo D B. Crowdsourcing Not All Sourced By the Crowd: An Observation on the Behavior of Wikipedia Participants [J]. Technovation, 2016: 14 - 21.

[112] Lena Mamykina, Thomas N Smyth, Jill P Dimond, Krzysztof Z Gajos. Learning from the Crowd: Observational Learning in Crowdsourcing Communities [C]. Proceedings of the 2016 Chi Conference on Human Factors in Computing Systems, Chi'16, Pages 2635 - 2644, New York, Ny, Usa, 2016. Acm.

[113] Lena Mamykina, Thomas N Smyth, Jill P Dimond, and Krzysztof Z Gajos. Learning from the Crowd: Observational Learning in Crowdsourcing Communities [C]. Proceedings of the 2016 Chi Conference on Human Factors in Computing Systems (Chi'16), San Jose, Ca, May 7 - 12, 2016: 2635 - 2644.

[114] Linda See, Peter Mooney, Giles Foody. Crowdsourcing, Citizen Science or Volunteered Geographic Information? the Current State of Crowdsourced Geographic Information [J]. International Journal of Geo-Information, 2016, 55 (5): 1 - 23.

[115] Linus Dahlander, Henning Piezunka. Why Some Crowdsourcing Efforts Work and Others Don't [J]. Harvard Business Review, 2017 (2): 2 - 4.

[116] Luo T, Kanhere S S, Tan H P, et al. Crowdsourcing

with Tullock Contests: A New Perspective [C]. Computer Communications. Ieee, 2015: 2515 - 2523.

[117] M Six Silberman, Lilly Irani, Joel Ross. Ethics and Tactics of Prof essional Crowdwork [J]. Crossroads, 2010, 17 (2): 39 - 43.

[118] Martinez. Understanding Value Creation: The Value Matrix and the Value Cube [D]. Glasgow: University of Strathclyde, 2003.

[119] Maslow A H. A theory of Human Motivation [J]. Psychological Review. 1943, 50 (4): 370 - 396.

[120] Matthias Hirth, TobiasHoßfeld, Phuoc Tran-Gia. Analyzing Costs and Accuracy of Validation Mechanisms Forcrowdsourcing Platforms [J]. Mathematical and Computer Modelling, 2013 (57): 2918 - 2932.

[121] Maya Kavaliova, Farzad Virjee, NataliaMaehle, et al. Crowdsourcing Innovation and Product Development: Gamification as a Motivational Driver [J]. Cogent Business & Management, 2016, 3: 1, 1128132, Doi: 10. 1080/23311975. 2015. 1128132.

[122] Michael Treacy, Frederik Derk Wiersema. The Disciplines of the Market Leaders: Choose Your Customers, Narrow Your Focus, Dominate Your Marjet [M]. New York: Harper Collins Publishers Limited, 1995: 208.

[123] Min Qingfei, Ji Shaobo, Qugang. Mobile Commerce User Acceptance Study in China: A Revised Utaut Model [J]. Tshinghua Science and Technology, 2008, 13 (3): 257 - 264.

[124] Muhammad Tariq, Fazal Wahid. Assessing Effectiveness of Online Community and Traditional Marketing Approaches in Terms of Cost and Target Segment Coverage [J]. Institute of Interdisciplinary Business Research, 2011, 3 (1): 1049 - 1073.

[125] Nan Lin. Social Capital: A Theory of Social Structure and Action [M]. Cambridge: Cambridge University Press, 2003.

[126] Nov O. What Motivates Wikipedians [J]. Communications of the Acm, 2007, 50 (11): 60-64.

[127] Ognjen Scekic, Christoph Dorn, Schahram Dustdar. Simulation-Based Modeling and Evaluation of Incentive Schemes in Crowdsourcing Environments [M] //Meersman R. et al (Eds). On the Move to Meaningful Internet Systems: Otm 2013 Conferences. Otm 2013. Lecture Notes in Computer Science, Vol 8185, Berlin, Heidelberg: Springer, 2013: 167-184.

[128] Organisciak D T, Vaughan D K. Retinal Light Damage: Mechanisms and Protection [J]. Progress in Retinal and Eye Research, 2010, 29 (2): 113-134.

[129] Organisciak P. Why Bother?: Examining the Motivations of Users in Large-Scale Crowd-Powered Online Initiatives [D]. Edmonton, Alberta: University of Alberta. 2010.

[130] Osterwalder Alexander, Pigneur Y, Tucci C. Clarifying Business Models: Origins, Present, and Future of the Concept [J]. Communications of the association for information systems, 2005 (16), https://doi.org/10.17705/1cais.01601.

[131] Osterwalder Alexander, Pigneur Y, Smith A. Business Model Generation [M]. Hoboken: John Wiley & Sons, 2010.

[132] P Ipeirotis. Analyzing the Amazon Mechanical Turk Marketplace [R]. Ceder Working Paper Ceder-10-04, September 2010.

[133] Papadakis M C. Computer-Mediated Communities: The Implications of Information, Communication, and Computational Technologies for Creating Community Online: Final Report [M]. Arlington: Sri International, 2003.

[134] Pargman D. Virtual Community Management as Socialization and Learning [M] //Peter Van Den Besselaar et al. Communities and Technologies 2005. Berlin, Heidelberg: Springer, 2005.

[135] Paul Whitla. Crowdsourcing and Its Application in Marketing Activities [J]. Contemporary Management Research, 2009, 5 (1): 15-28.

[136] Pénin J, Burger-Helmchen T. Crowdsourcing of Inventive Activities: Definition and Limits [J]. International Journal of Innovation & Sustainable Development, 2017, 5 (2/3): 246-263.

[137] Pennock D M, Lawrence S, Giles C L, et al. The Real Power of Artificial Markets [J]. Science, 2001, 291 (5506): 987-988.

[138] Pine J. The Limit of Crowdsourcing Incentive Activities: What Do Transaction Cost theory and Evolutionary theories of the Firm Teach Us [EB/OL]. (2012-12-30) [2016-05-18]. http://Coumot. Strabg. St/Users/Osi/Pro-Gram/ Tbh-Jp-Crowdsourcing. Pdf. 2012, 23 (7), 199-211.

[139] Prpić J, Melton J, Taeihagh A, et al. Moocs and Crowdsourcing: Massive Courses and Massive Resources [J]. Social Science Electronic Publishing, 2015, 20 (12): 1-16.

[140] Ran Cheng, Julita Vassileva. Design and Evaluation of an Adaptive Incentive Mechanism for Sustained Educational Online Communities [J]. User Model User-Adap Inter, 2006 (16): 321-348.

[141] Romm C, Pliskin N, Clarke R. Virtual Communities and Society: Toward an Integrative Three Phase Model [J]. International Journal of Information Management, 1997, 17 (4): 261-270.

[142] Rowena L Brionesa, Beth Kucha, Brooke Fisher Liua,

Yan Jin. Keeping Up with the Digital Age：How the American Red Cross Uses Online Community to Build Relationships [J]. Public Relations Review，2011（37）：37－43.

[143] S Dow，A Kulkarni，B Bunge，T Nguyen，S Klemmer，B Hartmann. Shepherding the Crowd：Managing and Providing Feedback to Crowd Workers [C]. Proceedings of the 2011 Annual Conference on Human Factors in Computing Systems，Chi，Vancouver，Usa，2011.

[144] S Suri，D G Goldstein，W A Mason. Honesty in an Online Labor Market [C]. Proceedings of the 3rd Human Computation Workshop，Hcomp，Sanfrancisco，Usa，2011.

[145] Schader M，Geiger D，Rosemann M，et al. Crowdsourcing Information Systems-Definition，Typology，and Design [C]. International Conference on Information Systems，Icis，2012.

[146] Schottner A. Fixed-Prize Tournaments Versus First-Price Auctions in Innovation Contests [J]. Economic theory，2008，35（1）：57－71.

[147] Schumpeter J A. the Instability of Capitalism [J]. The Economic Journal，1928（38）：361－386.

[148] Scott A Thompson，James M Loveland，Russell Lacey，Iana A Castro. Consumer Communities Do Well，But Will theyDo Good? A Study of Participation in Distributed Computing Projects [J]. Journal of Interactive Marketing，2017（37）：32－43.

[149] Shao B，Shi L，Xu B，et al. Factors Affecting Participation of Solvers in Crowdsourcing：An Empirical Study from China [J]. Electronic Markets，2012，22（2）：73－82.

[150] Sheehan，Bartel K. Crowdsourcing Research：Data Col-

lection with Amazon's Mechanical Turk [J]. Communication Monographs, 2017, 85 (1): 140-156, Doi: 10. 1080/03637751. 2017. 1342043.

[151] Shin, Dongyoun, Arisona, et al. A Crowdsourcing Urban Simulation Platform on Smartphone Technology: Strategies for Urban Data Visualization and Transportation Mode Detection [J]. Human-Computer Interaction, 2012 (2): 369-374.

[152] Sigala M, Chalkiti K. Knowledge Management, Social Media and Employee Creativity [J]. International Journal of Hospitality Management, 2015, 45: 44-58.

[153] Siggelkow N. Persuasion with Case Studies [J]. Academy of Management Journal, 2007, 50 (1): 20-24.

[154] Simula H, Ahola T. A Network Perspective on Idea and Innovation Crowdsourcing in Industrial Firms [J]. Industrial Marketing Management, 2014, 43 (3): 400-408.

[155] Sindlinger T S. Crowdsourcing: Why the Power of the Crowd Is Driving the Future of Business [J]. American Journal of Health System Pharmacy, 2010.

[156] Sinha K. New Trends and their Impact on Business and Society [J]. Journal of Creative Communications, 2008, 3 (3): 305-317.

[157] Smith D, Manesh M M G, Alshaikh A. How Can Entrepreneurs Motivate Crowdsourcing Participants? [J]. Technology Innovation Management Review, 2013, 3 (2): 45-67.

[158] Sternberg R, J S Mio. Cognitive Psychology [M]. Wadsworth: Wadsworth Publishing Company, 2009.

[159] Sternberg R. Cognitive Psychology [M]. Wadsworth: Cengage Learning, 2008.

[160] Stewart D W, Zhao Q. Internet Marketing, Business

Models, and Public Policy [J]. Journal of Public Policy & Marketing, 2013, 19 (2): 287-296.

[161] Suvodeep Mazumdar, Stuart Wrigley, Fabio Ciravegna. Citizen Science and Crowdsourcing for Earth Observations: An Analysis of Stakeholder Opinions on the Present and Future [J]. Remote Sensing, 2017, 9 (87): 1-22.

[162] T Hoβfeld, R Schatz, M Seufert, M Hirth, T Zinner, P Tran-Gia. Quantification of Youtube Qoe Via Crowdsourcing [C]. Proceedings of the Ieee International Workshop on Multimedia Quality of Experience-Modeling, Evaluation, and Directions, Mqoe 2011, Dana Point, Usa, 2011.

[163] Tang L, Yang X, Dong Z, et al. Clric: Collecting Lane-Based Road Information Via Crowdsourcing [J]. Ieee Transactions on Intelligent Transportation Systems, 2016, 17 (9): 2552-2562.

[164] Tao Zhou, Yaobin Lu, Bin Wang. Integrating Ttf and Utaut to Explain Mobile Banking User Adoption [J]. Computers in Human Behavior, 2010, 26 (4): 760-767.

[165] Tellis, Winston M. Application of a Case Study Methodology [J]. Qualitative Report, 2015, 3 (3): 26-30.

[166] Tsai W T, Wu W, Huhns M N. Cloud-Based Sof tware Crowdsourcing [J]. IeeeInternet Computing, 2014, 18 (3): 78-83.

[167] Väätäjä H, Sirkkunen E, Ahvenainen M. A Field Trial on Mobile Crowdsourcing of News Content Factors Influencing Participation [C]. Interact, 2013, 8119: 54-73.

[168] Venkatesh V, Morris M G, Davis G B, et al. User Acceptance of Information Technology: Toward a Unified View [J]. Mis Quarterly, 2003, 27 (3): 425-478.

［169］ Verwijs C, Mulder I, Slagter R, et al. Positioning Communities: A Study on the State of the Art of Professional and Learning Communities ［R］. Technical Report, Telematica Instituut, the Netherlands, 2001.

［170］ Viswanath Venkatesh, Michael G Morris, Gordon B Davis and Fred D Dav. User Acceptance of Information Technology: Toward a Unifiediew ［J］. Mis Quarterly, 2003 (27): 425-478.

［171］ Von Hippel E. "Sticky Information" and the Locus of Problem Solving: Implications for Innovation ［J］. Management Science, 1994, 40 (4): 429-439.

［172］ Von Hippel E. Democratizing Innovation: The Evolving Phenomenon of User Innovation ［J］. Journal Für Betriebswirtschaft. 2005, 55 (1): 63-78.

［173］ Vukovic M. Crowdsourcing for Enterprises ［C］. World Conference on Services-I. Ieee, 2009.

［174］ W Glynn Mangold, David J Faulds. Online Community: The New Hybrid Element of the Promotion Mix ［J］. Business Horizons, 2009, (52): 357-365.

［175］ Wiggins A, Crowston K. From Conservation to Crowdsourcing: A Typology of Citizen Science ［C］. 44th Hawaii International Conference on System Sciences, Kauai, Hi, 2011, p. 1-10, Doi: 10. 1109/Hicss. 2011. 207.

［176］ Williams R L, Cothrel J. Four Smart Ways to Run Online Communities ［J］. Sloan Management Review, 2000, 41 (4): 81-92.

［177］ Winsor, John. Crowdsourcing: What It Means for Innovation. ［J］. Business Week Online, 2009 (June).

［178］ Xu Z, Liu Y, Yen N, et al. Crowdsourcing Based De-

scription of Urban Emergency Events Using Social Media Big Data [J]. Ieee Transactions on Cloud Computing, 2016 (99): 1.

[179] Yan, Huang, Param, et al. Crowdsourcing New Product Ideas Under Consumer Learning [J]. Management Science, 2014, 60 (9): 2138-2159.

[180] Yang Dejun, Xue Guoliang, Xi Fang, Jian Tang. Crowdsourcing to Smartphones: Incentive Mechanism Design for-Mobile Phone Sensing [C]. Proceedings of the 18th Annual International Conference on Mobile Computing and Networking, 2012: 173-184.

[181] Yasseri T, Bright J. Can Electoral Popularity Be Predicted Using Socially Generated Big Data? [J]. Information Technology, 2014, 56 (5): 246-253.

[182] Ye H, Kankanhalli A. Solvers' Participation in Crowdsourcing Platforms: Examining the Impacts of Trust, and Benefit and Cost Factors [J]. Journal of Strategic Information Systems, 2017, 26 (2): 101-117.

[183] Yeonkoo Che, Ian L Gale. OptimalDesign of Research Contests [J]. American Economic Review. 2003, 93 (3): 646-671.

[184] Yin, Robert K. Case Study Research: Design and Methods [M]. Oxford, Uk: Blackwell Science Ltd, 1994.

[185] Yongbeom Kim, Hyo Joo Han. The Effects of Perceived Risk and Technology Type on Users Acceptance of Technologies [J]. Information & Management, 2008, 45 (1): 1-9.

[186] Younghoon Kim, Woohwan Jung, Kyuseok Shim. Integration of Graphs from Different Data Sources Using Crowdsourcing [J]. International Science, 2017 (35): 438-456.

[187] Zarmehri M N, Aguiar A. Data Gathering for Sensing Applications in Vehicular Networks [J]. Arxiv: Networking and

Internet Architecture，2012.

［188］ Zhang X，Xue Guoliang，Yu Ruozhou，et al. Keep Your Promise：Mechanism Design against Free-riding and False-reporting in Crowdsourcing ［J］. IEEE Internet of Things Journal，2015，2（6）：562－572.

［189］ Zhao Y，Zhu Q. Evaluation on Crowdsourcing Research：Current Status and Future Direction ［J］. Information Systems Frontiers，2014，16（3）：417－434.

［190］ 爱德华·弗里曼. 战略管理：利益相关者方法 ［M］. 王彦华，梁豪，译. 上海：上海译文出版社，2006.

［191］ 白楠. 网络社区与网民的身份认同建构：以豆瓣网为例进行分析 ［J］. 吉林画报·新视界，2013（1）：38－40.

［192］ 白欣慧，沈建苗. 利用社交媒体创造商业价值 ［J］. It经理世界，2012，（19）：84－86

［193］ 彼得·德鲁克. 管理. 下册 ［M］. 辛弘，译. 北京：机械工业出版社，2010.

［194］ 蔡衡，王学东. 我国电子商务盈利模式研究 ［D］. 武汉：华中师范大学，2008.

［195］ 陈继祥，田红云. 基于破坏性创新的中小企业创新战略研究 ［J］. 科技进步与对策，2009，26（9）：93－98.

［196］ 陈君，钱晨，何梦婷. 基于地点的虚拟社区在线评论信息分享行为研究 ［J］. 情报科学，2018，36（11）：150－157.

［197］ 陈明亮. 基于全生命周期利润的客户细分方法 ［J］. 经济管理，2002（20）：42－46.

［198］ 陈鹏飞，石洁，陈珍. 企业信息化的关键驱动因子分析 ［J］. 河北企业，2009（4）.

［199］ 陈强，吴金红，张玉峰. 大数据时代基于众包的竞争情报运行机制研究 ［J］. 情报杂志，2013（8）：15－18.

［200］ 陈顺林，虚拟品牌社区参与对产品品牌忠诚的影响研究

[D]. 杭州：浙江大学，2007.

[201] 陈晓春，用户对企业信息系统使用的动因研究 [D]. 天津：河北工业大学，2012.

[202] 陈迅，罗钻意，基于三重螺旋模型的中小企业创新战略选择 [J]. 科技管理研究，2008，28 (10)：169－172.

[203] 陈瑶，邵培基. 信息系统持续使用的实证研究综述 [J]. 管理学家（学术版），2010 (4)：59－69.

[204] 程幼明，吴英，龚本刚，等. 众包：一种云制造的运作模式 [J]. 计算机集成制造系统，2017，23 (6)：1167－1175.

[205] 池丽华，魏拴成，众包的发展以及构建众包商业模式应遵循的原则 [J]. 管理观察. 2011 (27)：189－191.

[206] 邓泽宏. 企业社会属性特点认识的轨迹演变及启示 [J]. 武汉科技大学学报（社会科学版），2010 (6)：45－48.

[207] 杜纲，姚长佳，王军平. 企业能力的关键维度及分析模型 [J]. 天津大学学报（社会科学版），2002，4 (2)：105－109.

[208] 菲利普·科特勒，凯文·莱恩·凯勒. 营销管理：英文版 [M]. 北京：清华大学出版社，2011.

[209] 冯剑红. 基于众包的数据查询处理关键技术研究 [D]. 北京：清华大学，2015.

[210] 冯小亮，黄敏学. 众包模式中问题解决者参与动机机制研究 [J]. 商业经济与管理，2013 (4)：25－35.

[211] 冯芷艳，郭迅华. 大数据背景下商务管理研究若干前沿课题 [J]. 管理科学学报，2013 (1)：1－10.

[212] 付睿臣，毕克新，李唯滨. 企业信息化研究综述 [J]. 科技管理研究，2009，29 (12)：238－240.

[213] 傅家骥. 技术创新学 [M]. 北京：清华大学出版社，1998.

[214] 傅蔚. 浅议马斯洛需求层次理论对员工进行激励 [J]. 经营管理者，2013 (14)：110.

[215] 高文兵. 中小企业技术创新的合作创新模式研究 [J]. 全国流通经济，2006 (5)：26-27.

[216] 郭磊，网络社区环境下中小企业营销模式研究 [D]. 北京：北京邮电大学，2012.

[217] 郝琳娜，侯文华，刘猛. 众包竞赛模式下企业 R&D 创新水平策略博弈分析 [J]. 科研管理，2014，35 (4)：111-120.

[218] 何思倩，蒋红斌. 众包：开放式创新的模式研究 [C]. 设计管理 创领未来 2011 清华—Dmi 国际设计管理大会，2011：112-116.

[219] 亨利·切萨布鲁夫，开放式创新进行技术创新并从中赢利的新规则 [M]. 金马，译. 北京：清华大学出版社，2005.

[220] 侯文华，郑海超. 众包竞赛：一把开启集体智慧的钥匙 [M]. 北京：科学出版社，2012.

[221] 黄娜，覃正，吴珍华. 众包研发网络：概念、模式与研究展望 [J]. 科技进步与对策，2015，32 (17)：12-16.

[222] 蒋春燕，赵曙明. 企业特征、人力资源管理与绩效：香港企业的实证研究 [J]. 管理评论，2004，16 (10)：22-31.

[223] 郎宇洁，基于长尾理论面向“众包”的信息服务模式研究 [J]. 情报科学，2012 (10)：1545-1549.

[224] 黎继子，周兴建，刘春玲，等. 众包供应链创新发展路径分析 [J]. 科技进步与对策，2016，33 (6)：14-19.

[225] 李奇. 维基百科是如何聚集全世界的编辑者的? [EB/OL]. (2012-11-29) [2012-12-28]. http://www.chinaz.com/start/2012/1129/284141.shtml.

[226] 李学军，郑志宏. 城市地下管线信息化技术应用展望 [J]. 城市勘测，2007 (6)：19-22.

[227] 李学军. 企业信息化驱动模式与持续优化研究 [D]. 北京：北京交通大学，2011.

[228] 李忆，姜丹丹，王付雪. 众包式知识交易模式与运行机

制匹配研究 [J]. 科技进步与对策，2013，30（13）：127-130.

[229] 李迎雪. 基于 Utaut 的用户信息行为研究 [D]. 合肥：安徽大学，2011.

[230] 梁美丽. 基于众包的学习型组织的创新 [J]. 中外企业家，2009（20）：160.

[231] 梁晓蓓，黄立霞，江江. 众包物流接包方持续参与意愿影响因素研究 [J]. 商业经济与管理，2017，309（7）：5-15.

[232] 廖玉清. 基于众包模式的企业创新初探 [J]. 中国经贸导刊，2012（17）：85-87.

[233] 林南. 社会资本：关于社会结构与行动的理论 [M]. 上海：上海人民出版社，2005.

[234] 林升梁. 国内外社会化媒体研究现状与趋势 [J]. 广告大观（理论版），2013（4）：7-18.

[235] 刘锋，张玲玲，顾基发. 知识管理在互联网中的应用：威客模式在中国 [J]. 国际知识与系统科学（英文），2007（4）.

[236] 刘国华. 通过社会化媒体创建企业品牌 [J]. 经营管理者，2009（23）：205.

[237] 刘洪超. 虚拟学习社区归属感研究 [D]. 西安：陕西师范大学，2009.

[238] 刘文华，阮值华. 众包：让消费者参与创新 [J]. 经营与管理，2009（8）：67-69.

[239] 刘文华. 众包的经济学解析 [J]. 新经济导刊，2009（6）：91-96.

[240] 刘晓芳. 众包微观时代 [M]. 北京：商务印书馆，2011.

[241] 刘新同，许娟娟. 网络众包价值协同、吸收能力对中小企业创新绩效的影响 [J]. 科技进步与对策，2017，34（5）：92-97.

[242] 刘勇，潘海东. “众包式”营销 [J]. 商界：评论，2010

(2)：52－54.

［243］刘蔚，胡昌龙. 关于中国当前社会化媒体的应用研究［J］. 前沿，2012（8）：98－99.

［244］陆丹，徐国虎. 基于“众包”的企业创新模式研究［J］. 物流科技，2013，36（8）：127－129.

［245］龙啸. 从外包到众包［J］. 商界：评论，2007（4）：96－99.

［246］吕英杰，张朋柱，等. 商务智能技术在网络众包市场中的应用［J］. 现代管理科学，2013（2）：29－31.

［247］鲁耀斌，徐红梅. 技术接受模型及其相关理论的比较究［J］. 科技进步与对策，2005（10）：176－178.

［248］罗兰·T. 拉斯特，等. 驾驭顾客资产［M］. 张平淡，译. 北京：企业管理出版社，2001.

［249］罗志成. 维基媒体基金会运营机制与思想探析［J］. 情报理论与实践，2008，31（6）：153－156.

［250］马卫，方丽，屠建洲. 从外包到众包的商业模式变革及启示［J］. 商业时代，2008（1）：13－14.

［251］莫赞，罗楚，刘希良，黄聪. 基于 Is 视角的众包概念模型研究［J］. 科技管理研究，2014，34（14）：155－161.

［252］尼菲. 虚拟社区用户购买行为研究：QQ 空间增值服务产品实证［D］. 哈尔滨：哈尔滨工业大学，2010.

［253］欧阳峰，李运河. 企业信息化关键驱动因素的实证研究［J］. 科学管理研究，2007，25（1）：89－92.

［254］欧阳峰，李运河. 企业信息化的演进及其影响因素分析［J］. 科学管理研究，2005，23（4）：67－70.

［255］潘彦. 我国中小企业技术创新模式分析［J］. 当代经济，2011（16）：48－49.

［256］彭必源，钟鹏. 论众包对社会经济生活的影响与应注意的问题［J］. 区域经济评论，2009（1）：84－85.

［257］彭思晚. 基于 Utaut 模型的用户采纳微博的关键因素研究［D］. 北京：北京邮电大学，2012.

［258］彭玉冰，白国红. 谈企业技术创新与政府行为［J］. 经济问题，1999（7）：35-36.

［259］祁云，陈小勇. 众包商业模式及其经济学分析［J］. 商业经济研究，2012（34）：35-37.

［260］齐庆祝. 企业能力的维度、层次及层次演进研究［D］. 天津：天津大学，2004.

［261］乔坤，马晓蕾. 论案例研究法与实证研究法的结合［J］. 管理案例研究与评论，2008（1）：62-67.

［262］邱蕾. 网络社区对消费者购买意愿的影响研究［D］. 南昌：江西财经大学，2009.

［263］芮兰兰，张攀，黄豪球. 一种面向众包的基于信誉值的激励机制［J］. 电子与信息学报，2016（7）：5-10.

［264］沈荃. 企业虚拟社区建设的意见［J］. 重庆科技学院学报（自然科学版），2002，4（1）：24-25.

［265］盛意. 企业关系网络对企业社会资本获取影响的实证研究［J］. 湘潭大学学报（哲学社会科学版），2010，34（1）：61-67.

［266］师蕾. 中国众包平台用户参与行为影响因素研究［D］. 重庆：重庆大学，2012.

［267］史新，邹一秀. 威客模式研究述评［J］. 图书与情报，2009（1）：69-72.

［268］史艳. 国外产学研合作创新模式对我国中小企业发展的启示［J］. 图书情报导刊，2009，19（29）：176-178.

［269］宋天舒，童咏昕，王立斌，等. 空间众包环境下的 3 类对象在线任务分配［J］. 软件学报，2017，28（3）：611-630.

［270］谭婷婷，蔡淑琴，胡慕海. 众包国外研究现状［J］. 武汉理工大学学报（信息与管理工程版），2011，33（2）：263-266.

[271] 唐燕，孟繁玥，李健. 基于众包的逆向物流企业竞争情报服务系统研究 [J]. 情报杂志，2016，35 (3)：61 - 65.

[272] 田安意. 企业信息化的动力机制研究 [D]. 北京：中国社会科学院，2008.

[273] 仝玲玲，杨青. 中小企业创新方式及战略研究 [J]. 中国商论，2010 (4)：52 - 53.

[274] 童咏昕，袁野，成雨蓉，等. 时空众包数据管理技术研究综述 [J]. 软件学报，2017，28 (1)：35 - 58.

[275] 涂慧. 从契约经济学看众包 [J]. 行政事业资产与财务，2011 (8)：1.

[276] 涂艳，孙宝文，张莹. 基于社会媒体的企业众包创新接包主体行为研究：基于众包网站调查的实证分析 [J]. 经济管理，2015，37 (7)：138 - 149.

[277] 万红. 基于众包的图书馆管理新模式设计 [J]. 图书馆学研究，2012 (15)：27 - 30.

[278] 汪来喜，丁日佳，等. 众包：企业创新民主化的方法 [J]. 企业活力，2007 (4)：70 - 71.

[279] 王辉. 中小企业创新问题研究 [J]. 中国商界，2009 (10)：92 - 93.

[280] 王慧贤. 社交网络媒体平台用户参与激励机制研究 [D]. 北京：北京邮电大学，2013.

[281] 王晋伟，张凤彪. "互联网+" 背景下残障人体育服务平台的构建 [J]. 厦门理工学院学报，2016 (24)：109 - 112.

[282] 王娟. 基于用户体验的互联网产品界面设计研究 [D]. 杭州：浙江农林大学，2012.

[283] 王可侠. 产业集群与中小企业创新 [J]. 现代经济探讨. 2009 (1)：31 - 33.

[284] 王莉，张庆国. 众包与企业边界 [J]. 现代管理科学，2010 (12)：106 - 108.

［285］王明会，丁焰，白良. 社会化媒体发展现状及其趋势分析［J］. 信息通信技术，2011，5（5）：5-10.

［286］王姝，陈劲，梁靓. 网络众包模式的协同自组织创新效应分析［J］. 科研管理，2014，35（4）：26-33.

［287］王艳梅，余伟萍. 虚拟社区互动性多维视角比较及价值探析［J］. 图书馆学研究，2010（22）：23-28.

［288］王中华，赵曙东. 中小企业技术创新模式研究［J］. 中国科技论坛，2009（7）：80-84.

［289］卫春增，卢凤君，苏文凤. 企业信息化动力改善措施研究［J］. 商业研究，2004（18）：112-115.

［290］卫垌圻，姜涛，陶斯宇，等. 科研众包：科研合作的新模式［J］. 科学管理研究，2015，33（2）：16-19.

［291］魏迪. 天津市科技型中小企业创新模式探究：基于三螺旋理论［C］. 中国科技政策与管理学术年会，2010.

［292］魏拴成，邬适融. 众包的产生、发展以及构建众包商业模式应遵循的路径［J］. 上海管理科学，2010，32（1）：55-58.

［293］魏拴成. 众包的理念以及我国企业众包商业模式设计［J］. 技术经济与管理研究，2010（1）：36-39.

［294］吴明隆. 结构方程模型：Amos 的操作与应用［M］. 重庆：重庆大学出版社，2009.

［295］吴明隆. 问卷统计分析实物：Spss 操作与应用［M］. 重庆：重庆大学出版社，2010.

［296］吴伟. 科技型中小企业开放式技术创新模式研究：以辽宁省为例［J］. 当代经济管理，2012，34（8）：33-39.

［297］夏恩君，赵轩维. 网络众包参与者行为的影响因素研究：基于小米网络众包社区的实证研究［J］. 研究与发展管理，2017，29（1）：10-21.

［298］肖峰，韩凤晶，张晓天. 中小企业自主创新能力提升策略分析［J］. 经济研究导刊，2013（2）：24-25.

[299] 肖柯. 基于客户内部化视角的众包式营销研究 [J]. 西安电子科技大学学报（社会科学版），2014，24（5）：26-30.

[300] 肖岚，陈晨. 服装设计“众包”案例分析及其启示 [J]. 山东纺织经济，2010（3）：69-71.

[301] 肖岚，高长春. “众包”改变企业创新模式 [J]. 上海经济研究，2010（3）：35-41.

[302] 谢旭阳. 众包商业模式及其构建原则探讨 [J]. 商业经济研究，2012（12）：43-44.

[303] 谢园. 百事：用社交网络“众包”公益营销. [J] 成功营销，2010（4）：26-27.

[304] 薛娟，丁长青，陈莉莎. 基于 Sir 的众包社区知识传播模型研究 [J]. 科技进步与对策，2016（33）：131-137.

[305] 严安. 基于 Utaut 的百度产品用户使用行为影响因素研究 [J]. 现代情报，2012，32（11）：100-104.

[306] 杨楠. 基于 Utaut 模型的 Sns 服务用户接受影响因素分析 [D]. 长春：东北师范大学，2011.

[307] 游恒振. 网络社区的演进研究 [D]. 北京：北京邮电大学，2012.

[308] 约瑟夫·熊彼特. 经济发展理论 [M]. 何畏，等，译. 北京：商务印书馆，1990.

[309] 张芳珍. 基于需求层次理论的员工激励方法 [J]. 新西部月刊，2009（1）：54-54.

[310] 张甲庆. 从马斯洛需求层次理论看企业创新型员工激励 [J]. 人力资源开发，2009（7）：94-96.

[311] 张建申，安立仁. 企业技术创新理论研究的现状及其概念分析 [J]. 科学技术哲学研究，1994（2）：40-45.

[312] 张利斌，钟复平，涂慧. 众包问题研究综述 [J]. 科技进步与对策，2012，29（6）：154-160.

[313] 张楠，郭迅华，陈国青. 信息技术初期接受扩展模型及

其实证研究［J］. 系统工程理论与实践，2007，27（9）：123－130.

［314］张鹏，鲁若愚. 众包式创新激励机制研究：基于委托代理理论［J］. 技术经济与管理研究，2012（6）：45－48.

［315］张帅. 基于企业特征的社会责任行为差异性分析［D］. 上海：复旦大学，2009.

［316］张维迎. 博弈论与信息经济学［M］. 上海：上海人民出版社，1996.

［317］张晓霞. 众包与外包商业模式比较及其启示［J］. 商业经济研究，2010（16）：18－20.

［318］张玉凤."众包模式"对科技传播的革新［J］. 科技传播，2010（4）：15.

［319］张媛. 大众参与众包的行为影响因素研究：基于威客模式的实证研究［D］. 长春：东北财经大学，2011.

［320］张朝孝. 基于博弈论的员工激励与合作的机制研究［D］. 重庆：重庆大学，2003.

［321］张震宇，陈劲. 开放式创新环境下中小企业创新特征与实践［J］. 科学学研究，2009（S2）：525－531.

［322］张子石，吴涛，金义富. 虚拟学习社区的众包策略研究［J］. 现代教育技术，2015，25（3）：122－126.

［323］赵丽. 中小企业技术创新模式研究［D］. 北京：对外经济贸易大学，2006.

［324］郑亚琴，樊鹏. 网络社区商业预测价值研究：基于电影票房数据的分析［J］. 吉林工商学院学报，2012（3）：60－63.

［325］钟耕深，朱雅杰. 基于众包的商业模式优化［C］. 中国管理现代化研究会. 第五届中国管理学年会（Mam2010）论文集，2010：2919－2924.

［326］仲秋雁，曲刚. 知识管理学科知识流派划分及发展趋势研究［J］. 情报科学，2011（1）：11－18.

［327］仲秋雁，王彦杰，裘江南. 众包社区用户持续参与行为

实证研究 [J]. 大连理工大学学报（社会科学版），2011 (1)：1-6.

[328] 周建梅. 中小企业信息化的现状及对策 [J]. 通信企业管理，2005 (12)：72-73.

[329] 周巍. 浅谈企业创新理论 [J]. 现代经济信息，2007 (8)：126.

[330] 周小川. 资本市场的多层次特性 [J]. 中国科技纵横，2013 (17)：6-17.

[331] 朱立冬，詹萍，张慧. 众包模式下参与动机对参与意愿的影响研究：基于金钱激励强度及任务复杂程度的视角 [J]. 安徽师范大学学报（人文社科版），2016，44 (5)：597-604.

[332] 庄岩. 基于适应性成长的科技型中小企业创新模式 [J]. 北方经贸，2009 (10)：34-35.

[333] 宗利永，李元旭. 基于扎根理论的文化创意类众包社区发包方参与动机研究 [J]. 科技进步与对策，2015，32 (14)：1-5.